なんだこりゃ〜沖縄！

マンガ・映画・雑誌の中の
〈味わい深く描かれた沖縄〉を求めて

わうけいさお

ボーダーインク

〈味わいのある沖縄〉とは

——はじめに

この原稿を書いている時点で2005年、21世紀に突入してから、4年経過している訳だ。（私は、21世紀4周年記念と呼んでいる）

今日までに作られた、沖縄関連の書籍、漫画、映画、TV、ビデオ等は、それこそ膨大な数に上る。その中には、文学的、芸術的、学術的に価値の高いものや、沖縄のその時代時代の状況を知る上で、資料的価値の高いものが、数多くある。専門家の高い評価を受けているものも、もちろん多い。でも、どんな世界にも、ピンからキリがある。私を含めた、ウチナーンチュから見て、**〝なんだこりゃ〜！〟**と、ツッコミを入れてしまいたくなるような、味わいある作品もある。他にも、時間が経てば、忘れ去られ、消えて行くような、マイナーな雑誌等にも、味わいある沖縄を発見する事がある

〝味わいのある沖縄〟とは、つまりなんかどっか少し（いやもの凄く）勘違いして描かれてしまった「わした島　ウチナー」の姿である。また逆に、ウチナーンチュ自身が気がつかない（ちょっと隠しておきたかった）現象もある。

今回、私は自分自身の独断と偏見に則り、漫画・本・映像などのサブカルチャーに見る、味わいのある沖縄を紹介したい。すべて私が、本屋、古本屋、漫画喫茶、図書館、ネット、友人からの情報提供等で、調べたものだ。膨大な時間を費やして、と敢えていいたい。メジャーからマイナー問わず、玉石混交、全てとは言わないが、可能な限り多くを集めたつもりだ。そして、集めた作品を紹介しながら、しばしツッコミを入れ、時々フィクション

と現実世界を行き来して、その作品背景を検証するという内容になっている。例えば「ゴルゴ13が首里城で決闘しているが、その日は休館日なのだろうか」ということを実際に調べてみたのだ。そう細かく調べることによって、なぜ我々ウチナーンチュがしばしば覚える違和感〝**ウレー、チガトォーン、アラニ**〟（ちょっと違うんじゃないか）を明らかにしてみたのだ。世界初、と言っても差し支えないかもしれない……。

ひょっとしたら、これを読んだ皆さんから、〝ヌーガ、アリヌネーランル！（なんで、あれがないんだよ）〟との、お叱りを受けるかもしれない。なにぶん、単独作業なので、すべてを網羅するには、限界がある。もし、ご不満等あれば、どんどんご指摘頂きたい。好評であれば、パート2作成の際、参考にしたいので。

また沖縄出身者の作品は、有名どころでもあえて外した事をここに断っておく。あくまでも、沖縄を外からみたサブカルチャー、というものにこだわってみた。（その方がオカシイし、オモシロイ）ただし、〝作者がペンネームを使っていて、知らずに取り上げてしまった場合には、この限りにあらず〟というのも付け加えておく。

本書の内容は、主としてサブカル、フィクションの世界の中の沖縄であるが、どっぷりとその世界にはまっていくと、だんだん現実と虚構の境が消えていってしまい、**あなた自身が〝なんだこりゃ〜沖縄！〟になってしまうかもしれない。**

著者　わうけいさお

第一章　漫画に見る味わい深い　なんだこりゃ〜沖縄

来沖したあいつら　職業別編

●殺し屋「ゴルゴ13」　四度の来沖の謎、深まる　12
●刑事「ドーベルマン刑事」　本当にうとぅるさむん刑事　17
「おやこ刑事」　手堅い沖縄ラブストーリー　25
●警官「こちら葛飾区亀有公園前派出所」　こち亀・両さんのメンソーレ沖縄　27
●医者「ブラック・ジャック」「ブラック・ジャック」にゆたしく！　30
●監察医「きらきらひかる」　少女の名前は南来シシ……　34
●獣医「IWAMAL」　あきさみーよお！伝説の名闘牛ゆかり号を知ってるか　36
●料理記者「美味しんぼ」　原作者は、沖縄に甘えんぼか？　38
●料理人「大使閣下の料理人」　ベトナム戦争も味付けに　47
●料理屋女将「おせん」　あの娘に「おせん」っかい！　51
●学生「キャプテン翼」　ライバル日向小次郎が沖縄で見つけた幸せ　53
●学生「火の玉ボーイ」「B・B」　沖縄島を舞台にしたビッグ・トライアル・レース　55
●オタク「Bバージン」　生き物オタクが天然記念物を…　60
●女子校生「あずまんが大王」　イリオモテヤマネコが追いかけて　62
●バイク野郎「あいつとララバイ」　米軍基地の治外法権的解釈が斬新　65
●ヒーロー「キン肉マンⅡ世」　沖縄の近未来史としての超人バトル　68

●武士「花の慶次」　陽気な北斗の拳、琉球を行く　72
さまざまなうちなーんちゅ編
●「はじめの一歩」　ウミンチュボクサー・島袋　77
●「1 2の三四郎2」「馬之助」の奥さんは、ミス沖縄だった！　79
●「おかみさん」　ニヒルな沖縄力士・喜屋武猛　81
●「編集王」　信念の漫画家・骨川サヨリの悲しきカチャーシー　82
●「常夏食堂ナンクルナイサ」　食堂の看板娘は、夏美ちゃん　84
●「ゲゲゲの鬼太郎」　レギュラーになったシーサー　87
●「ピンギーマヤー」　幻の漫画を探して　89
●「ゆうれい小僧がやってきた」　オリジナル妖怪「三面地獄」は沖縄出身　91
●「ぼくの村の話」　悲しき沖縄移住者の叫び　94
●「オキナワ」「はだしのアメリカ世」　沖縄問題の闇鍋的作品　99
●〈かわぐちかいじ作品〉に見る「沖縄人」　102
●〈弘兼憲史作品〉に見る「沖縄問題」　108
●〈さいとうたかを作品〉に見る「沖縄」　117

第二章　映像に見る味わい深い　なんだこりゃ〜沖縄

特撮の中の思い切った沖縄編
●旧作「ゴジラ対メカゴジラ」
　沖縄の子供たちを沈黙させた古琉球ソング「ミヤラビの祈り」とは　120
●「モスラ2　海底の大決戦」　超古代文明としてのニライカナイ　127
●思いつくままに特撮に見る沖縄小ネタ　129
名作テレビドラマ編
●「走れケー100」の命を救った男　132
●「赤い衝撃」　山口百恵、伝説の沖縄ロケ　大映テレビのツッコミどころ　135
●思いつくままにテレビ時代劇に見る沖縄小ネタ　143
やがて哀しき沖縄やくざ映画編
●「網走番外地　南国の対決」　網走番外地、なのに沖縄　146
●「日本女侠伝　激斗ひめゆり岬」　墓の傍で琉舞を踊り続ける藤純子がシュール　147
●「博徒外人部隊」　懐かしの沖縄の風景が広がる沖縄ロケ　150
●「沖縄10年戦争」　本当の抗争激化で沖縄ロケを断念　154
●「実録沖縄やくざ戦争いくさ世三十年」　現役の親分が……出ていま……？　156
●「実録プロジェクト893XX沖縄抗争編Ⅰ、Ⅱ」「沖縄やくざ」不思議発見！　158

さまざまな映画でみかける沖縄編
●「ドーベルマン刑事」　いったい何しに上京したのか不可解な危ない刑事　160
●「ベスト・キッド2」　まさになんだこりゃ！バカグヮー映画　163
●「KILL BILL」　友達になりたいタランティーノ監督　166
●「旗本退屈男・謎の幽霊船」　チャチャチャのリズムでむんじゅるを踊る百踏　167
●「男はつらいよ　寅次郎ハイビスカスの恋」　フーテンの寅さん、沖縄を行く　171
●「釣りバカ日誌イレブン」　ハマちゃん、君は一体何しに来たんだ　177
●「マリリンに逢いたい」　所詮、イングヮーは、イングヮー　182

第三章　漫画に見る味わい深い沖縄　ぶっとび編

野球漫画に見るぶっとび沖縄編
●「アストロ球団」　それは「アストロ球団」から始まった　186
●「愛星団徒」　沖縄が舞台になる意味がまったくない宇宙規模のぶっ飛び　189
●「ドカベン」　山田太郎に敗れさった沖縄の高校球児がいた　193
●「ONE OUTS」　野球選手というよりクールなギャンブラー・渡具地東亜　195
●「影武者ジャイアンツ」　「俺たちは日本人のジャイアンツだ」と叫んだ嘉手納宗八　197

●「遥かなる甲子園」 涙のツッコミはいらない名作 200

ぶっとび空手とその他の漫画編

●「空手小公子小日向海流」 癒しの島沖縄にはこんな物騒な空手家たちがいた 204
●「レッドシーサー」 かなり危ない沖縄移住者 207
●「カラテ黙示録」 覇城琉空手のぶっとびトレーニング 211
●「牙カラテ地獄篇」 悲運な沖縄空手少女の名は…… 213
●「柔侠伝」 沖縄出身鳥類学者の切ない最期 215
●「鉄拳のカタルシス」 津波四郎の壮絶な過去と未来 217
●「拳鬼奔る」 なにかと問題の復刻できない作品 220
●「海の拳」 家族に恵まれないボクサー・ケン 222

やがて哀しきバイオレンスな沖縄編

●異色のピカレスク沖縄人「**美悪の華**」の氷室聖人（金城正人） 225
●応援したいウチナーンチュ三世「**HEAT**」の唐沢 229
●平成の謝名親方はここにいた「**サンクチュアリ**」の中城規介 230
●切ない役割の刺客「**復讐の凶獣**」の知念 233
●こんな風習があったらどうするべき「**どん・がばちょ**」の喜屋武先生 235
●沖縄に戒厳令がひかれる夜 「**増悪列島**」 237
●殺し屋たちの安住の地にされても「**QP**」の殺し屋たちの夢 238

第四章　**誰がも知らない味わい深い沖縄　立ち読み放浪記**

●本土お笑いの界進出の先駆者　小菊師匠の波乱万丈人生　242
●ケンちゃんと沖縄　245
●思いつくままにウチナーンチュアイドルの先人達　252
●アクターズマキノ校長の夢の行方　260
●我が心の本川達夫先生　263
●自称・沖縄で虎と戦った男　266
●沖縄におけるヤンキー文化　268
●パチスロ漫画に見る沖縄　272
●「猫の手帳」に見る沖縄　279
●健康雑誌に見る沖縄　282
●移住したいのはいいけれど　287

イラスト・てんぷーたーの三男

注　本書は、「月刊アクティ」紙上にて１９９９年から２００４年まで連載したものと、さらに１９９９年から２００３年、ＦＭチャンプラ（現ＦＭコザ）で毎週日曜日夜８時から１０時に放送していた番組「本島まん中で待ち合わせ」で発表したネタに、加筆・訂正し、さらに多くを書き下ろしたものである。
また今回涙をのんで外したネタが数多くあることを記しておきたい。

第一章
漫画に見る味わい深い　なんだこりゃ〜沖縄

本章では、沖縄を訪れた漫画キャラ「来沖した漫画の中のあいつら　職業別」と、漫画作品に登場するウチナーンチュキャラ「さまざまなウチナーンチュ」を取り上げた。沖縄は、観光立県である。多くの人間が沖縄を訪れる。来沖の理由は、観光に限らず様々だ。当然、漫画キャラも来沖している。一方、漫画に登場したウチナーンチュキャラも、結構な数、存在する。それは、登場人物を通して見た、作者の沖縄観なのかもしれない。

○来沖したあいつら　職業別編

四度の来沖の謎、深まる

「ゴルゴ13」　職業　殺し屋

さいとうたかを 著　リイド社

「ゴルゴ13」（さいとうたかを著）、漫画界では「こちら葛飾区亀有公園前派出署」（以後「こち亀」）と並ぶ長寿漫画である。両者とも単行本も100巻を超えている。主人公のゴルゴ13は世界を股にかけて活躍するスナイパーで、彼に狙われたら絶対に助からない。そんなゴルゴ13が過去2回「命どぅ宝」の島・沖縄を訪れていた事はあまり知られていない。

最初の来沖は単行本7巻収録の**「Dr.V.ワルター」**。1970年のアメリカ世の沖縄にソ連の潜水艦から密入国し、琉球大学に潜入。（当時の学長は池原貞雄氏）目的はソ連からの亡命科学者Dr.V.ワルターの暗殺。ゴルゴ13は琉球大学構内で講演しようとする標的を暗殺し、学生デモグループの投石騒ぎのどさくさにまぎれてその場を逃走する。**アメリカの占領統治下にあった当時の沖縄で、警察や米軍の警戒態勢をかいくぐり、さらに依頼主の裏切りというアクシデントにもかかわらず沖縄を後にしたのである。**さすが世界でもトップレベルのスナイパーだけの事はある。

　この回はゴルゴ13と依頼主側の組織の女性とのロマンスや絶体絶命の状況からの脱出劇に重点が置かれているせいか、沖縄描写は少なく、あっても丁寧に描かれているとは思えない。とって付けたようなひめゆりの塔が描かれた1コマと琉球大学以外は国籍不明の熱帯地域の風景画だ。琉球大学にしたってまともに資料に当って描いたのか疑問を感じる。まあ当時は沖縄関連の資料が今より手に入りづらかっただろうから仕方ないかもしれないが、とりあえず南国風にしておけばいいだろうという安直な姿勢だったとしたら許せないと思う。

　それから27年後、単行本115巻**「沖縄シンドローム」**によれば、米兵の婦女暴行事件に端を発した日米地位協定問題や様々な沖縄の苦しい状況を見かねた沖縄出身者の自衛隊将校たちのクーデターを未然に阻止するために来沖している。


　今回は密入国ではなく堂々と那覇空港から沖縄入り。しかもクーデター鎮圧の際にはあのアメリカが誇る特殊部隊グリーンベレーの指揮権をアメリカ大統領から（ほんの一時期とはいえ）頂いているのだ。最初の来沖から数えて27年の間に我々のうかがい知る事のできない人脈を築き上げたのだろうか？　おそるべしゴルゴ13。

　クーデターを鎮圧された自衛隊将校のリーダー伊波は首里城正殿前の広場でゴルゴ13と対決し、最後に割腹自殺する。私は思った。**二人はどうやって連絡を取り合い、首里城で落ち合ったのか？**　クーデター勃発時、ゴルゴ13は嘉手納基地でグリーンベレーの指揮にあたっていたし、一方の伊波も那覇基地でクーデターを指揮していて、計画が失敗してからゴルゴ13の仕業とは直感したのであり、お互いに連絡を取り合えたとは思えない（メール交換とかしていたら笑えるが）。いずれにせよ二人は首里城で対決し、伊波は割腹自殺をはかった。伊波の眉間を愛用のＭ１６で打ち抜くゴルゴ１３。「か、介錯痛み入る」の言葉を最後に息絶える伊波。

さらに私は思った。二人の首里城での対決だが、背景から推測すると陽はかなり高い。十分首里城公園の営業時間なはずだ。観光客は？　館内のスタッフは？　二人はそれらの問題をどのようにクリアしたのだろう。私は首里城公園に電話を入れ、休日があるか問い合わせた。すると園内の木造建築物の害虫駆除作業のために**基本的に毎年９月に臨時休園になる**との事。ビッグコミックに掲載されたのが１９９８年９月１３日である事を考えると一応のつじつまは合う。

しかし**私にとって最大の疑問は、ゴルゴ１３にクーデターの阻止を依頼し、首謀者の伊波も口にした〝あの方〟なる人物である。**伊波は沖縄がその昔王朝国家だった頃より琉球王家を補佐する家柄だったと描かれている。〝あの方〟のみで固有名詞はないが、おそらく琉球王家の血筋の由緒あるお方なのであろう。**もし本当に実在し、この作品のように遠い異国の地で沖縄の行く末を案じているのなら、今沖縄が直面している諸問題を何とかして欲しいものだ。**

それにしても２・２６事件を彷彿とさせるような自衛隊将校たちによる決起事件。あの痛ましい暴行事件を含めた当時の沖縄関連のニュースを本土の方々が見ると、沖縄って所は外国の扮装地帯に近い緊迫した状況に映ってしまうのだろう。そう感じた本土の人が義憤にかられてこのストーリーを作ったのかもしれない。地元民の普通に暮らしているつもりの緊迫感のない私から見ると〝なんだこりゃあ〟ってなもんなんだけど。

初期の頃のゴルゴ１３は推定年齢三十代半ばというふうに単行本に紹介されていた。あれから最低でも三十年以上は経過している訳で、最近は連載の中でもゴルゴ１３の年齢を取り上げなくなったが、おそらく還暦を越えている事は間違いないだろう。彼の二度目の来沖も27年ぶりなのだから。それだけの年齢を重ねながらも、老いを全然感じさせず、今なお現役のスナイパーとして世界を股にかけて活躍するゴルゴ13。〃老いてますます盛ん〃とはまさに彼のためにある言葉であろう。我々も見習いたいものだ。単行本も100巻を超えた事だし、私としては彼に百歳まで現役のスナイパーを目指して頂きたいと思う。

と、ここまでの原稿を書き上げ「月刊アクティー」1999年4月号に発表したのだが、3年後の2002年4月にゴルゴ13は3度目の来沖を果たしていた。ビッグコミック4月10日号掲載第417話**「神の耳・エシュロン」**に書かれているあらすじを紹介する。

【日本を代表する銀行家・吉田栄三郎は、海外での取引で煮え湯を呑まされた経験から、大規模な諜報組織・エシュロンの存在を探り当てた。この組織の首領タッカーの狙撃と日本の出先機関への攻撃を依頼されたG…】

依頼を受けて沖縄入りしてからのゴルゴ13の行動は次の通り。

嘉手納基地内の輸送機のタイヤを狙撃。

次に楚辺通信所（通称・像の檻）の通信回線の一部を狙撃。

その後、その日の17時55分、今度は東京の横田基地に出現。F4のエンジンを狙撃し緊急着陸させている。

3度目の来沖はかなりの強行軍だったようだ。ゴルゴ13へ、今度は仕事ではなく、観光で来てゆっくり羽を伸ばして欲しい。いくら頑丈な体でも、すでに還暦は過ぎているんだから、時にはこういうところで体を休める事だって必要だろう。沖縄は癒しの島だからここで迷惑をかけない限り、ゴルゴがどんな人間だろうが歓迎するよ。

続いて２００２年５月２日の沖縄タイムス朝刊１面の記事を紹介する。

【米軍嘉手納基地内でＣ１７大型輸送機の後輪付近から白煙が上がった事故について、同基地報道部は一日午後、**「滑走路を滑走中にパンクした」**ことが原因だったことを那覇防衛施設局に伝えた。白煙が上がった経緯や、燃料の有無など詳しい状況は明らかにしていない。】

ゴルゴ１３の仕業か？

……と、ここまで書いていた２００４年９月１４日、職場近くのコンビニでその日発売のビッグコミック９月２４日号を発見。前日漫画喫茶で読んだ際に〝これは買いだ！〟と思ったので即購入。

目当ては連載のゴルゴ１３シリーズ**「エアポートアイランド」**なのだが、２５ページでゴルゴ１３は嘉手納基地内にて、第１８航空団に身柄を拘束されている爆弾製造のプロ・アンドリュー・テンプルを狙撃している。その後関西国際空港に出現。これでゴルゴは４度目の来沖となる。

彼の来沖はずっとチェックしているのだが、全て仕事がらみなので、たまには観光で訪れて骨休めして欲しいといつも思う。ひょっとしたら、お忍びで結構来ているのかな？

本当にうとるさんむん刑事

「ドーベルマン刑事」　職業　刑事

武論尊　原作　平松伸二　作画

集英社

警視庁特別犯罪課（略称・特犯課）―凶悪犯罪を専門に取り扱う部署である。が、特にその任務は、危険かつ重大な責任を負うもので、現存する各課が、敬遠する事件に限られている。その特犯課に〝ドーベルマン〟と呼ばれる、一人のはみだし刑事がいた。加納錠治。その名が示す通り、狙った獲物は、絶対に逃がさない執念と抜群の行動力を持っていた。しかし、その悪に対する容赦ない処断に、マスコミから〝いきすぎ〟と批難されることも、しばしばであった。だが、その奥には、弱い者に対するやさしさと、社会に潜んだ巨大な悪に対する怒りを秘めているのだ。

上司の西谷、同僚の女性刑事・三森らとともに、人々の命とくらしを守るため、あらゆる事件に対し、常に体当たりでぶつかっていくドーベルマン刑事の命をかけた執念の戦いが続く！！

（以上、集英社ジャンプコミックセレクションＶＯＬ５のあらすじより）

ストーリーと主人公のキャラに関してはこれで大体ご理解頂けたと思う。**そんな悪を憎み強い正義感を持つが、周囲からはデンジャラスな奴にしか見えないドーベルマンこと加納刑事が最初に沖縄を訪れたのは昭和５１年（１９７６**

年）７月初旬の事であった。単独ではなく上司の西谷も一緒である。その時のエピソードが描かれた**「沖縄の銃声‼」**によると、当時（おそらく昭和５１年より前）沖縄では那覇空港や米軍担当の警官を除いて、外勤警察官のピストル常時携帯が禁止されていたという。それが昭和５１年６月２２日にやっと沖縄の外勤警察官にもピストルの常時携帯が許可される事となった。それで、その指導を警視庁に依頼し、特犯課がやって来たという訳だ。私は思った。**適任者は他にも沢山いるだろうに…。**

射撃場での訓練のシーン。

おもむろに上着をはだけて愛用のマグナムを見せつける加納刑事。ビクっと驚く警官たち。加納刑事曰く。

「今のみんなの態度でもわかるように、銃ってのはそれほど人をイカクする力をもっている。その銃をオレたちは所持しているんだ！どんな時でも冷静でなきゃならねえ！」

東京で凶悪犯等を次々と射殺している彼に言われても説得力があるかどうか疑問だが、訓練後、犯罪検挙率は飛躍的に上がる。

だが、検挙率上昇を喜ぶのもつかの間、銃を持って暴走して子供を撃ってしまう馬鹿警官が現れてしまうのである。ボートで逃走をはかる馬鹿警官。追跡するドーベルマン刑事・加納。撃ち合いが始まる。加納は語る。

「チンピラは銃を持つとすぐ銃の威力におぼれる！テメエが偉くなったと勘違いしてすぐブッ放しやがる（中略）警官が撃つってのはなあ！こんな時なんでぇ！」

愛銃マグナムで馬鹿警官を射殺。さらに加納は言う。

「オレたちの銃ってのはなあ…。自分の力じゃねえ…。一般市民の力としてあるんだ…。だから、公然ともてるんだよ…」

この部分ではいい事も言っているが、先ほどのセリフ「警官が撃つってのはなあ！こういう時なんでぇ！」ってのは、どういう時に撃つべきなのだろう。私には未だに分からない。

　ラスト、加納刑事たちが乗った飛行機を見送る沖縄県警の金城氏と警察官たち。彼らは言う。

金城氏「加納刑事…。良くわかりましたよ…。銃を持つ我々警官の心構えが！オレたちもああならなければな！」

警官たち「おおっ！」

金城氏「沖縄はあなたのことを忘れないでしょう…」

　沖縄の警察官が全員加納刑事のようになったらと考えたら怖い。マグナムで容赦無く体をブチ抜かれるのは嫌だなあ。

　さて、ひとまずご紹介したこのドーベルマン加納の初来沖紀行、私はどうも納得がいかないのが一点あった。昭和51年より前は警官の銃の携帯が許可されてないとあったが本当だろうか。

　復帰前の話だが、当時私は小学生、私の家に警察官だった従兄弟のお兄さんが制服姿で何度か訪れた事があった。子供心に憶えているのは、そのお兄さんは間違いなく銃を携帯していた。触ろうとしたら、こっぴどく怒られた記憶がある。

　私は思い切って、沖縄県警の総合相談室へ電話を入れた。そこで、当時銃の携帯が本当に禁止されていたのかどうかを問い合わせた。結論は〝そのような事はありません〟だった。電話に出た方も当時外勤だったが、銃を携帯していたとの事だった。その方が言うには、アメリカ世当時でも警察官は「警察官の職務執行法」に基づいて行動しており、銃の携帯は当たり前だったらしい。「ドーベルマン刑事」の原作者・武論尊に言いたい。

「ユクサーヤ！」

　追記　最近ブックオフで発見し購入した本「誰も書かなかった沖縄」（恵隆之介著ＰＨＰ）の208ページに次のような記述がある。

『（前略）とくに屋良主席が当選してからは通常パトロールにおける警官の短銃携行が許可されなかったこともあって、警察官の被害も少なくなかったのだ。』

昭和51年より前の沖縄における警察官の銃携帯に関しては今後さらなる調査が必要になってきた。小学校時代に銃を触ろうとして怒った従兄弟のお兄さんに聞くも良し、「誰も書かなかった沖縄」の著者恵隆之介氏に尋ねるも良し。色々方法は考えられる。それによって「ドーベルマン刑事」の原作者武論尊がユクシムニーサーなのかマクトゥヌムンなのかが判明する。

二度目の来沖

最初の来沖から約一年。東京では麻薬汚染が進行していた。そんな中新宿で土木作業員に身をやつして情報収集にあたる麻薬捜査官がいた。彼はドーベルマン・加納の友人でもあった。加納に「すごい情報をつかんだ」とのメッセージを残した矢先に射殺死体で発見される。血の涙を流した無念の形相で。加納は新宿で羽振りが良くなった暴力団水津組に狙いを定める。そのうちに沖縄を拠点とした大掛かりな麻薬コネクションの存在を知る。沖縄へ飛ぶ加納・上司の西谷・大阪のマル暴から特犯課に移ってきた加納に負けず劣らずのデンジャラス刑事宮武。彼らをつける謎のサングラスの黒人（こいつが麻薬捜査官を射殺した犯人）。

那覇空港到着。最初の来沖でお世話になった金城氏との再会。お迎えの車の中、金網の向こうの基地の大きさにカルチャーショックを受ける宮武。

「なんじゃこりゃー！みんな金網だらけやないけー！」

基地の重圧に苦しむ沖縄の現実を親切に説明する金城氏。そんな車中での会話で、沖縄に根を張る暴力団「海神会」が東京の水津組と手を結んだ事を知る。

突然加納たちの前に立ちふさがる一台のトレーラー。扉が開き、重機関銃を構える海神会の面々。**「メンソーレー」の掛け声と共に発射される銃弾の雨あられ。来沖早々から手荒い歓迎である。（しかも「てぃんさぐぬ花」を口ずさんでいたりする）**ありったけの銃弾をぶち込んで立ち去る海神会の皆さん。

全員重傷を負うが、最もひどい瀕死の状態は金城氏であった。加納と宮武は重傷の身を押して捜査を続けようとするが、彼らの前に立ちふさがった障害は、意外にも地元の警察官たちであった。加納刑事に対し露骨に「ヤマトンチュー」と吐き捨てるように言い放ち無視する彼ら。最初の来沖時のセリフ「あなたのことは決して忘れません」とは天と地の開きがある。危篤状態の金城氏は、周囲から慕われている警察官だった。その彼を瀕死の状態にしたのも一因のようだ。だけど、それならば海神会にその怒りをぶつければいいのにウチナーンチュの風上にも置けない連中である。

そこへ重傷の身をおして病院を抜け出してきた金城氏が現れる。彼は訴える。

「（前略）お、おまえたち、はずかしくないのか。（中略）この人（加納）はちがう。この人の中には沖縄も本土もない。あるのはたったひとつ、正義だ！弱い人を守る刑事さんなんだ。（中略）おまえたち、よく考えてみろ。おまえたちから被害者意識がきえないかぎり沖縄は昔のままだ！」

上半身裸になる金城氏。その背中一面に火傷の跡。

「三五年前、この沖縄にアメリカ軍が上陸してきた。両親は当時十歳だったわしをつれて洞くつににげた。だが、その洞くつにガソリンが流しこまれ火炎放射器が火をふいた。両親はわしをかばって体の下にかくした。そして気がついてみると、わしは炭のようになった両親の下で、全身に火傷をおって泣いていた。わしは戦争の直接の被害者だ。最初はわしだって憎んださ。沖縄をそうさせたヤマトンチューを憎んだ。どうしようもないほど被害者意識があったからだ。だが、被害者意識ってのは甘えだ！なんでも他人のせいにする甘えだ！！だから甘えちゃいかん！本当に沖縄の事を考えるなら甘えちゃいかん！なくしてこそ沖縄の明日がはじまるんだ！！」

立派なお言葉の数々反論の余地もない。当時も今もこの文面を素直に読む限りではジーンとくる。だが、これを書いたのが原作の武論尊である事を考えると、感動する一方で〝お前みたいな嘘つきに言われたくねえよ〟と突っ込んでいる自分がいる。悲しいサガである。

そして金城氏の口から麻薬コネクションの鍵を握るグッドナイトジョーなる男の存在を知る。そいつは加納の友人の麻薬捜査官を殺したサングラスの黒人だった。現在組織を取り仕切り、かつてはベトナム戦争で数々の武勲を立てた英雄でもあった。さらにジョーの背後にはマッケンジーという元・高等弁務官の存在が。

このドーベルマン刑事二度目の来沖は気分が滅入ってしまうくらい人が死んだり女性がレイプされて殺されたりするので、細かい描写は省く。

物語は中盤から刑事漫画を超えたぶっ飛んだ展開を見せる。元・高等弁務官マッケンジーがその地位を利用し米軍経由で沖縄県警の麻薬コネクション捜査に圧力をかける。次に米軍による戒厳令が敷かれ、加納捕獲のローラー作戦が展開される。一方グッドナイトジョーは暴力団海神会に加納捕獲を命令。孤立無援の中、加納は沖縄中の米軍と暴力団から追われる身となる。後半で、自分を匿ってくれた女性がグッドナイトジョーと米兵に輪姦され射殺される。怒り心頭に達した加納はたった一人でキャンプハンセンの武器庫を襲撃し、奪った武器でジョーとマッケンジーに戦いを挑む。耐えに耐えたヒーローが最後に立ち上がって悪役を倒すという座頭市や必殺シリーズに通じるパターンである。もう、この展開は刑事漫画ではなく一大スペクタクルアクション漫画である。ドーベルマン刑事シリーズ中使用された弾薬の量は、自衛隊のクーデターの回に匹敵するのではないか。このエピソードが入っている単行本の発行は1978年5月31日。後のランボー、ダイハード、スティーブン・セガールの沈黙シリーズ等のヒットを考えると、時代を先取りした作品なのかもしれない。

ラスト、加納はマッケンジーとジョーを追い詰めていく。舞台は広大なウージ畑の一本道（ヤンバル方面か?）。加納はM16を手に敵に近づく。〝逃がさねえ〟M16を構える加納。突然ウージ畑から現われ加納の足首に噛み付くハブ。その隙に反撃に転じるグッドナイトジョー。**ウージ畑の中に逃げ込む加納。ハブ毒にやられ、もはや絶望的かと思われた加納に反撃のチャンスを掴めるかもしれない一縷の希望を与えてくれたもの、それは大きな不発弾だった。（こんな大きなものがウージ畑の中で警察に通報されず放置されていたなんて…）**加納は不発弾を転がして盾に使いながら敵に向かっていく。結局加納は勝利を納め、最後は国防省直属特務機関の犯罪捜査官が出てきて一件落着。

突然ハブに噛まれるラストを見て思ったのだが、原作担当の武論尊は「走れケー100」の最終回を元ネタにしたのではなかろうか?「走れケー100」、1973年4月から1974年3月までTBS系で放映されていた人気番組。水陸両用小型機関車ケー100が運転手の紋太さん（演ずるは大野しげひさ）と全国を旅する物語。ケー100は機関車なのに心を持っているという設定だった。（詳しくは第二章132ページへ急げ）。ケー100の最終回が1974年3月29日、ドーベルマン刑事二度目の来沖が1977年か1978年という設定を考えると武論尊が最終回を観ていた可能性は十分ある。

単行本は現在絶版であるが、もし発見したら是非読んで欲しい。沖縄は、元・高等弁務官のツルの一声で戒厳令が敷かれてもおかしくない地域なのである。これから沖縄移住を考えている方は心して来て欲しい。
沖縄に戒厳令を敷かせ内戦まで引き起こしてしまうドーベルマン刑事加納錠治。確かに正義感強く悪を憎む心は純粋だが、デンジャラスな男である。

もう二度と来るなよ。

……ここまで来るとドーベルマンつながりで取り上げないと気がすまなくなってしまった。映画「ドーベルマン刑事」（主演　千葉真一）。これがまたとんでもない作品だった。さらにデンジャラスなとんでも映画の一部始終が知りたければ、第二章の160ページへ急げ！（急がせてばっかりですいません）

手堅い沖縄ラブストーリー

「おやこ刑事」　職業　刑事

林律雄　原作　大島やすいち　作画
小学館

「おやこ刑事」、単行本第一巻の初版発行が1977年12月15日とあるので、1976年後半くらいには週刊少年サンデーで連載が開始されていた漫画であろう。

そのタイトル通り主人公はおやこの刑事である。息子は柴田文吾、腕っ節も強く男前だが、なぜか若い女性が近づくとジンマシンが出る特異体質。その父親は柴田勘太郎、息子と違い二頭身の小柄な男で息子とは正反対の女好きのスケベ親父である。毎回この漫画のレギュラーにしてヒロインの婦警・操ちゃん（後に息子の方の文吾と結婚）の尻をさわっては、ひどい目にあっている。いつもはこんなエロ親父だが、いざ事件が起こり捜査になると、長年の経験に裏打ちされた鋭い視点で犯人を追い詰めて行く。ミステリー仕立ての完全犯罪に挑む回があったり、アクションシーンがあったり、人情話があったりと、基本的には一話完結のスタイルを取りながら毎回味わいのある展開で読ませてくれる、実に漫画らしい漫画である。周りを固めるサブキャラも実にいい味を出している。ちなみに私はこの漫画のキャラではアフロヘアーに口髭、レイバンのサングラスで空手2段のタレさんが一番好きである。

さて、そんな「おやこ刑事」であるが、第8

0話 **「沖縄ラブストーリー」**という回がある。息子の柴田文吾は、捜査で沖縄を訪れているのだ。

物語は都内のあるキャバレーから始まる。楽屋裏でキャバレー経営者にして前科3犯の成瀬剛三から殴る蹴るの暴行を受けるホステスのマリ。ドアの向こうで心配そうに様子をうかがう従業員の新二。マリは逃げようとしたのがバレてリンチを受けていたのだった。だが彼女は成瀬によって覚醒剤中毒にされていた。新二がころあいを見て止めに入った時、マリは禁断症状に陥り、成瀬に覚醒剤をねだるのであった。マリに覚醒剤を投げつけるように渡し、あとを新二にまかせ、成瀬は店を出た。残されたマリと新二は逃げる決意をする。二人の故郷・沖縄へ。

一方、成瀬は薬物取引のトラブルから取引相手に発砲、一人を死なせてしまい、逃亡する。逃亡先は沖縄。この成瀬が引き起こした殺人事件で捜査本部が敷かれ、成瀬が沖縄へ逃げたとの情報が浮かび上がる。そこで、柴田文吾と黒岩刑事の二人が沖縄へ行く事になったのである。ちなみにこの回は父親の勘太郎の出番は一コマのみ。

安住の地を求め決死の逃避行中のマリと新二、**地元のヤクザ組織鰐皮組**に身を寄せた成瀬、成瀬を追って沖縄の土を踏んだ文吾と黒岩。三者それぞれの行動と思惑が絡み合い交差しながら物語は展開していき、味わいのある結末で終わる。

沖縄描写については、文吾たちは主に那覇を中心に活動していたと思われる。

那覇空港、守礼の門、赤瓦屋根の家、海、那覇市街（おそらく国際通りか？）が所々のコマに描かれている。まあ通常の捜査を沖縄に移しただけと突っ込む事もできるが、作品の出来は非常に良いので、お勧め漫画という事で締めたい。

こち亀・両さんのメンソーレ沖縄

「こちら葛飾区亀有公園前派出所」

職業　警官　　　　秋本治 著　集英社

©秋本治/集英社

「こちら葛飾区亀有公園前派出所」、先に取り上げたゴルゴ１３と並ぶ漫画界に燦然と輝く単行本の巻数も１００を越える長寿漫画である。東京下町を舞台に亀有公園前派出所に勤務する主人公・両津勘吉巡査が巻き起こすドタバタコメディ。彼は行動半径のほとんどは東京の下町なのだが、時折海外や他県にも足を伸ばす時がある。

「ゴルゴ１３の来沖」でもちらっと触れたが、両津巡査は沖縄を訪れた事がある。単行本第２１巻収録**「メンソーレの巻」**である。いつも両津に頭を痛めている部長から突如３日間の休暇と北海道への飛行機のキップを渡された両津。札幌で両津のために見合いの席を設けていると の事。相手は部長の親戚の娘。いやがる彼を部下の中川に命じ、羽田空港まで強制的に連行する部長。両津は仕方なく飛行機に乗るが、ロビーでぶつかった相手とキップを取り違えてしまい沖縄に着いてしまう。北海道と思っている彼が沖縄に着いて最初につぶやいたセリフは「寒いと思ったら意外と暑いな北海道は…」那覇空港から北海道へ電話を入れる両津。部長曰く。

「ばかもの！おまえなど死ね！もう署にも帰ってこんでいい！！」

沖縄の某所。手荷物と上着を両手に抱えとぼとぼ歩く両津。「暑いなァ金も地図もないのにどうやって帰りゃいいんだ。まったく」

一時は途方に暮れるが「こうなりゃ若者に混じってエンジョイしたほうが得だ！」と海水浴場（場所は不明）で周囲の迷惑を他所にサーフィンを始める。そこへこれまた周囲の迷惑を考えず白バイで浜辺に突っ込んできたのは交通課の本田。部長に迎えに行くように言われたらしいが、他に適任者はいなかったのか。本田が部長からお金を預かっているの知ると「いいチャンスだ。沖縄見物しようぜ。バイクもあるし…な」と、本田をそそのかし早速行動に移す。

その後、玉泉洞のハブ公園でハブとマングースの対決を見物しようとするが、怖けづいた本田が逃げ鑑賞できず。次に、おそらく首里の石畳らしい場所を白バイで駆け抜ける。石畳を通過して海岸沿いの某所（一体どこだ?）で、本土から来たチンピラにからまれた地元の女性を本田と二人で助ける。

助けた地元の女性曰く、

「この島もずいぶんかわったわ。私の小さいころからくらべて…」

両津「夏になるとさっきみたいな連中もいっぱいくるしな」

地元の女性「仕方ないわね。観光の島になっているから」

その女性の実家は民宿で宿泊を勧められるが、両津はホテルを取ってあると、やせ我慢で断る。助けてもらったお礼に砂糖キビをもらうが、金も使ってしまいガソリン代も帰る旅費も無い。ラストの近くで、違法駐車を発見し本田に言う「仕事だキップきって罰金をとってこい！現金なら3割引といえ！」沖縄でも相変わらずデンジャラスな両津であった。

最終的に彼らが東京へ行くためにとった手段は旅客機の車輪にしがみつく事だった…。テレビでもこの事件が放映され、顔を引きつらせる部長。

「本田までも…ミイラとりがミイラになりおっ

て！あいつらまとめてクビだ！」

どこへ行っても相変わらずデンジャラスな両津。おそらく沖縄本島南部を中心に行動したと思われるが、彼の一連の動きを知りたければ是非単行本を読んで頂きたい。

でも、もし両津が現実に身近にいたら、私は絶対に関わりたくない。

月日は流れて…。2003年6月9日発行「こち亀」135巻で両津勘吉は二度目の来沖を果たしている。人工的に雪を降らせる見た目がフグのような飛行物体を開発し、雪を降らせる商売を始めた両津。途中まで商売は順調にいってボロ儲けしていたが、部長にバレてお仕置きとしてボランティアで沖縄に雪を降らせるシーンのラスト。初来沖が収録されている21巻が1982年発行なので、21年ぶりの来沖となる。

両さんはいくつだ？

※「こち亀」の両さんが初来沖した1982年は、日本復帰十周年。前年には「ヤンバルクイナ」が発見されてます。

沖縄のその年の話題としては、教科書の「住民虐殺」削除問題、ミカンコミバエの根絶宣言、嘉手納基地爆音訴訟などがあります。

復帰十周年として、自衛隊が那覇市内をパレードするということもありました。

また「ひめゆりの塔」が28年ぶりに、栗原小巻、古手川祐子、大場久美子らの出演で映画化（東宝）されています。

漫画の世界では、「みゆき」などの少年漫画のラブコメものがブーム。四コマ漫画雑誌が相次いで創刊されています。

「ブラック・ジャック」にゆたしく

「ブラック・ジャック」　職業　医者（無免許）

手塚治虫　著　秋田書店

©手塚プロダクション/秋田書店

一粒の麦死なずば唯一つにてあらん、
もし死なば多くの実を結ぶべし
（ヨハネ１２・２４）

手塚作品を下敷きにした漫画は数多く出ている。「手塚治虫マガジン」なる雑誌もあるし、田中圭一「神罰」なるタイトルの作品もある。これは手塚の画柄を使ったパロディ漫画。単行本表紙に描かれた手塚風女性キャラのセリフ「お願いです。訴えないで下さい！！」と単行本の帯に書かれた手塚治虫氏の長女るみ子さんの直筆「訴えます！！」の対比が笑える。

ビッグコミックオリジナルでは手塚治虫原作、浦沢直樹画「ＰＬＵＴＯ」が連載中。これは「鉄腕アトム」シリーズで最も人気の高かった「地上最強のロボット」を下敷きにしたサスペンス風ＳＦ漫画で今後の展開が楽しみな作品である。

週刊少年チャンピオンでは２００４年１０月頃から「ブラック・ジャック」が山本賢二画で連載開始。これはもぐりの天才外科医を主人公にした手塚漫画の名作の一つで、１９７０年代に週刊少年チャンピオンの黄金時代をもたらした人気連載の一つでもあった。

一方週刊少年チャンピオンと同じ秋田書店系列の青年漫画雑誌ヤングチャンピオンでも同時

期「ブラック・ジャックALIVE」がスタート。これは毎回漫画家を変えて一話完結でブラック・ジャックをベースにした漫画を連載するという実験的試みである。

また週刊モーニングでは「ブラック・ジャックによろしく」というタイトルの漫画もある。

手塚治虫が亡くなって15年以上が経過している。今も尚このような形で影響を与えるとは、まさに漫画界の巨匠である。手塚治虫の魂は確実に漫画界に息づいている。

さてそんな死して尚漫画界に影響を与え続ける巨人手塚治虫の代表作の一つ「ブラック・ジャック」であるが、彼も沖縄を訪れたことがある。

まずは週刊少年チャンピオン1975年7月14日号に掲載された **「宝島」**。

ブラック・ジャックの稼いだ金に目を付けた強盗達。彼らが調査の結果突き止めたのが、ある女性の名前であった。彼女がブラック・ジャックの財産の鍵を握っていると考えた強盗達は、ブラック・ジャックを拉致し拷問にかける。度重なる拷問に耐え決して口を割らなかったブラック・ジャックであったが、ピノコを巻き込もうとする強盗達に遂に折れ、鍵を握る女性の所在地である沖縄の小さな島へと案内する事に。**その女性はかつてブラック・ジャックがお世話になった看護婦で沖縄出身との事。島には彼女が安置されている亀甲墓があった。** これ以上の詳細について興味をもたれた方は是非単行本を探して読んで頂きたい。

ただ一つ突っ込みたいのは、その沖縄出身の女性の名前が〝五條ミナ〟というのは納得いかない。 もっとウチナー苗字について勉強して欲しかった。

次に週刊少年チャンピオン1983年10月14日号掲載 **「オペの順番」**。最初の2ページは密猟者に捕らえられるイリオモテヤマネコの描写。場面変わり次のページでは西表島周辺を周遊する船とろぴかる丸。その乗客の中にブラック・ジャックの姿があった。

船の中でインタビューを受ける代議士の玉城。彼は西表島を観光開発する構想を自信たっぷりに語っていた。記者の自然保護に関する問いに対しては「なにをいうかねキミは！！キミも地元の人間ならばだな、郷士に金がうんとおちるのがよいことはわかっとるだろう！！」典型的金満政治家ぶりを発揮。

玉城代議士が自信たっぷりに自説を延々と語る時、船の中の箱が動き出す。他の乗客もそれに気づく。あわてる箱の持ち主。こいつはオープニングでイリオモテヤマネコを捕らえた密猟者で、箱の中では麻酔が切れたイリオモテヤマネコが暴れていたのだ。箱を破って飛び出したイリオモテヤマネコ。彼は飛び出した先の赤ん坊の腕に噛み付く。密猟者は持っていた猟銃でイリオモテヤマネコを狙う。イリオモテヤマネコは、銃弾を受け倒れるが、その際に玉城代議士も右わき腹に銃弾を受けてしまう。

最初は黙っていたブラック・ジャックであったが、同乗していた人間の口から医者であることがバレて手術を引き受ける事に。相変わらず高額の費用を請求するブラック・ジャック。まず代議士には1千万円、赤ん坊には3千万円。赤ん坊の母親と代議士がその金額に同意したその後、ブラック・ジャックが最初に治療を行ったのはイリオモテヤマネコだった。

最初がイリオモテヤマネコ、次が赤ん坊、最後が代議士。手術は成功するが、代議士は自分が後回しにされた恨みからブラック・ジャックに対して裁判を起こす。怪我の程度によって判断したとするブラック・ジャックの主張は通らず有罪に。その後法廷で出会った玉城代議士に診断書を手渡すブラック・ジャック。そこには代議士の体内に癌が進行しているとの記述が。その後代議士から癌の手術の依頼が来る。それに対しブラック・ジャックが出した条件は、金はいらない、その代わりに告訴の取り下げと西表島開発を白紙に戻す事だった。

　ブラック・ジャックの家の中、ピノコが檻の中のイリオモテヤマネコに向かって「おめれとう。あんたくにへかええゆわのよ。あんちんちてもっともっとふえゆのよッ（おめでとう。あんた国へ帰れるわよ。安心してもっともっと増えるのよ）」とささやくラスト。

　イリオモテヤマネコが回復したのはうれしいが、その一方で一緒に手術をした赤ん坊の家族が3千万円を支払うために苦労しているのだと思うと複雑なものがある。観光で訪れた先で密猟者のために思わぬ負債を抱えてしまうとは…不運な一家である。

　あとこの作品で
①ブラック・ジャックは２・３ヶ月に一度西表島を訪れている。
②西表島の近くに自分の島を持っていて、そこで休暇を過ごす。
③島へ行く際には一人で西表島からモーターボートを使用する。
と同乗していた島の人間は語っている。

五條ミナの眠る島だろうか?

漫画の方では観光開発の危機を乗り越えた西表島だが、現実世界では２００３年から観光開発問題が起こっている。

ブラック・ジャックよ、ゆたしく手を貸してくれないか。

少女の名は南来シシ……

「きらきらひかる　浪速美人監察医物語」

職業　監察医　郷田　マモラ　著　小学館

これは１９９５年に今はなきミスターマガジンで連載がスタートし、現在月刊イブニングで連載継続中の作品である。（ちなみにイブニング版は以前とは設定も主人公以外の登場人物もまったく異なる別もので個人的には好きではない）モーニングで連載されていた「虎の子が行く」もそうだったが、郷田マモラは大阪を舞台にした心温まる話を描かせたら天下一品だ。

　主人公ひかるは監察医。T大医学部を首席で卒業後、監察医を勤める。この作品でも主な舞台は大阪。情にもろく、仕事熱心、実家がお好み焼き屋の２０代の女性である。〝死体の声を聞く〟をモットーに死因が不明の死体を解剖しながら真実に迫って行く。その過程で時に難事件や冤罪を解決したりする事もある。そんな彼女が単行本第2巻で沖縄の離島を訪れている。単行本第2巻１０話**「遥か南の島で」**によると、大学時代の友人橘大介を訪ねて沖縄の離島をおとずれている。**離島の名前は星砂島、岩垣島の近くの小さな島との事。**大学時代、癌治療の権威・月山教授の元で研究をしたいと熱意を持って語っていた橘は離島の診療所に勤務していた。ひかるは、たまたま一週間の休みをもらっていたので、そこまで足を伸ばしたのであった。

　診療所では島で生まれ育った少女が看護士見習い助手として、橘を手伝っていた。高校3年生の彼女は卒業したら本島の看護学校に入り看護士になるという目標を持ち、一方で橘に恋心を抱いていた。ある日観光客の子供がボートツアー中に海に落ちてしまう。船内には橘の助手を務める少女がアルバイトをしていた。海に浮かんでいるのを発見され、助け出したのはいいが、意識は無く呼吸も心臓も止まっている。少女は橘から教わった人工呼吸を施し、子供は意識を取り戻す。喜んだ両親は、少女や船長が岩垣島や本島の病院で診てもらうよう勧めるが、星砂島へもどってしまう。コテージでくつろいでいたのも束の間、夜、子供は息を引き取ってしまう。母親は取り乱し橘の助手の少女に「あんたの処置が悪かったからだ」とつらくあたる。

そこで、ひかるが子供の遺体解剖を願い出る。解剖の結果、遷延性の溺死という事が判明し少女の疑いは晴れた。星砂島を発つ船に乗るひかると橘。見送る少女……。

非の打ち所が無い心温まるこの作品、是非一度読んで頂きたい。**ただ一つ突っ込むとすれば、橘を慕い、看護士を志す少女の名前が「南来（なんくる）シシ」というのは…。**

「私の名前はシシ

守り神（シーサー）のシシ

本島の看護学校を卒業したら星砂島に戻ってきて

ずっとずっと島の人たちを守ってあげるんだ！！」

本人も、こう語っているくらいだから自分の名前に誇りを持っているのだろう。シシちゃんがそこまで前向きに物事を考えられる性格だからいいが、普通、親を恨むと思うぞ。彼女の両親に言いたい。

娘さんに感謝しなさい。

あきさみーよお！

伝説の名闘牛ゆかり号を知ってるか

「ＩＷＡＭＡｌＬ　岩丸動物診療譚」

職業　獣医　玉井雪雄　著　小学館

ビッグコミックスピリッツに連載された獣医漫画である。獣医版ブラックジャックと言った方が分かりやすいかもしれない。主人公岩丸が動物を救うお話が主なストーリー。ただやみくもに動物を助けるのではなく、時には冷たい態度をとったりして、一瞬不安になりながらも、それが結局はその動物と動物を取り巻く環境や生態系への配慮だったりして、なかなか奥が深く一筋縄ではいかない作品である。主人公岩丸は拠点を東京郊外のつぶれそうな動物病院に置いている。そこを拠点にしながら、海外の依頼主の要請に応じて世界中を回っている。そんな多忙な岩丸が沖縄を訪れたエピソードが単行本7巻に収録されている。紹介しよう。

舞台は（多分）沖縄本島。闘牛好きの幼なじみの少女、男の子二人が牛とたわむれる思い出の場面から物語はスタートする。月日が流れ、3人は26歳になり立派なニーシェーターに成長していた。一人は二年ぶりに東京から沖縄に帰ってきたゆかり。職場で付き合っていた男性に捨てられた嫌な思い出を胸に…。会社内で自分を捨てた男にビンタを食らわせ、タンカを切るゆかり。そのときのセリフが、

「あきさみーよお！！あんた！！女ふるのくらい自分でできないの！？」

〝あきさみーよお〞ではなく〝あきさみよぉー〞が正しいと思うのだが…。またこの場面のコマの下にこのセリフの訳があるが、これも変だ。（「一体全体どういうこと？」の意）となっているが、違うと思うぞ。

それはさておき、失意の内に帰郷したゆかりの家は借金を抱えていた。父親の本業は土建業、**その一方で闘牛が好きで志喜屋二号という横綱牛を持っている。**ゆかりが東京にいる時に事件は起こった。

志喜屋二号が大会で優勝し、その後の宴会を楽しみに家路を急ぐ父。助手席にゆかりの幼なじみ二人、勝と哲太、後部の荷台には横綱志喜屋二号。幼なじみ二人は闘牛士になっていた。飛び出した猫をよけようとした際にカーブを曲がりそこね、車は横転する。事故後、志喜屋二号は足を骨折し、闘牛は絶望的となった。

父親もその後仕事でもやる気をなくし請け負っていた仕事も飛ばすようになり、借金がふくらんでしまった。従業員もほとんど辞めてしまい、残っているのはゆかりの幼なじみ哲太のみ。

一方、勝は事故で腕を負傷し、勤めていた石川の自動車整備工場を辞め金融会社に勤めていた。その**金融会社玉城信用商会**はゆかりの父親の手形を押さえているところでもあった。

ゆかりは志喜屋二号の治療の為、本土から岩丸を呼ぶ。最初は闘牛として復活させるのは不可能と治療を断った岩丸であったが、以前一緒に再起不能と言われた牛を復活させた**伝説の勢子・冨里**の言葉で、ゆかり達の参加を条件に治療を決意する。以降、志喜屋二号の治療とリハビリの日々が続く。

その一方でゆかりの父の手形を預かる玉城信用商会の玉城社長は提案を出す。闘牛大会で自分の牛と志喜屋二号が戦って、志喜屋二号が勝ったら手形の返済期間を1年待とう。しかも相手牛の闘牛士をやるのは幼馴染の勝。勝は玉城社長から中途半端な試合はするなと釘を刺されている。

1ヶ月という短い期間にそれぞれの思いをかけた志喜屋二号のリハビリと調整が続き、闘牛大会へと進んでいく。

ゆかりを慕う哲太と自分を拾ってくれた会社の為にも負けられない勝の闘牛士としての戦いの要素も含まれている。そして志喜屋二号の闘牛生命をかけた戦いが始まる。

沖縄を舞台に闘牛を主軸にした幼馴染の青春絵巻としても読めるこの作品、お勧めである。結末と詳細はネタばらしになるので、実際に現物を読んで欲しい。

読み終えて気になったのだが、この漫画の作者は沖縄の伝説の闘牛ゆかり号の存在を知っていてヒロインの名を意識的にゆかりにしたのだろうか？

ちなみにゆかり号が活躍していた1960年代、生まれてくる娘に「ゆかり」と名付ける闘牛ファンの父ちゃんたちが結構いたそうである。

原作者は、沖縄に甘えんぼか？

「美味しんぼ」　職業　料理記者

雁屋哲　原作　花咲アキラ　作画　小学館

高校時代、本屋で立ち読みしている時に泣いてしまった漫画が二つある。**一つは「ハイティーンブギ」、そしてもう一つが「男組」だった。**今まで、漫画を読んで泣いた事は何度もあるが、本屋で人目をはばからず涙を流したのはこの2作だけだ。これは私が泣いた漫画について取り上げるのが目的ではないので、それについては

機会を改めるとして、今回は料理漫画である。

７０年代に「包丁人味平」によって火がついた料理漫画。この頃は連載が少年ジャンプだった影響もあるが、漫画の中には勝負の要素が濃厚であった。ちなみに「包丁人味平」のバックナンバーをチェックすると料理対決が五回ある。それから月日を経て８０年代に料理漫画は勝負の中に蘊蓄という要素と、料理人ではなく料理を評価する人間が主人公という今までにない設定を加えて新たに蘇ったのであった。その先鞭をつけたのが、今回紹介する「美味しんぼ」である。この作品は１９８４年に連載がスタートし、現在も続いている。画は花咲アキラ、原作を雁屋哲が担当している。ちなみに今回の原稿のオープニングで唐突に取り上げた本屋で立ち読みしながら泣いてしまった漫画2作のうち「男組」は雁屋哲の原作である。そんな大好きな原作者の作品に時には突っ込みを入れながら紹介する事をどうかお許し願いたい。


主人公は東西新聞文化部記者の山岡史郎と妻のゆう子。連載当初はゆう子は独身で栗田姓であったが後に結婚、２００2年時点では2児の母である。東西新聞が社運をかけた一大イベント創立百周年企画「究極のメニュー」、その担当を任されたのが山岡夫妻なのである。究極のメニューとは何か？　東西新聞社主大原氏は語る。「人類の歴史は食の文化でもある。たとえばルイ王朝の残した晩餐会のメニュー…。秀吉が聚楽第で催した大宴会のメニューなどは、それぞれの文化の粋を具現し、その豪儀さを物語るものだ。現在日本はあらゆる国の料理を輸入している…。これほど多彩な食の文化を持つに至った国は日本が唯一初めてである。そこで私は日本が世界のあらゆる美味珍味の中からよりすぐった、後世に残す文化遺産としてのメニューを作ろうと考えた…。人類の文化のたどりついた究極の物として最高のメニューをつくるのじゃ！！」

この漫画が始まったのが１９８４年、あれから今年で18年経ったが（2002年時点）この企画はまだ続いている。**創立百周年はとっくに過ぎているというのに。**

〝人類の文化のたどりついた究極の物として最高のメニュー〟、確かに素晴らしいお題目ではある。だが、物語が進むにつれ、食の安全性や特定の人ばかりでなく広く一般の人に低価格で食べてもらえる食材等のいろんな要素がどんどん入りこみ、訳がわからなくなっていく。今から漫画を読み返してみると、究極のメニューとは何なのかよく分からない。とにかくその「究極のメニューを探す」という目的の中で毎回様々な料理が紹介されていく訳である。

山岡夫妻を取り巻く周りの人々も個性豊かで多士済々である。そんな連中の中で、どうしても納得のいかないキャラが一人いる。この原稿の趣旨から外れるが少し書かせて欲しい。そいつは社会部副部長の富井氏である。天然パーマに眼鏡に出っ歯、まあ外見で人を見てもしょうがない。こいつは定期的に社運を危うくするようなトラブルを起こすのだ。時に口が滑って暴言を吐き相手の機嫌を損ねたりする。蝶ネクタイに坊っちゃん刈り頭で似た顔の息子も父親と同じキャラである。なにより最悪なのがこいつは酒癖が悪く時には裸踊りを演じたりもする。酒席のたびにトラブルを起こしているような気がする。こいつのそばには居たくないものだ。それらのトラブルの後始末をするのが山岡夫妻の仕事なのかと読んでいるうちに思ったりする。こんな男がなんで副部長なのだろうと毎回読むたびに思う。こんな奴がいる部署を統括する社会部部長の心労たるや相当なものだろう。かつて「水戸黄門」のレギュラーだった「うっかり八兵衛」に匹敵する迷惑千万な足引っ張り男である。

話がそれてしまった。申し訳ない。連載が進むうち、主人公山岡は実は陶芸や日本画の大家にして食通、「美食倶楽部」を経営する海原雄山の一人息子である事が発覚。次第に親子の対決の様相を呈していく。そして、海原雄山は東西新聞のライバルの帝都新聞に連載を持ち「至高のメニュー」と銘打って山岡ら東西新聞と対決していく。そして最近（２００２年時点）では定期的に「究極ＶＳ至高」という特集を行うようになっている。**読み方によっては大手マスコミを巻き込んだ親子喧嘩と言えなくもない。**ましてや息子山岡の方は東西新聞の一社員でしかないのだ。そんな会社私物化男山岡は独身時代に現夫人のゆう子らを伴い二度沖縄を訪れている。

最初の来沖は単行本第十巻に収録されている。文芸評論家の古吉伸一氏を尋ねる山岡とゆう子（まだ結婚前）。酒についてのウンチクを聞こうと取材に行ったはいいが、聞かされるのは〝日本にはスピリッツ（強い蒸留酒）がない〟といった愚痴ばかり。そこで山岡は古吉氏、大原社主、栗田ゆう子らを連れ沖縄へ。沖縄到着後、場所は不明であるが、**泡盛の酒蔵経営者喜友納氏**を尋ねる。案内された酒蔵にはたくさんの南蛮甕が。そこで古酒の２０年もの３０年もの４０年ものを試飲する彼ら。古吉氏は感激し日本にスピリッツが無いと嘆いていた自分の考えを改めるのであった。**それにしても、古酒を飲むために会社の経費を使って沖縄へ飛ぶ事ができるなんて、なんていい身分なんだろう。地元民の私でさえも泡盛の古酒は２０年ものを二回飲んだくらいしかないのに。**繰り返しになるがいい身分だ。

２度目の来沖は単行本２８巻収録の**「長寿料理対決」**である。大原社主が大腸ポリープで入院したところから物語は始まる。見舞いに来ているのに悪態をつく毒舌の山岡。そこへ見舞いにやって来た帝都新聞の方々。彼らから今度の究極ＶＳ至高の料理対決は「長寿料理」はどうかと持ちかけられる。同意する東西新聞側。どのような内容で行こうか悩む山岡とゆう子の前に出現する沖縄旅行から帰ってきたゆう子の祖母。ゆう子は祖母から石垣島のお土産の星砂を貰う。その夜、彼女の夢の中に出てくる琉装の女性。その女性は語る。

「助けて…。石垣島を助けて…。この美しい石垣島が破壊されてしまう…。サンゴが死ぬ…。お願い…。石垣島を助けて…。サンゴを助けて…」

そこで沖縄の事を調べるゆう子。調査後、山岡らに沖縄行きを持ちかける。ゆう子は語る。

「沖縄の食生活を調べたら、長生きの為の料理を考えるのに役立つ材料をつかめるんじゃないかって」

沖縄料理と聞いて嫌な顔をする大原社主（理由は昔食べた海蛇スープとの事。これが自称食通とは聞いてあきれる。前の来沖の際は山岡達と古酒を飲む為に足を伸ばしたくせに）を豆腐ようを食わせて説き伏せ、いざ沖縄へ。沖縄の土を踏んで最初に訪れたところは**料理研究家渡口初美**の経営するまんがん亭。そこで食した料理は、苦菜（ンジャナ）のあえもの、切り干し大根と昆布の細切りの煮物、足テビチ、トゥヤシーグスイ、泡盛寒天、イラブーのスープ（海蛇のスープ、大原社主がひどい目にあった食い物。この程度で嫌がるくらいなら沖縄に来るな！と言いたい）

次に**シーサー作り名人の島常賀氏**を尋ねる。そこで海原雄山と鉢合わせ、険悪ムードが立ちこめる。以下は雄山が山岡達に言い放ったお言葉の数々である。

「食べ物とは、美味しいまずいを云々する以前に、人間の生命を保持し、体を養い、気を蓄え、魂を支えるもの。人間にとって根源的に必要なものだ」

「その食べ物について、常に深く思いをいたしているならば、長生きのための料理とはどんなものか、考えるまでもなく自明のはず」

「それをわざわざ長寿の地までやって来て、長寿料理の秘密を探ろうとは、なんたる愚かしさ。

食べ物とはなんなのか、料理とはなんなのか、その基本がわかってないことの証拠だ！」

立派なお言葉だとは思うが、この人、単行本のバックナンバーでは鯖は下魚だと言い切って後に山岡にやり込められたり、フランス料理の鹿料理を食べさせるレストランでシェフの前で醤油を使ったりとか結構無礼な行為を行っているのである。そんな傲岸不遜としか思えないような人物に長寿料理の蘊蓄を聞かされても…。

それに海原雄山は最近孫が出来てやや丸くなったとはいえ、**何が不満なのか知らないがいつも怒っている。それじゃあ健康に良くないと思うのだが。**それを考えてもこんないつ噴火するのか分からない活火山状態の人間に長寿料理の蘊蓄を語られてもなあ。私は海原雄山は長生きしないような気がする。

その場にいたシーサー作り名人島常賀さんを見習って笑顔を作る事も勉強したほうがいいと思う。孫も出来た事だし。故・コザ独立国大統領照屋林助先生も言っているではないか。**「笑いはワタグスイ」と。**

話を戻そう。

その後、**琉球大学教育学部教授の尚弘子氏**を訪問。そこで沖縄における昔の食習慣についての教えを受ける。それが後の究極VS至高「長寿料理対決」へのヒントになっていく。

尚教授を尋ねて後に入った食堂で、ゴーヤーチャンプルー、白イカのスミ汁に舌鼓を打つ彼ら。その後石垣島へ渡り、ツノマンの刺身に舌鼓を打つ。**社の経費を使ってこの食い道楽、いい身分である。私ですら石垣島へは十年近く前に出張で一泊したのみだというのに…。食事も八重山そばを食べたっきりでツノマンの刺身になんかありつかなかったぞ！**……思わず感情が入ってしまった。申し訳ない。

さて、尚教授のところから次に訪れた石垣島で、クローズアップされたのが新石垣島空港建設問題であった。石垣行きの飛行機の窓から見える赤く染まった海。ゆう子が物語最初の方で見た夢がここで生きてくる訳である。沖縄行きの飛行機で知り合ったウミンチュー（石垣島でツノマンをご馳走してくれた人達。私でさえ食べた事が…、また私情が入ってしまった）の皆さんと白保の海岸を散策する山岡食い道楽御一行。そこで彼らは空港推進派が東京から連れてきた方々と鉢合わせする。その方々の中の大物はリゾートホテルを建てようと画策するリゾート王。その男だけではなく同行する人々の中に海原雄山らの姿が。海原雄山も空港推進派なのか？　だが、リゾート王に挑発的な言葉を投げかけ「長生きと早死にの両方を願う愚か者」と揶揄する海原雄山。激怒するリゾート王。究極VS至高の対決はその後東京で、雄山が揶揄したリゾート王を交えて行われる事となる。

先攻は至高のメニューから。テーマは長寿料理であるから、世界中の山海の珍味を集めたような贅の限りを尽くしたような薬膳料理が次から次へと登場する。美味い美味いと舌鼓を打つ審査員の皆さん。その中にはあのリゾート王も混じっている。

雄山は中華料理の医食同源の思想を話の枕に持ってきながら、石垣島を人体にたとえ、リゾート開発は一時的に精力剤をぶち込むようなものだと語る。短期的には効果があるが長期的に見て自然破壊のツケが回ってくると警告する。そして空港建設批判にまで持っていく。

至高のメニューが一通り出た後、雄山の師・唐山陶人による禅僧の粗食が人間にはいいのではという疑問の投げかけをはさみ、いよいよ究極のメニュー登場である。彼らのテーマは素食。至高のメニューは食材が高級すぎて手に入らない。沖縄の調理法、食品選び、組み合わせを参考にした料理の数々は次の通り。

足テビチ、ミミガー、ワカメワケギアオヤギのぬた、昆布の細切りと大豆の煮付け、カボチャ薄切りとニンニク薄切りのバター焼き、赤ピーマンとトウガラシの葉の油炒め、ゆで枝豆をダシ汁に浸したもの、小鯵カラあげ生タマネギ薄切り酢漬け、イカのスミ汁、白身魚のグラタン、三ねり（オクラ、納豆、山芋をねり合せたもの）、サツマイモ炊き込み玄米粥、ゴーヤーチャンプルー。

勝負は究極の勝ち。海原雄山はリゾート王に対し皮肉を込めてコメントする。

「あなたにはどちらの料理も気に入らなかったんじゃないかな？　石垣島の長生きに興味の無い人間が、自分の長生きにだけ興味があるのもおかしな話ですからね。」

いたたまれず逃げるリゾート王。勝負には負けたのにそれを意に介さずリゾート王の後姿を見て「わっはっは！　あわれな金の亡者が！」と豪快に笑う海原雄山。

最後のページでは大原社主が東西新聞で新空港建設問題を取り上げようと決意するところで終わる。（同ページに料理対決に勝利した事に気を良くして酒を飲み目つきがあやしい富井副部長の姿が。この後迷惑をかけそうで嫌だ。やはり私はこいつが嫌いだ）

参考資料として廉価版コミックス**「美味しんぼ［長寿の秘密！注目の沖縄料理編］」**を使わせて頂いたが、その187ページに「長寿料理対決」は1990年にビッグコミックスピリッツに掲載されたもので、その後多くの議論を経て、2003年3月には「カラ岳陸上」（地図も付いている）が最終的な候補地になっているとの記述がある。山岡御夫妻や海原雄山にとってもめでたいことだろうが、私はこの「長寿料理対決」に「美味しんぼ」及び雁屋哲の限界を見た。漫画を見る限り、雁屋氏は白保の空港建設について批判したいのだろう。でなければ、至高対究極の料理対決でリゾート王に皮肉をいいながら空港建設を口には出すまい。

私としては長寿料理対決にリゾート王ではな

く、石垣島の推進派の方々を同席させて欲しかった。東京での旅費や滞在費も東西新聞帝都新聞両社で負担するのだ。その席で戦わされた議論を記事にすればスクープになるだろう。推進派の旅費や滞在費くらい安いものだ。リゾート王を同席させてやっつけるよりはるかに有意義だと思う。それをやらなかったのは、いや出来なかったのは途中から雁屋氏が空港建設問題の複雑な背景に気づいたからだろう。だから途中からリゾート王を登場させたのかもしれない。

離島ゆえに色んな不便を囲ってきた中で空港建設を悲願としている人々の前で料理のウンチクなんてひとたまりも無い。山岡夫婦や海原雄山の立派な主張もかすんでしまうに違いない。雁屋氏に言いたい。空港建設を批判するなら有効な代替案を出して頂きたい。**料理対決の題材にされるような単純な問題ではないのだ。**

もう一つ突っ込ませてくれ。今回参考にした廉価版コミックス29ページに雁屋氏のコラムがある。タイトルは**「第四十講［うまし国沖縄］」**。同期入社で現在沖縄に住む友人の話や沖縄の人間の優しさ、周辺国に翻弄された沖縄の歴史を書いている。コラム最後の方で友人の田中氏と那覇を訪れた際のエピソードが紹介されている。那覇の某所の裏通り。持ち前の勘で開店前のある店へ。まだ空いていないという女主人に対し、東京に帰る前に何か食べたいと粘る雁屋氏。結局入店に成功し沖縄料理を堪能する。女主人は笑顔で入れてくれたとの記述はある。そこで初めて山羊の睾丸の刺身を食し、開店前の店に乱入してきた自分達を受け入れてくれた女主人の優しさを褒めたたえ、沖縄ではこういう優しさに出会うとか心が豊かだとか日本に戻ったら沖縄に住むとかで締めている。

女主人と沖縄の人間の優しさに感謝するのは結構だが、あなたの行為は通常〝図々しい〟と言うのでは？ 何回このコラムを読んでも雁屋氏の行為は迷惑にしか思えない。開店していない食堂に入り込むのも厚かましいが、結局要求をごり押しして食い物にありつく過程を読んでいると食い意地の強烈に張ったワガママなおっさんではないか。心優しい女主人の店じゃなかったらつまみ出されてるぞ。

雁谷氏は沖縄に移住したら、コラムに書いたように、沖縄の人の優しさに甘えて生きて行くつもりなのだろうか？　彼が沖縄にやって来て、あっちこっちの準備中の食堂で何か食わせろと要求している場面を想像するとゾッとする。「美味しんぼ」がヒットしたら何でも通ると思ってんじゃないだろうな。

沖縄の人間の優しさに甘えるのもいい加減にして頂きたい。

ベトナム戦争の影も味付けに

「大使閣下の料理人」　職業　料理人

西村ミツル 原作　かわすみひろし 作画　講談社

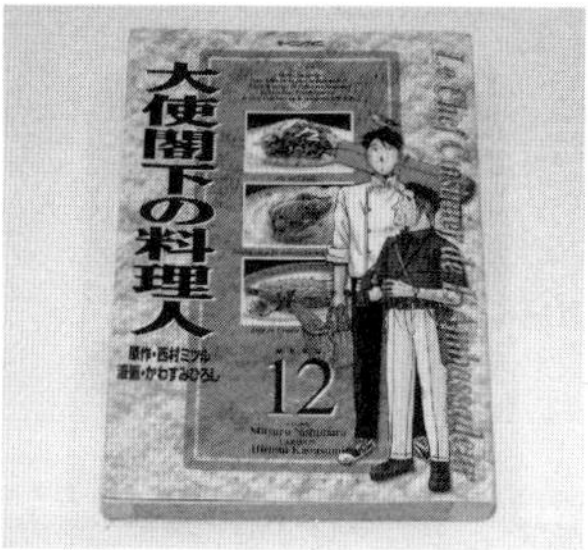

©西村ミツル・かわすみひろし/講談社

週刊モーニング連載の料理漫画、この作品の特徴は舞台がベトナム大使館で、主人公はそこで働くフランス料理のコックである事。大使館職員だけでなく、世界各国の要人にも料理を振るまい美味しく食べて頂かなくてはならない。大変な仕事である。**時折馬鹿としか思えないような日本大使や政治家が登場し、国際問題にま**

で発展しかねないような事態になっても、主人公大沢公の料理を食べるとあ～ら不思議、全てはいつのまにか丸く収まってしまうのであった。

２００２年は外務省の不祥事が色々騒がれている年だったが、この大沢公こそ真の外交官であろう。一介の大使館のコックで終わらせるには惜しい人物である。**彼に外務大臣になってもらって外務省改革をして欲しいと思うのは私だけだろうか。**

単行本１１巻で、そんな大沢公が休暇を取り日本へ里帰りする。飛行機の中、ファーストクラスのお客様で機内食にイチャモンをつけるフランス人女性客がいた。フランス女のイチャモンに悩むスチュワーデス達。大沢はそんな彼女達の為にアドバイスをしてあげる。大沢のおかげで口やかましいフランス女をへこませる事ができて大喜びのスチュワーデス達。その一人は名を**比嘉慶子**という。彼女との出会いが大沢の沖縄旅行の伏線となる。

日本到着、父親のフランス料理店へ。その店には大沢が心より尊敬するコックの忠さんが働いている。**ちなみに忠さんはウチナーンチュである。**大沢もお店の助っ人に入る。そんな時、店を尋ねてきた一人の男。その男は、大沢が大使館で料理を振舞った元ベトナム大統領ロック氏であった。ロック氏に対し忠さんがメインで料理の腕を振るう。

出された料理の中にウチナー料理が3品。イカスミ汁、アジのマース煮（塩煮）、ゴーヤーチャンプルー。その後色々あってロック元大統領、大沢公の家族を伴い沖縄へ。那覇空港到着、そこでスチュワーデスの比嘉慶子と再会する。比嘉慶子から基地の問題についてレクチャーを受けながら、国際通り経由で牧志公設市場へ。そこで、グルクン唐揚げ、ミミガー刺身、ラフテー、足テビチを食する御一行。これらの料理はベトナム人のロック氏にも好評であった。

次の立寄り先は忠さんの親戚が住む島・**久富**

島で、なんと比嘉慶子の実家にあたる島のとなりの島であった。世の中は狭い。港で**忠さんの親戚亀次郎老人**と対面。亀次郎氏が操縦する船の中、互いの自己紹介、ロック氏がベトナム人と知るや亀次郎氏は微妙に態度を変化させていく。彼は無人島を目的地と嘘をついて大沢一行を置き去りにして去って行くのであった。

　ここで普通ならうろたえるところだが、大沢も並のコックではないし、ロック氏もベトナム戦という修羅場をくぐり抜けたつわものである。アウトドア感覚で無人島のひとときを楽しく過ごすのであった。亀次郎氏がベトナム人に態度を硬化させるのには理由があった。**彼は息子をベトナムで亡くしていたのであった。息子は潜水夫で、友人と二人ベトナム戦争当時、アメリカの潜水艦の海中でのメンテナンスの仕事をしていた。**そんないきさつがあって亀次郎老人はベトナムを嫌っているのであった。

　亡き息子の友人の説得で大沢一行は無人島から救い出され、亀次郎氏の島へ。亀次郎氏の息子の墓前で手を合わせるロック氏。かたくなな亀次郎老人の心を溶かそうと腐心する大沢公。亀次郎氏から出される提案「わしを満足させる料理をつくれ。ただし、醤油は使うな」。

　真剣勝負の面持ちで作った料理は、亀次郎老人を満足させたようだった。サンシンを手にロック氏と盛り上がる亀次郎氏。ハッピーエンドで良かった良かった。**ただし、大沢公が最後に白状した料理の隠し味は白醤油であった。このオチで勝ったと言えるのかどうか疑問が残るが、亀次郎氏が満足したのだからいいのであろう。**

　単行本12巻、次のテーマは、タコライスであった。主人公大沢公の知り合いでもあり、何度かこの漫画で登場したアンダーソン駐ベトナム大使も沖縄を訪れていた。一方、国際通りでブルーシールアイスクリームに舌鼓を打つ大沢ファミリー。アンダーソン夫妻（奥様はベトナム人）と待ち合わせて向かった先は「キッチンフロリダ」という名の古いレストラン。キッチンフロリダを切り盛りするのは**玉城めぐみ**という名の年配の女性。その店の看板料理はタコライス。1964年、父親の店を継いだ玉城めぐみと当時知り合ったアメリカ兵のジミーが協力して作り上げた料理、それがタコライスだった。ジミーはアンダーソンの当時の同僚で、めぐみとはその当時からの知り合いでもあった。彼女の作ったタコライスに感動しながら食する一行。めぐみは断言する。

「嘘をついてどうなるもんかね。このタコライスは間違いなくうちの店のオリジナルだよ」

本当かよ？　と思ったらこのページの左端に注意書きがあった。

『※この話に登場する「タコライス」という食べ物は、実際は1980年頃、金武町のパーラーで発案されたといわれています』

まあ、事実は事実として、漫画のほうはその後1964年に戻り、ジミーとめぐみのタコライス製作の苦労話が描かれる。出来上がったタコライスは評判になり兵隊が殺到し、店は繁盛する。ベトナムから帰ってきたら二人でタコス屋をやろうと誓った二人は結婚し、めぐみはジミーの子を身ごもるが、ジミーはベトナムで戦死。彼女はジミーが伝えたタコライスの味を守り続けて今日に至る。一方、「ガチマヤー」なる名前のレストランチェーンが元祖タコライスの看板を掲げあちこちに店舗をだしていた。

両者は元祖の名をかけて戦うという展開に進んでいく。しかもややこしい事にガチマヤーチェーンのオーナー**宮平満子**は、めぐみとジミーとの間に生まれた子供であった。ハーフとして生を受け幼い頃いじめられた経験を持つ満子にとってアメリカは嫌悪の対象であった。

本家争いと母娘喧嘩が複雑に絡み合ったこの騒動を、主人公大沢がどういうふうに解決に導くのか興味ある方は実際に単行本に目を通して頂きたい。

あの娘に「おせん」つかい！

「おせん」　職業　小料理屋女将

きくち正太　著　　講談社

©きくち正太/講談社

１９９９年にモーニングで連載が始まり途中からイブニングに移動し継続中の漫画。老舗料理屋「一升庵」を舞台に女将おせんの活躍を描いた作品である。料理の腕のみならず、料理の素材や陶芸等の目利きであり、客のもてなしも粋な女将おせん。和へのこだわりやお客様へのもてなし重視で、あまり料理のウンチクや環境その他のテーマを入れていない分「美味しんぼ」より読みやすいかもしれない。

そんなおせんと一升庵のスタッフが単行本９巻で石垣島を訪れている。

お得意さんの光北電機の親方が石垣島出身で地元に顔が利くから遊びに来ないかとの誘い。**だがその石垣島出身の親方の名前が大久保というのは納得いかない。しかも親方の喋りが語尾に「ちゅ」がつく具志堅用高式なのだ。**

夏バテぎみの親方のために、おせん流「いためないソーミンチャンプルー」をつくってあげる女将おせん。元気を取り戻した親方と共に石垣へ。到着したのはいいがホテルが台風の被害で工事中のために一向は親方のオバーの家に泊まる事に。オリオンビール、泡盛、冷奴、スクガラス、チラガー、ミミガー、ラフテー、ミーバイ、イラブチャーｅｔｃに舌鼓を打つ一行。飲めや歌えの大宴会にカチャーシー。

翌日海水浴へ行く一升庵の皆様。だが、おせんは泳げない。ふてくされてビールを飲んで酔いつぶれる。気がつくとそこはサバニの上。おせんをにらみつけるサバニの主は、**女漁師・夏樹**であった。彼女はおせんの宿泊先のオバーの亡くなった息子の嫁であった。それにしても第二章でとりあげる「男はつらいよ寅次郎ハイビスカスの花」でも思ったのだが、**海女なら分かるが女の漁師は説得力がない。**

その後夏樹の幼馴染で**石垣物産公社営業課長平良照夫**登場。彼の口から東京の大手食品会社音羽フーズの接待話が。成功すれば石垣島の水産物を買ってもらえる。同行した夏樹とおせん一行。だが結果は惨憺たるものであった。音羽フーズの社長の「**所詮B級グルメ、豚料理は中華に劣り、泡盛も日本酒に劣り、魚も本土に劣る**」との発言に夏樹がブチ切れ。

その後おせんは平良照夫から夏樹への想いを聞かされる。夏樹の事が幼い頃から好きだった事、旦那が漁の事故で死ぬ間際に夏樹の事を頼まれた事、島のため夏樹と亡くなった旦那のためと思ってやった商談がパーになって苦しむ彼のために、おせんが立ち上がる。音羽フーズ社長宛に再度招待状を出し、沖縄の古い民家に来てもらった社長と第一秘書にどのような料理をふるまうのか。興味を持たれた方は単行本9巻を購入し読んで欲しい。

おせんが今回の接待で披露した料理が実際に石垣島で再現されたら面白いなと思う今日この頃である。

ライバル日向小次郎が沖縄で見つけた幸せ

「キャプテン翼」　職業　サッカー少年

高橋陽一　著　集英社

©高橋陽一/集英社

「キャプテン翼」、業界の歴史に残る週刊少年ジャンプ売上650万部という80年代における大躍進の原動力の一つになった作品である。ジャンプのキャッチフレーズ「友情、努力、勝利」をさわやかに表現していた漫画でもある。それだけではなく、この作品無くしては今のサッカーブームはなかった。連載当時、アラ捜しの好きな友人は〝みんな同じような顔〟と突っ込んでいたが、後にやおい系同人誌でネタによく使われた事を考えると色んな意味で人気作品だったと断言できる。突っ込みどころは色々あるが、この漫画を読んで思うのは、作者のサッカーへの愛情である。読むたびに〝ああ、この人は本当にサッカーが好きなんだなあ〟と思う。

次回への引っ張りや予想できるストーリー展開は成る程ジャンプの漫画だが、それを補って余りあるのが、作者のサッカーへの愛情なのである。**何事も愛情を持って臨む。これが大切なんだと、これを読むと思う。**

さて、この「キャプテン翼」、色んなキャラが登場するが、サブキャラの中で最も人気と存在感があるのが、主人公・翼のライバル日向小次郎だろう。貧しい母子家庭に育ち、サッカーで頂点に立ち、現状から這い上がる事を目指している。〝ボールは友達〟が口癖で明るい主人公・

翼とは対照的などこか陰のある男である。

中学校時代から翼のチームとは熾烈な試合を繰り広げて来た彼は、中学卒業後、その中学生離れした卓越したサッカーの技量を買われて、サッカーの名門東邦学園に入学する。高校生になってからも主人公・翼と高校サッカー界でも語り草になるほどの名勝負を繰り広げるが結局は負けてしまう。

このままではいけないと感じた日向小次郎は、中学校時代の監督を訪ねる決心をする。監督は沖縄でサッカーの指導をしていた。初めて沖縄の土を踏む日向。勝手に学校とサッカー部を休んでまで来沖した彼を待っていたものは、かつての監督のとんでもない特訓だった。

連日くたくたになるまでしごかれるのはスポ魂漫画の定石なので、別に驚きはしない。**ぶっ飛んだのは、台風の中、海辺で荒波に向かってシュートをさせる特訓だった。**地元の子供たちですら宿舎の中でおそるおそる見ているのである。

そりゃそうだ、**私だってもし目の前に日向がいればフラーとしか思えないだろう。**そして日向にそんな特訓を命じた中学時代の監督も私から見たら精神異常者にしか見えない。

そんな一歩間違えたら命を落とすような、地元の人間から見たら馬鹿げた特訓の末、日向は荒れ狂う大波に穴を開けてしまう強烈なシュートを会得する。その名を**〝タイガーシュート〟**。(もしかしてタイガービーチで特訓した?)一歩間違えていたら死んでいたかもしれないが、まあ、結果オーライと言ったところか。

タイガーシュートを身につけて本土へ帰ってからの日向小次郎の活躍は漫画の方を読んで頂きたい。

必殺技タイガーシュート会得から数年後、「キャプテン翼ワールドユース編」単行本7巻によると、**日向小次郎についに彼女ができた。なんとウチナーンチュである。**日向はタイガーシュートの後に編み出した〝**ネオタイガーショット**〟を上回る必殺技を身につけるため、かつての恩師吉良を頼り来沖。そして恩師吉良のツテで**琉球国際体育大学**のサッカー部門で練習を積むがスランプに悩んでいた。そこで知り合ったのがソフトボール部で明るくてウーマクーで健康的な女性である。**名前は赤嶺真紀、比嘉高校ソフトボール部のピッチャーである。**

彼女とのキャッチボールで新必殺技へのヒントをつかみ、その後1ヶ月の山篭りに入り〝**雷獣シュート**〟を編み出す。

日向は沖縄で新必殺技だけではなく幸せをも見つけたのだ。沖縄で出会った彼女が日向の内面の影の部分を明るく照らしてくれる事を切に願うものである。

日向小次郎へ。

〝**お幸せに**〟

沖縄島を舞台にしたビッグ・トライアル・レース

「火の玉ボーイ」「B・B」

職業　はちゃめちゃ高校生

石渡治　著　小学館

石渡治、小学館系の漫画雑誌（主にサンデー）を中心に活躍する漫画家である。1982年にヤングサンデーで連載されていた「ラグタイムブルースバンド」は、バンドを主人公にした漫画としては先駆けだったのではないか。先駆け

と断言できる自信はないが、初めて読んだ印象が〝とにかくかっこいい！〟だった。そういえばバイク漫画「スーパーライダー」という作品もあったな。主人公坂巻龍一がかっこよかった。あとで取り上げる「B・B」の原型のようなキャラだった。

この項で紹介する「火の玉ボーイ」「B・B」の2作品は連載当時大学生だった私の心を強く捕らえた作品であった。この2作品のキーワードは80年代の音楽と横浜。80年代の流行りものや音楽、風俗、当時のムードを漫画の中に明るくバランス良く取り入れている。

太田出版から出版された「と学会年鑑BLUE」187ページ大沢南氏のレポートの中に次のような記述がある。

『バブル華やかなりし当時は、「ギャルにもててセックスしまくること」が男の唯一の価値とされてました。モテるために高いスーツや高級車を買い、女を連れて飲み屋やアミューズメント施設にガンガンお金を落とす』

80年代当時、女性から相手にされない男性は一緒くたにネクラと分類されカースト制度の最下層に位置する存在であった。そのネクラの烙印を押された人間共の中には、ハナっからモテる努力をする事に背を向けて、自らの興味の赴くままにマニアックな趣味の探求にまい進する連中がいた。後に彼らは89年に起こった宮崎勤事件以降〝オタク〟と呼ばれるようになり、一時期強烈なバッシングを受ける事になる。そんな彼らの中に身を置いてきた私にとって80年代は決して楽しい時代ではなかったけど、この漫画を読んでると80年代の怨念を忘れて突っ込みを入れるのを許してしまいたくなるから不思議だ。一度作者の石渡氏のインタビューを読んだ事がある。その中で強く印象に残っていたのが、高校時代について実に楽しそうに語っている事だった。

最初に紹介する**「火の玉ボーイ」**は、舞台は横浜、トゲトゲ頭で空腹になると超人的なパワー（ハングリーパワー）を発揮する主人公・火野玉男（通称・タマちゃん）が活躍する学園漫画。一話一話のタイトルが曲名というのもしゃれている。そこで描かれる主人公タマちゃんを含めたみんなの高校生活が実に楽しく生き生きしているのだ。

ヒロインで横浜を愛しているのが漫画から随所に感じられるモンちゃん（本名桃子）。親友のキイ（実は日本の経済を影で動かすくらいの力を持った財閥の御曹司。本人は父親に反発し独立して生活している。本名は足柄山金太郎）、タマちゃんに思いを寄せるもう一人のヒロイン暮林さんと彼女に思いを寄せる陸上部の花園君、途中真昼野高校を敵視するワルの溜まり場斜陽高校から転向して来るタマちゃんを慕うもう一人の女性アン子こと安藤摂子（彼女は満月になるとマンスリーパワーで超人的な力を発揮するというタマちゃんの近縁種）、可愛らしい顔だけどホッケーの腕は一流のK2等ユニークで強烈なキャラ満載。タマちゃんの高校ライフは石渡治の高校時代の思い出が反映されているのかもしれない。

そんな高校生活をエンジョイしているタマちゃんが沖縄を訪れている。なぜ沖縄へ行く事になったかというと、単行本5巻で彼らが通う真昼野高校体育館でチャリティミュージカルが行われた。まさにクライマックスの瞬間に真昼野高校を一方的敵視する斜陽高校の不良共が乱入、あわやミュージカルはぶち壊しか？　と思われたが、ハングリー&アングリーパワー全開のタマちゃんのお陰で斜陽高校の不良共は撃退されるが、代償は大きかった。彼の大暴れで体育館は破壊されてしまうのだ。建て直しには3000万円かかるらしい。

単行本6巻でタマちゃんは体育館を建て直すため、沖縄で行われるビッグ・トライアル・レース参加を決意する。**ビッグ・トライアル・レー**

ス、それは沖縄本島のヤンバルを舞台に繰り広げられるトライアスロンをさらに過酷にした鉄人レース。スタート＆ゴール地点は**海洋博記念公園**で、そこから**名護の仲尾次**までマラソン、仲尾次から**国道58号線**を通って**オクマビーチ**まで自転車、オクマビーチから海上ウインドサー

フィンを操り**辺戸岬**を越えて太平洋側の**伊部海岸**へ、そして伊部海岸から**伊部岳**まで再びマラソン、伊部岳からハンググライダーを操縦して**名護岳**へ、最後名護岳からゴールまでローラースケートという恐ろしくぶっ飛んだ競技なのである。優勝賞金は3000万円。タマちゃんは高所恐怖症という致命的なハンデを克服して沖縄へと向かう。同行するのは前述のヒロイン・モンちゃんと親友のキイ。

　彼らが臨んだビッグ・トライアル・レースの背後には日本を裏から支配する勢力、その他の利権や陰謀がからんでいた。さらには国土開発庁長官をおじに持つボンボンの選手による様々な妨害がタマちゃんの前に立ちはだかる。中継地点に置かれた飲み物に下剤が入っているわ、ウインドサーフィンでは人を襲う訓練を受けたイルカが襲いかかるわ、ハンググライダーに小型ミサイルが飛んでくるわ、ローラースケートではトゲトケのついた金属バットを持った連中の

襲撃を受けるわ、尋常ではない妨害がタマちゃんを襲う。それらをどのように跳ね返しレースで活躍するかは単行本を読んで欲しい。

でもこのビッグ・トライアル・レース、実際にやったら宮古のトライアスロンより危険だよな。

石渡作品には、「火の玉ボーイ」連載終了後、1985年に始まった「B・B」の中にもちらりと沖縄が出てくる。

主人公高樹陵はトランペットの腕前も喧嘩の腕前もすごい高校生。仲間からはB・B（Burning Blood）と呼ばれている。プロからも誘われてるが何か夢中になれない。そんな彼がふとしたきっかけで出会い本気で打ち込んだものはボクシングだった。

Burning BloodからBest Boxerへ。高校のボクシングの先生の指導による特訓で編み出した〝10センチの爆弾〟。ライバル森山仁との出会いから、彼はすさまじい運命の奔流に巻き込まれていく。多々いるライバルの中の一人に「武道館中野」なる人物が登場する。細身の長身に黒丸サングラス、ナマズひげに辮髪といった風貌の彼はおそらく連載当時ロック界で一世を風靡していたバンド「爆風スランプ」のボーカル・サンプラザ中野をモデルにしたキャラである。彼はB・Bと同じ〝10センチの爆弾〟を身に付けるためにB・Bに指導した先生を訪ねる。その先生は沖縄にいた。正確には「B・B」単行本26巻ACT・8によると**「沖縄県立海浜高等学校」**に赴任していた。赤瓦屋根の家並、シーサー、ハイビスカスが描かれた数コマ。教え子を殺人犯にしてしまったため、指導する事を最初は固辞していた先生も中野の熱意に折れ、最終的には指導する事になり世界戦でB・Bとの対決へと向かって行く。

その試合の顛末やB・Bと森山の最後の試合を見たくなったら実際に作品に目を通して欲しい。

生き物オタクが天然記念物を…

「Bバージン」

職業　オタク学生

山田玲司　著　小学館

１９９１年ヤングサンデーで連載されていたラブコメ。主人公が本命の女の子と上手くいくために最終回まで引っ張る漫画といった方が早いか。主人公住田秋は生物オタクで専門はカメ。見た目も典型的なオタクであった。そのため女の子とは無縁のさえない高校時代を送っていた。彼は高校時代に想いを寄せていた同級生桂木ユイを射止めるために、姉の助けを借りてルックス大改造、大学からはモテる男に変身したのはいいが、本命のユイからは遊び人と思われ警戒され、上手い具合に進展しない。

ラストまで一進一退の攻防が続くのだが、そんな日々の中単行本第２巻で最初の石垣島旅行を行っている。離島でのロマンスが展開されるかと思いきや、そこは自然の豊富な八重山諸島、生き物オタクの血が騒ぎ、夜はモテ男ルックから自然観察スタイルに変身して、自然ウォッチングに没頭する。セマルハコガメ、エラブオオコウモリ、ヤシガニ、トビトカゲに感動する夜はふけていく。そこを寝られなくて散歩しに来た二人組に見つかり、正体がバレそうになると

「わんがぁ…かんごきゃくわんしょみそれ。
は…はぶいんしょみそれ
わんがきいつけるべさ」

と意味不明のウチナー口のつもりのセリフでごまかしてその場を逃げる。

昼はモテ男、夜は生物オタクを使い分けての石垣島滞在記が続くが、或る夜（石垣島なのになぜか）リュウキュウヤマガメを発見してたわむれている姿をユイに発見されてあせる住田秋。なぜか彼女には受けたのであったが。その後も、上手く行くかと思われた矢先にふとした誤解から元に戻ったりとまたもや一進一退の攻防の日々は続く。

それから月日は流れ、単行本12巻13巻で住田秋は再び石垣島を訪れている。団体ツアーで訪れているユイを今度こそものにするために。ユイを追って石垣島に着いたのはいいが、すでに彼女達は西表島へ向かっていた。後を追う秋。ユイ達のコテージにたどり着いた秋を待っていたのは団体ツアー客の嫌われ者レイナであった。性格の悪い彼女は、イリオモテヤマネコを捕まえてきたらユイが会ってもいいと言っていたとデタラメを語る。**それを真に受け捕獲行動に移る秋。おいおい、相手は特別天然記念物だぞ。**

そして秋はとんでもない行動に出る。島で見つけた船を勝手に動かそうとして、船の持ち主に捕まってしまうのだ。秋の目的を聞いてあきれる持ち主のウミンチュ。それは当たり前だ。だが秋の彼女への想いを聞かされたウミンチュは秋に言う。

「お前、おもしれぇ。ハブに食われて死ぬ前に仲間に紹介してやる。来い。〝オトーリ〟すんぞ」

八重山でオトーリ？

とにかくオトーリで酔いが回り泥酔状態になった秋はウミンチュ仲間の前でユイへの想いを熱く語る。なぜか感動したウミンチュは秋に協力するのであった。しかも営林署の許可までとって。こんな事が許されるのか？　本当に管轄は営林署なのか？　結局イリオモテヤマネコは見つからず。（正確には彼らの気づかない場所にひょっこり姿を現すのだが）秋はイリオモテヤマネコのぬいぐるみを被ってユイの前に出現。いままでの誤解を解こうと説明するが、信じないユイ、といったラブコメの定石通りの展開が続く。説得工作の途中、秋はサキシマハブに噛まれてしまう。生物オタクらしく自分で応急処置をするが、その時に始めてお互い自分をさらけ出した会話が出来て今までの誤解は氷解し、一緒に暮らす約束をする。

　まあ、最後は本命の彼女と上手く行って良かったけど、この作品を読んでると「オタクは人間にアラズ」といった当時の雰囲気がこれでもかこれでもかと伝わってくる。この漫画の連載の数年前に起こった宮崎勤事件の後ではそれもしかたないかもしれないが、オタクでもいいじゃないか。宮崎事件後実際に辛酸を舐めた経験のある人間としては、この漫画の根底に流れるオタク蔑視はどうもなじめない。さらには本命の女性をモノにするために特別天然記念物を捕獲しようというよこしまな動機も含めて、この作品は好きになれない。

イリオモテヤマネコが追いかけて

「あずまんが大王」　職業　女子高生

あずま　きよひこ　著　メディアワークス

©あずまきよひこ/メディアワークス

この漫画の魅力を的確に説明するのは残念ながら私の表現力では不可能に近い。ある女子高を舞台に繰り広げられる生徒達のほのぼのとした三年間のほとんどを4コマで描いた作品と言ってしまえばそれまでだが、是非一度読んでこの作品の不思議な魅力を味わって欲しい。

ただ、この漫画の設定が少し変わっているのは、作品の中に飛び級で高校生になった１０歳の女の子ちよちゃんを登場させている点だ。彼女を含めてよく登場する女の子数人と彼女達を見守る先生方のほのぼのとした日常が描かれる。

女の子達も前述の最年少ちよちゃん、長身で口数は少ないが運動神経抜群の榊さん、同じく運動神経抜群で榊さんにライバル心を燃やす神楽さん、大阪からやって来たために以降「大阪」と呼ばれるハメになる大阪、メガネのよみちゃん、よみちゃんと見事なボケツッコミを演じてくれるともちゃん等、いずれ劣らぬ個性派揃い。

そんな彼女達が単行本第４巻の中で修学旅行で沖縄を訪れている。

守礼門の前で二千円札の画と比べたり、首里城でシーサーを発見して「シーサーやいびーん」といった覚えたての方言を連発する彼女達。その後ホテルでバイキング形式の食事を食べ過ぎたり、万座毛でちよちゃんがみんなにおもちゃにされたり、体験ダイビングを楽しんだりと、沖縄の日々は過ぎてゆく。

その後の離島プランで西表島を訪れる榊さんとちよちゃん。そこでイリオモテヤマネコの子猫に遭遇する二人。榊さんは猫好きだがいつも噛まれてばかり。でもそのイリオモテヤマネコに限って榊さんになついたのであった。子猫と一緒の西表島での楽しい日々は瞬く間に過ぎて行き、西表最後の日は涙の別れ。

修学旅行から帰り夏休みも終わり、いつもの学校での日々が始まる。通常通り登校する榊さんとちよちゃんの前に突如猫の大群が現われる。そのリーダー格はいつも榊さんを噛んでいた猫であった。猫の大群の餌食になってしまうのか？と思われた榊さんの前に飛び出し猫の大群に睨みをきかせ追い払ったのは、**あの西表島で会ったイリオモテヤマネコだった。**榊さんを追って来たのだろうか？　その後長旅の疲れなのかイリオモテヤマネコは倒れてしまうが、ちよちゃんの知り合いの獣医に診てもらい健康を回復する。

イリオモテヤマネコは、榊さんが卒業後一人暮しを始めるまで、ちよちゃんの家に置いておく事になる。榊さんの目標は獣医と物語の中でも語られている。

　イリオモテヤマネコと榊さんの再会はこの作品のクライマックスでもあり、素直に読めば感動するのだが、**獣医を目標にしている人間が、特別天然記念物をああいうふうに扱ったらいけないだろう。**

　作者のあずまきよひこ氏は、その後「よつばと」という作品をコミック電撃大王に連載している。そこで表紙にシーサーが登場する回があった。ひょっとしたら沖縄テイストが入っているかも？　いつか単行本をまとめ読みしようと考えている。

　追記　月刊漫画雑誌「電撃大王」２００４年４月号連載漫画の中に、その「よつばと」を発見。扉の画はシーサーが描かれている。それはいいのだが、引っ掛かったのは、シーサーのウチナー口とその訳である。紹介しよう。

《やーぬーやぃびーが（おまえ、なにさまですか？）

わんぬーシーサーやぃびーん（俺はシーサーだ）》

敬語とタメ口がごっちゃになっている。もし相手の名前を尋ねているのなら〝ぬーやぃびーが〟よりも〝たーやぃびーが〟の方がまだいい。他に〝ぬーなーやぃびーが〟〝ぬーなーやみしぇーが〟とか言い方はあるが。そして〝わんぬー〟ではなく〝わんねー〟の方が正しい。

敬語で統一するのであれば、

《うんじょーたーやぃびーが

わんねーシーサーやぃびーん》

タメ口ならば、

《やーたーやが

わんねーシーサーやさ》

がいいと思う。でも他県の方にしては勉強されている方だなと思う。さらに勉強を重ねて少しでも沖縄のＰＲになってくれたらありがたい。

米軍基地の治外法権的解釈が斬新

「あいつとララバイ」 職業 バイク野郎

楠みちはる 著 講談社

©楠みちはる/講談社

1981年頃週刊少年マガジンで連載がスタートしたバイク漫画。1982年に連載が始まった「バリバリ伝説」と共にマガジンの主力漫画の一つとなりバイク漫画というジャンルの確立に一役買った作品でもある。

物語は、主人公研二とヒロイン友見を中心にした青春漫画で、研二の前に現れるバイク乗りとのバイクバトルを織り交ぜながら進んでいく。最初の出会いは休学中でバイトに行こうとして信号待ちの研二のバイクの後ろに友美が突然乗り込むところから始まる。彼女は言う。

「成田まで連れてって」

見ず知らずの少女からの突然の要求に戸惑う研二。その後も「成田へ行って」「あたしの一生の問題なのよ」と強引なまでに要求を押し通そうとする友美。

そんなやり取りの中、信号無視をしてしまいパトカーに追いかけられるハメになってしまう。パトカーから逃げるために成田空港に向かわざるを得なくなってしまう研二。友美が成田へ行きたがったのは、あこがれの人タカシが旅立つのを見送りたかったから。結局会うことは出来ず、飛び去る飛行機に向かって、「バカヤロー」と叫び泣き崩れるだけであった。

連載時は友美の可愛さのみに目が行ってあまり気にならなかったが、結構デンジャラスでハ

夕迷惑な女かもしれない。

そんな出会いからしばらくして友美は入学した高校で研二と再開することになる。それから二人の青春ストーリーとバイクバトルの日々が始まる。

そんな研二と知美は単行本25巻26巻で沖縄を訪れている。

行きつけの喫茶店の女主人耀子さんの紹介で、ふたりは彼女の古い知り合いが沖縄で経営するレストランのバイトをする事に。喜び勇んで沖縄に着いたのも束の間、そこはあいにくの土砂降り。二人を迎えに来た**サングラスの男・洋一**。二人を乗せた車は、那覇空港からかなりの距離を走る。研二がおそるおそるあとどのくらい走るのか尋ねると、さらに北へ30キロとの返事。ヤンバル方面か？　たどりついたのは観光客があまり来ない、きれいなビーチと堤防が近くにある**「ニューヨークステーキ」**という名のレストラン。そこは洋一と**小学生だが英語ペラペラの娘の理加**が切り盛りしていた。こうして研二と友美のバイトが始まるのだが、夜は荒くれ米兵の乱闘の場になったりするデンジャラスな店でもある。これではバイトは続かないと思う。

それにしても「ニューヨークステーキ」はどこにあるのだろう？　ヤンバルかと思ったが、周辺の風景から北谷か嘉手納とも考えられる。

店の常連の黒人兵ジョーとオキナワ市へ行くことになり、**「弾丸道路」**なるコースを通る研二。「弾丸道路」とはいったい？　理加の説明によればニューヨークステーキのある地域からオキナワ市へ行くのに海側と山側二つの道があり、弾丸道路とは海側の道との事。さらには弾丸道路に向かう途中には大きなホテルや海水浴場があるらしい。さらに弾丸道路は毎年夏には台風にやられていくら修理してもすぐにダメになり、穴が空いていたり、道が半分なかったり、ほとんどもう誰も通らないとの事。一体どこにあるのだろう？　とにかくその弾丸道路を無事通過し、ジョーと洋一のテストをクリアした研二なのであった。結局ニューヨークステーキの所在地は分からなかった。

テストをクリアした研二に、洋一はとんでもない仕事を依頼する。**それは基地内にあるバイクZ1を盗み出す事。**そのバイクは洋一とジョーが3年前に結成していたグループミッドナイトの仲間トムのものだった。トムは脱走を企てたためにオクラホマへ移送されていた。洋一はトムから依頼を受け基地内に侵入しZ1盗み出しを計画していた。**研二はその協力を頼まれ快諾する。**（死んでも知らんぞ）

沖縄に台風が上陸し暴風圏内に入ったある日計画は決行された。暴風雨の中大胆にもフェンスを乗り越える洋一と研二。輸送機に向かうピックアップの上にはZ1。米兵たちの前に飛び出し基地従業員のふりをして引き止める洋一。その隙にZ1を動かそうとあらゆる事を試みるが動かない。**原因は、ガソリンが入ってなかったから。**侵入がバレて警報音が鳴り兵隊達も動き出す。そんな中Z1を動かすことしか頭に無い研二はとんでもない行動に出る。Z1を乗せていたピックアップの燃料タンクの蓋を開けっ放しにして運転士滑走路の非常箱に片輪だけ乗せてひっくり返す事を試みるのだ。そしてひっくり返った車のタンクから出てくるガソリンをZ1に入れるという魂胆なのだ。こんなデンジャラスな行動に出る際の研二のセリフもすごい。

「どーせここはアメリカだから無免許で捕まるコトもないしね
基地の中はアメリカだからねー
ここまできたらヤルっきゃなーい」

なんて能天気な。

ひっくり返したピックアップクから出るガソリンを補給したZ1。MPの群れが迫る中、Z1のエンジンをかける事に専念する研二。エンジンがかかり基地の中でMP相手のカーチェイスが展開される。当然の事ながら兵隊はM16

ライフルを構え発砲もしてくる。その銃弾をくぐり抜け研二を乗せたZ1は走る。その過程で基地の中の倉庫は炎上するはMPの車も数台大破させるは、これだけの大騒ぎを巻き起こしながら研二はZ1を操りフェンスを越える。すさまじい夏休みの思い出だ。

数日後、何事も無かったかのように帰る研二と友美。おいおい友美はともかく研二、お前あれだけの大騒ぎを起こして本当に何のお咎めもなしか? この二人お似合いのスーパーデンジャラスカップルかもしれない。

その頃の米軍基地関係事故など

1980年(昭和55年) 海兵隊普天間基地滑走路に観測機が墜落、乗員1人死亡

1981年 読谷村補助飛行場で訓練中の海兵隊パラシュートが古堅小近くに落下

1982年 普天間基地内でヘリが墜落

沖縄の近未来史としての超人バトル

「キン肉マンⅡ世」 職業 超人ヒーロー

ゆでたまご 著 集英社

1979年22号から87年21号まで連載を続け、当時の週刊少年ジャンプの黄金時代を支えた看板漫画「キン肉マン」。ジャンプ出身漫画家で1、2を争う画の下手さというハンデを持つ彼らが、ジャンプの全盛時代を支えた戦力になったというのは、評価に値する。作者の並々ならぬ努力の賜物といえよう。

だが、評価に値するが個人的に好きかというと、嫌いな方だ。連載開始が高校時代というせいもあり、あまり感情移入して読める年代ではなくなっていたからかもしれない。

私にとってのキン肉マンは突っ込むためのものでしかなかった。

　イーストプレスから出ている漫画評論家・鶴岡方斎著「マンガロン」の中に「少年ジャンプとキン肉マン」というタイトルで1章が設けられている。キン肉マンについて書かれた評論としては深い洞察にあふれた最高のものだと思う。興味をもたれた方は一読をお勧めする。

　ゆでたまごは、「キン肉マン」連載終了後2作目「ゆうれい小僧がやってきた」を、1988年1・2合併特大号から連載開始するが同年24号で最終回。人気が出なかったのだろう。作者ゆでたまごの低迷期ともいえるこの時期「スクラップ三太夫」「キックボクサーマモル」「グルマン君」を発表するがみんな人気が出ず打ち切りになった。「グルマン君」はグルメで料理が得意な小学生グルマン君がぶっとび料理を披露するすさまじい漫画である。古本屋で見かけたら是非読んで欲しい。


　そんな冬の時代を経て1998年に起死回生を賭けて週刊プレイボーイで連載を開始したのが**「キン肉マンⅡ世」**。内容はデビュー作の続編である。主人公はキン肉万太郎。波乱万丈の王位継承を終え、正式にキン肉星の王となったあのキン肉スグルの息子。前作では許婚で王位継承後は王妃となったビビンバとの間に生まれた待望の子供のようだが、**これが父親以上のダメ超人なのである。**先代に続いて父子二代に渡る御目付役ミートの苦労がしのばれる。

　この万太郎が前作と同じようにバトルを繰り返しながら成長していく物語。前作に熱狂した子供達が週刊プレイボーイを読む年齢になったのを計算に入れての連載だと思われるが、現在単行本も30巻を突破しているので作者及び編集部の目論見は成功していると思われる。

　さて、「筋肉マンⅡ世」単行本11巻において〝火事場のクソ力修練（チャレンジ）〟なる超人バトル2戦目で対戦相手ハンゾウに勝利した万太郎は沖縄を訪れている。

ハンゾウとの戦いを終え、リング上で息も絶え絶えの万太郎。突如、彼の背後の空間に穴が！吸い込まれる万太郎。彼を助けようとしたミート達共々穴の中へ。万太郎が意識を取り戻す。暑い。ここは熱砂地獄か？　と思われた彼らがいた場所は沖縄の砂浜だった。周りには水着姿の観光客。沖縄だと知った万太郎の第一声を紹介する。

「エエッ！？あの白い砂浜エメラルドグリーンの海…、シーサーと守礼の門、ソーキソバ、ゴーヤチャンプルで有名なあのOKINAWA！？」

次の瞬間アロハシャツにサングラス短パンに衣装替えし、浮き袋を持って海での遊びに興じる万太郎。バックに某航空会社のイニシャルが書かれたリゾートホテルがある事から、そこはムーンビーチだと思われる。

ビーチでの遊びを満喫する万太郎の前に現れたのが、2人の超人仲間テリー・ザ・キッド（前作で万太郎の父スグルのライバルにして親友テリーマンの息子）とジャイロ。二人ともスーツ姿。ミートが彼らにどうして沖縄にいるのか尋ねると返答がすごい。

テリー「ああ昨日まで沖縄でサミットがあってな。世界の首脳の警護に来てたんだ」

ジャイロ「2000年に続く16年ぶりのサミットということで我々日本駐屯超人にも警護の依頼があったってわけさ」

そうか、2016年には再び沖縄でサミットがあるのか。その時の護衛の中に超人達がいるのかどうか楽しみだ。

次のページに某航空会社のホテルと思われる画の入ったコマがある。**著作権の関係で社名を微妙に変えたと思われるが、その名前がANALというのは…。**

夜、民謡酒場「殿」ではしゃぐ万太郎一行。万太郎は女性とカラオケに興じ（歌った曲は喜納昌吉の「花」と「ハイサイおじさん」）テリー・

ザ・キッドはナンパにあけくれる。彼らを見てあきれるミート。同行の先輩超人チェック・メイトに注意してくれるよう頼むが、彼は沖縄料理に舌鼓を打っていた。

「美味しいですねこの沖縄料理。ソーキソバ、ミミガー、ラフテー。みんなどれも素晴らしいですが、特にこのゴーヤチャンプルが気に入りました。ポークの塩気とゴーヤの苦味が相まってメチャメチャ美味しいです」

ミートはぼやく。「こちらの方は食い気に走ってるし、どうなってんだか21世の正義超人界は…」

ミートの気苦労は理解できるとしても、**超人チェックメイトが気に入った沖縄料理としてゴーヤーチャンプルーは誇ってもいいと思う。**

それぞれの沖縄を満喫する民謡酒場に現れたのが、殺し屋超人ボーン・コールド。こいつが次に万太郎と戦う相手となる。戦いの場所がすごい。**なんと首里城正殿前の広場の特設リングなのである。**リングもマット部分がシーサーの顔になっていて石で出来ている。**名づけてシーサーリング。**

単行本12巻をまるまる引っ張って死闘は展開される。ミートの出生の秘密やボーン・コールドの父親が、実は前作でキン肉スグルの前に立ちふさがったキン骨マンだったりと、色んな要素が詰め込まれた回になっている。でも内容が無い事に変わりはない。

2016年の近未来、首里城で超人達のバトルが展開されるというのも何か笑える。でも貴重な文化財なので絶対に傷つけないで欲しい。

首里城での死闘から月日は流れ、単行本は21巻。沖縄県は与那国島の海底から突如遺跡が浮上してくる。その遺跡の中の異次元世界に閉じ込められたミートを救うために万太郎と超人仲間が立ち上がる。

この与那国の回は内部の異次元世界での戦いがほとんどで沖縄描写は無い。……思い出した、お風呂に「与那国島」の文字が入るくらいだ。単行本23巻までチェックしたがまだ終わっていない。さすがに疲れてきたのでこれ以上のキン肉マンの調査は控えておく。

この作品は預言書としても読める。2001 6年にキン肉マンⅡ世が沖縄のムーンビーチに現れ首里城で殺し屋超人と戦う。しかもその年には沖縄で16年振りのサミットが行われている。その数年後、与那国島から隆起した謎の遺跡の異次元空間の中で悪の超人達と戦う。今から10数年後が楽しみだ。

2005年3月10日放送「トリビアの泉」のコーナー「トリビアの種」で「中学生の教科書で一番多い落書きは?」というテーマの第10位に「額に肉マーク」がランクインしていた。中学生の教科書の落書きにまで影響を及ぼしているキン肉マン恐るべし。

「キン肉マンⅡ世」を読んだ人間の数%が少しでも沖縄観光に寄与してくれる事を願いたい。

陽気な北斗の拳、琉球を行く

「花の慶次」　職業　傾奇者

隆慶一郎 原作　原哲夫 作画　集英社

©原哲夫/集英社

これは隆慶一郎の小説「一夢庵風流記」を「北斗の拳」でヒットを飛ばした原哲夫が漫画化した作品である。

主人公・前田慶次郎は、加賀百万石で有名な前田利家の甥で、戦国時代から江戸時代初期までを自由奔放に破天荒に生きた傾奇者でもある。「傾奇者（かぶきもの）」とは何か？　単行本第

13巻掲載「前巻までのあらすじ」によれば、『「傾（かぶ）く」とは異風の形を好み、異様な振る舞いや突飛な行動を愛することをさす。そして、真の傾奇者は己を美しゅうするために命を賭した。時は戦国時代末期、ここに天下一の傾奇者がいた。その名は前田慶次…！！』

武勇に優れ、戦度胸は天下一品、「北斗の拳」の主人公・ケンシロウが髷を結って派手な着物を身にまとい、陽気で明るいキャラになっていると考えて頂きたい。腕っ節は強いが決して粗野ではなく風流を解し句をたしなむ教養人の側面も持つ。腕っ節も酒も強く行く先々で筋の通らぬ事を強要したり弱いものを苛める悪を懲らしめ、豊臣秀吉や徳川家康といった大物の前でも動じることなく我が道を行き、時には彼らを心服させてしまう事すらある。

そんな彼の破天荒人生を描いた漫画「花の慶次」であるが、なんと沖縄を訪れていた。前田慶次沖縄紀行は、単行本第13巻**「南海にかかる虹！琉球の章」**から始まる。

舞台は千利休が追放・切腹後の堺の街。見せしめの為に橋の前に首吊り状態で吊るされている利休の木像。遠巻きにしている多くの野次馬の中をかき分け木像の前に進み出る編み笠の男。その彼は木像の前にひざまずき手を合わせる。その男に暴行を加える木像の番人達。だが、番人達を空手でぶっ飛ばしてしまう。途中助けに入った慶次に恐れをなして番人達は逃げ出す。

編み笠男曰く。「利休は俺の父だ」

さらに木像の番人達を倒した武芸について、「手（てぃ）！琉球で習った」と語るその男は半分南蛮人の血が流れていると語り、編み笠を取ると金髪であった。

単行本13巻での彼の説明によると、父千利休は若き日に貿易の仕事で琉球へ。航海の途中南蛮の海賊船と交戦となる。海賊船を打ち破り、船の中に入るとそこには海賊に拉致されていた南蛮の女性が…。彼女は逃げられないように足の腱を切られていた。利休は女性を連れ出し琉球に住まわせた。その琉球滞在の日々の間に二人は結ばれ、その結果生まれたのが母親と同じ金髪の編み笠で、名を**与四郎**という。与四郎は母の言葉を父利休に伝えるために、はるばる琉球からやって来たのであった。母の言葉は「ありがとう」。

慶次は、そこで与四郎からイスパニア人の野望を聞かされる。それはキリシタン布教を隠れ蓑にしたイスパニアの世界支配。豊臣秀吉が進めている朝鮮出兵の先鋒は九州のキリシタン大名である。イスパニアは、朝鮮での戦の後、キリシタン大名を背後から操り、日本の間接的支配を狙っている。**イスパニアの野望に怒りを感じた慶次は、なぜか琉球行きを決意する。**そこへ突如現れるカルロスなる南蛮人。彼はキリシタンにしてイスパニアの戦士でもあった。**見た目は「北斗の拳」のシンのような顔をしている。与四郎とカルロスとの闘いはどう見ても「北斗の拳」だ。**慶次も助太刀するが苦戦。そこへ慶次の愛馬・松風が現れ、闘いはひとまずお預けとなる。

しかしカルロスとの闘いで与四郎は死ぬ。彼が肌身離さず持っていたもの、それは娘の肖像画だった。死ぬ間際に堺に滞在する**息子・与次郎**に自分の死を伝えるよう慶次に遺言し、与四郎は息を引き取る。

与四郎の伝言を預かった慶次は堺へ。**与次郎は父親そっくりの外国人顔でヌンチャクの使い手でもあった。肖像画の娘は、与次郎の妹に当たり、名前を利沙といった。**これまた利休の愛した南蛮の娘のような金髪のエキゾチックな容姿である。肖像画の娘・利沙に一目惚れした慶次はさらに琉球行きへの思いを強くするのであった。

堺の港で与次郎と共に琉球へ向かおうとすると、そこに現れたカルロスの船との交戦開始。与次郎の口から語られる衝撃の事実、カルロスの真の目的は、イスパニアの手先としてのアジア支配ではなく、利沙だった。

「あんな奴にこんないい女はやらん！！」とさらに闘志を燃やす慶次。

交戦中の2隻に襲いかかる堺町奉行の船。逃げるカルロス。逃げる時の捨て台詞がいい。

「アスタ・ラ・ビスタ」

おそらくこれは「ターミネーター2」の影響と思われる。

慶次と与次郎一行を逃がすために我が身を犠牲にして堺町奉行の船を引きつける与次郎の親代わりの老人。彼は千利休が貿易をしていた頃に仕えていた人間であった。堺町奉行の船から発射される銃弾を受け息絶えんとする老人に、慶次はウチナー口で別れの言葉をかける。

「ガンジュウ、ソーキヨー！！」

慶次が喋ったウチナー口は百姓言葉だったのか？　サムライ言葉だったのか？　疑問は尽きない。しかし死にゆくものに「元気でいろよー」と言ってもねー。

その後台風で船は難破し、慶次は琉球のある島に漂着する。荒波にもまれ負傷し疲労がたまりしかも盲目状態になっていた彼を看病したのは利沙であった。**そう、偶然にも利沙が住む島に流されていたのである。**島で乱暴狼藉を働く**地頭代の弟・マムシの火嘉**（沖縄にマムシがいるのかという突っ込みはこの際置いておく）を座頭市以上の超人的な勘と持ち前の武芸の腕前でやっつけたりしながら、だんだん目も見えるようになっていく。意中の相手利沙と出会えたと喜んだのも束の間、**琉球王尚寧の使いにして空手と妖術の使い手・猛虎親方**が島に現れ、利沙を拉致し、沖縄本島に連れ去る。

一方与次郎と慶次の家来達は海賊船に拉致されていたが、偶然沖縄本島に向かう慶次の船と出会い、慶次は与次郎達と海賊船を乗っ取り美貌の女船長を味方に付けて沖縄本島へ向かう。

沖縄本島に上陸しても相変わらず破天荒でマイ

ペースな慶次。あっちこっちで豪快なエピソードを残しながら利沙を追って首里城へ。

慶次の前に猛虎親方が立ちふさがるが、死闘の末、勝利する。さあ、これであこがれの利沙に会えるのかと思ったら、次に彼の前に立ちふさがったのは**竜獄親方**（りゅうきうぇーかた）の陰謀であった。彼は密かに薩摩と手を結び謀反を企んでいた。様々な陰謀を張り巡らせ警護の者に慶次を捕らえさせ、利沙を人質にとり謀反を起こすが、国王尚寧と慶次によって失敗に終わる。

よかった、よかった。まあ史実では、この数年後、薩摩侵攻があるんだけどね。

ここまでの展開は実にぶっ飛んでいて、是非実際に単行本に目を通して頂きたい。「北斗の拳」のようなすさまじいバトルが首里城内で展開されている事を想像してもらったら、そのぶっ飛び具合も少しは御理解頂けるだろうか。

それから思い焦がれた利沙を連れて本土に帰る慶次。本土に戻ってからは秀吉の死を挟み、徳川家康と石田光成の対決といった世の中の流れの中、慶次は、友の直江兼続のため上杉方につき、徳川方相手に壮絶な戦いをする。関が原合戦を経て徳川家康相手に上杉助命の交渉に赴き、なんとかそれをまとめる。その際家康の前で突如スキンヘッドになる。

以後はスキンヘッドのまま「一夢庵ひょっとこ斎」と名乗り、上杉家より二千石の捨扶持を与えられ米沢で愛する利沙と暮らしたというエピソードで終わっている。

一方、原作「一夢庵風流記」では大筋では一緒だが、慶次は琉球ではなく秀吉の密命で朝鮮を訪れている。しかも物語の初めの部分で妻子持ちであるとの記述もある。両方読み比べてみるのも面白いかもしれない。

○さまざまなうちなーんちゅ編

ウミンチュボクサー・島袋

「はじめの一歩」

森川ジョージ 著
講談社

少年マガジン連載「はじめの一歩」は、「あしたのジョー」「がんばれ元気」以来の大ヒットボクシング漫画だ。主人公の幕之内一歩は母親と二人暮らし。実家の釣具屋を手伝うやさしい性格の高校生。そのやさしい性格ゆえいじめられやすい。そんな彼がボクシングに出会い成長していく姿が主なストーリーである。作者の森川ジョージ氏はボクシングジムのオーナーを勤めているだけあって、描写にも説得力がある。おそらく作者自身のボクシングへの愛が作品からにじみ出ているのだろう。

ボクシング漫画なので主人公は様々な相手と試合をする。主人公・一歩の前には沢山の挑戦者達が入れ替わり立ち代り現れる。**その中に島袋というウチナーンチュが登場する。**（単行本47巻から49巻にかけて）

糸満のウミンチュあがりで、特技は素潜り。息を止めた状態で打ち合う事が出来る。しかもスタミナも底無し。体格は筋肉質で首が太く見るからに打たれ強そうである。胸板は厚く、腕も太く脇が締まらないくらい上腕太胸部の筋肉が発達している。

最後はお約束通り、一歩が勝つのだが、私なりに感じた挑戦者・島袋への疑問を左記に思いつくままに書き記す。


1・糸満のウミンチュ出身と設定するならば、島袋よりは上原という苗字の方がリアリティーがあったのでは?

2・島袋はウミンチュ出身で素潜りが得意との設定であったが、今糸満で素潜り漁をやっているところはあるのか?

3・脇が締まらないくらい腕の筋肉が発達しているとパンチが大振りになり、確実に相手に当てるパンチは打てないのでボクサー向けの体格とはいえない。

4・体格的に泳ぎを得意にしている人間の体型でもない。漫画で見る限りボディビルやウエイトでやみくもに鍛えた体格にしか見えない。

5・素潜りが出来るからといって、息を止めて打ち合える事にはならない。海に潜って魚を採る行為とグローブを付けた拳で殴りあうボクシングでは体の使い方が全然違う。どんなに打たれ強くとも殴られ続けたら確実にダメージは溜まる。息を止めて殴りあうくらいなら、フットワークやクリンチワーク、その他のディフェンステクニックを磨き上げた方がずっといい。素潜りをボクシングに生かすのは無理があるという結論になる。


試合終了後、島袋は地元に戻り漁師になるとの事であったが、素潜り漁で生計を立てるのは難しいと思う。

私は島袋に、ダイビングショップ経営をお勧めしたい。

「馬之助」の奥さんは、ミス沖縄だった！

「1・2の三四郎2」

小林まこと 著
講談社

小林まことの初期のヒット作品に「1・2の三四郎」がある。元ラグビー部のエース主人公東三四郎が悪友3人と格闘部を設立、転校生のインターハイ軽量級の強豪・参郷とともにラグビーに柔道に活躍し、高校卒業後はプロレスラーとして活躍する学園漫画である。主人公を含めた当時人物の全員が、漫才で言うところのボケなのが小林まこと漫画の特徴であるが、この漫画もその典型的な作品である。三四郎がプロレスの新人戦で優勝したところで物語は終わったのだが、数年後に続編が出ている。この項で紹介するのは続編である。

三四郎のプロデビューから数年後、彼はアメリカへ遠征していてそこではカミナリマンのリングネームで知られていた。日本に凱旋帰国したら、かつての団体は無くなり、昔の仲間もちりぢりばらばらになっていた。

その仲間の一人、西上馬之介は沖縄でお好み焼き屋を営んでいて繁盛していた。奥さんは元ミス沖縄という設定。漫画では…、まあかつてはチュラカーギーだったと思わせる感じの方である。この漫画における沖縄テイストはただこれだけである。

結局、馬之介は口ではどうのこうの言いながらもプロレスの世界に戻り、三四郎の力になる方を選ぶ。お好み焼き屋とその利益を、慰謝料として元ミス沖縄の別れる妻に譲って…。

頑張れ！　馬之介。

追記　このことについて、新城和博氏のコラム「1・2の三四郎」の「馬之介」はお好み

▲馬之助の大将がいます（我如古店にて）

焼き」に以下のようなことが述べられていた（要約）。

「お好み焼きがまだまだ沖縄で浸透していなかった頃、ちょうど琉大が新キャンパス（西原・中城）に移転した八一年に登場したこの店、名前の由来がドラマチックである。当時大ヒットしていた「1・2の三四郎」の中のキャラクター西上馬之助が、「お好み焼き」と書かれたはり傘をパッとさしてリングに出てくるのだが、その姿に神の啓示を受けたオーナーが、店の名前を「馬之助」としたのである。もちろんちゃんと作者小林まことと少年マガジンに許可を得たのであった。

それから約十年後、「1・2の三四郎2」として続編がスタートした時　なんと作品の中で西上馬之助は、沖縄でお好み焼き店をオープンしていたのだ。近々二号店もオープンするという設定は現実のお好み焼き「馬之助」と一緒であり、その第一巻には、現実の「馬之助」の店が描かれている。現実がフィクションに影響を及ぼしたのである。」（「太陽雨の降る街で」ボーダーインク刊）なるほど、フィクションの影に隠れた事実あり。

ニヒルな沖縄力士・喜屋武猛

「おかみさん　新米内儀相撲部屋奮闘記」

一丸　著　小学館

これは１９９２年頃、ビッグコミックオリジナルで連載されていた漫画で、サブタイトルが「新米内儀相撲部屋奮闘記」とあるように、相撲部屋のおかみさんを主人公にした、涙あり笑いアリの人間ドラマである。２０代前半の若き女性が相撲部屋の親方と結婚し、見るもの聞くもの全て初めての世界で、旦那である親方や相撲部屋の力士達と頑張って生きていく。おっちょこちょいだが明るいおかみさん、あまりしゃべらないが言うべきときに言う深いセリフがシブい親方、個性豊かな力士達。最終回を迎えるまでビッグコミックオリジナルで、毎回楽しく読んでいた漫画の一つであった。

　単行本第4巻でウチナーンチュキャラが登場する。それも**第三章で紹介する「ＯＮＥＯＵＴＳ」の主人公渡久地東亜のような、ふてぶてしいキャラなのである。彼の名は、喜屋武猛。**おかみさんのところとは別の相撲部屋倉品部屋所属、年齢二十歳で将来の横綱候補と期待される新人力士である。

　初登場から、常に周囲をにらみつけ威圧感を与える、ある面恐くもある面生意気な奴である。おかみさんの部屋の力士達が、彼のところへ出稽古にいったら、数名の力士達を稽古中の負傷に見せかけ痛めつける。**あまり関わりたくない危ない奴である。目つきの悪さと生意気キャラ**

から、周りの力士から陰で「デビルマン」と呼ばれている。

だが、喜屋武がそこまで周囲に対して尖がっているのには、彼なりの理由があった。彼には病気で入院中の妹（これがまた可愛いんだ）がいて、両親は無く、他に身よりはない。彼が上に昇るしか道は無いのである。

そんな喜屋武と、おかみさんの部屋のこれまた一見生意気キャラ力士逆波との勝負はなかなかの見せ場である。この部分だけでもいいから是非単行本を読んで欲しい。

この勝負の後、喜屋武にも少し変化があったり、喜屋武の妹と逆波との淡い恋愛模様があったりと面白い展開があるのだが、それは単行本を入手して自分の目で確かめて欲しい。

信念の漫画家骨川サヨリの悲しきカチャーシー
「編集王」

土田世紀 著
小学館

強烈な画力とテンションの高い熱い作品を世に送り出してきた土田世紀が、ビックコミックスピリッツに連載し、話題を読んだ作品である。この作品が画期的だったのは、舞台が漫画の編集現場という点である。描かれたことが全て真実かどうかは別にして、これも土田作品らしく

テンションが高く熱く、そして面白い。

主人公のカンパチは、ボクサーくずれのプータロー。漫画雑誌編集者の兄を尋ねて、その縁で編集の仕事をするようになる。カンパチがその仕事の中でもまれながら成長して行くのが物語の軸なのだが、業界ネタも随所に織り込まれ興味深い内容となっている。

その「編集王」の最終章で、カンパチの勤めるヤングシャウトに強力な敵が立ちふさがる。香港の大財閥の息子がライバル社の講学館を買収したのである。巨大な資本力と指導力で社内を大改革して後、今度はヤングシャウトのレギュラー漫画家の引き抜きを開始する。次々と引き抜かれて行く漫画家達。

そんな中、頑固に引き抜きに応じない作家がいた。**その信念の漫画家は、骨川サヨリ**。見た目はどう見ても「釣りバカ日誌」の西田敏行のようなこの男は、ヤングシャウトにデビュー前から世話になった恩義から、講学館からの引き抜きに一切応じなかった。

だが、この義理堅い男には悩みがあった。付き合っている女性との結婚問題である。彼女の実家は裕福で社会的地位も高い家系。骨川は漫画家として売れっ子とはいえ、浮き草稼業である。彼女の家に行くたびに肩身の狭い思いをする骨川サヨリ。彼女の親兄弟のリクエストに応えてカチャーシーを踊る彼の姿は、心で泣いているように見えた。

実はこの骨川サヨリ、ウチナーンチュである。ペンネームのみで本名は分からないが、沖縄出身である事を彼女の家族から随分笑い者にされていた。**個人的にはこんな奴らとは付き合いをやめればと思うのだが、**惚れた弱みというものなのだろう。

いい奴だ、骨川サヨリ。

追い討ちをかけるように悲劇が彼を襲う。田舎の父親の死である。彼は沖縄の離島出身（島名は不明）で、**父は地元で闘牛を飼っていた。**

父の死後、債権者に追い込みをかけられる彼の家族。結婚の危機に実家の危機、苦悩する彼の前に颯爽と現れた救世主は、ライバル社オーナーの香港財閥の息子だった。

借金の肩代わりを条件に引き抜き交渉に入る財閥の息子。骨川は断腸の思いで引き抜きに応じる。

その後ヤングシャウトとライバル社との互いの社運とプライドと意地をかけた戦いが始まる。

その顛末が知りたければ本屋へ急げ。

追記　「ＩＷＡＭＡＬ」でもそうだったが、何故か闘牛というと、借金が結びつくというイメージパターンがあるのは、何故だろうか。結構興味深い話である。

食堂の看板娘は、夏美ちゃん

「常夏食堂ナンクルナイサ」

寺島優　原作　ちくやまきよし　作画

双葉社

漫画アクションはかつてはメジャー系青年漫画雑誌としてビッグコミックと並ぶ大手の一つだった。古くは「子連れ狼」「ルパン三世」「柔侠伝」から「迷走王ボーダー」「軍鶏」「おさな妻」等多くのヒット作品を輩出している。

だが、９０年代から部数が低迷、売り上げアップのために様々な試行錯誤を行ったが、その甲斐なく２００３年休刊となった。あの漫画アクションも時代の流れにはどうしようもなかったのか…。と思われたのだが２００４年４月２０日復活。再起を賭けているためか気合が入った作りになっている。キャッチフレーズは『日本のタブーを一刀両断』。

新生アクション第1号の連載も北朝鮮拉致家族を扱った作品「奪還」。〝こんなのを載せて大丈夫か〟と一瞬思ったが、監修を担当しているのが拉致被害者の会の蓮池透さんであった。これなら周囲からの非難はなんとか大丈夫だろう。復活したばかりの頃は、かわぐちかいじ、弘兼憲史の旧作を再掲載していたが、これは復活して日が浅いので過去の作品でつないでおこうという作戦だったのかもしれない。

他に某新興宗教団体を扱った「カリスマ」、小学生の妊娠をテーマにした「コドモのコドモ」等。『日本のタブーを一刀両断』をキャッチフレーズにしているだけの事はある。

そんな気合十分の漫画アクションではあるが、私はこの雑誌を立ち読みする時は必ず目次を確認してから読むようにしている。何故か、それはどうしても読みたくないどころか目にも入れたくない連載があるからだ。

その漫画のタイトルは「17歳」。1989年に起こった女子高生コンクリート詰め殺人事件を題材にした作品だ。

「17歳」は読みたくないが、連載コラム集「アクションジャーナル」は読みたい。(漫画アクションのコラムは他誌に比べて執筆陣が充実していて面白いのだ) だから目次確認は欠かせない。

今までは「17歳」は雑誌の前半から半ばあたりのページに掲載されていた。これに対しアクションジャーナルは最後に近いページなので安心して読む事が出来たが、最近その状況も変化しつつある。というのも、ここ数週間「17歳」の掲載ページがどんどん後ろの方に下がってきているのだ。従って「アクションジャーナル」の掲載ページに近づいてしまい、読むのを断念する日が続いている。

そんな漫画アクション連載の漫画の一つが単行本第1巻となって書店に並んだ。「17歳」のために見れない日々が続いていたが、この日を待っていた。

私をマチカンティーさせたその漫画の名は「常夏食堂ナンクルナイサ」。原作は寺島優、作画はちくやまきよし。

舞台は石垣島。常夏食堂ナンクルナイサの隣の空き店舗にダイビングショップを開店した伝説のダイバーにして主人公・藤堂邦彦。**食堂の看板娘・夏海、**食堂を経営する明るくテンションの高い双子のオバー、ナイチャー嫌いの漁師で頑固者で**夏海の父・与那嶺万太郎**といった魅力あるキャラが勢揃いし、ダイビングショップを訪れたお客を癒していく。

生粋の石垣島の方々があんな方言を喋るかどうかという疑問はあるが、漫画に出てくる言葉はすごく勉強して書いていると思う。一話ごとのタイトルが沖縄の諺や単語になっていて、しかもそのタイトルに合わせたストーリー展開になっていてオチまでの持って行き方が実にうまい。**ひょっとして原作担当は実はウチナーンチュだったりして？**

お話とお話の間にイラスト&レシピ付き沖縄料理紹介コラムが挟み込まれているのもいい。1巻では沖縄そば、サーターアンダギー、テビチ汁、シンジムン、田芋のカラ揚げ、タコライス、ジューシーが紹介されている。これから出る第2巻以降どのような料理が紹介されるのか楽しみな構成にもなっている。紹介文もグルメ本のような余計なウンチクが入っていないのがこれまた実にいい。

この漫画は父親・与那嶺万太郎のナイチャー嫌いと島を出て行った彼の妻にして夏海の母親の行方が、今後の課題及び謎解きになっていくと思われる。**作者が資料にキチっと当たっているのがうかがえるし、方言の入れ方や風景描写も自然で、今のところ読んで許せる沖縄が舞台の漫画**である。

強いて難癖を付けるならば、第一話で主人公が腹ペコ状態の時に夏海と出会い「常夏食堂ナンクルナイサ」の沖縄そばを食べて生き返る場面があるが、その時のそばは八重山そばが良かったのでは？　と思うくらいか。まあこの漫画を読む読者の大部分が県外の方なので、いきなり八重山そばといってもピンと来ないと判断したのかもしれない。

いずれにしても2巻が出るのが楽しみである。こんないい漫画があるのに雑誌自体を読めないのはつらい。これも「１７歳」の連載が続いているから。それにしても「１７歳」原作担当の藤井誠二はなんで連載を決めたのだろう。表現の自由と言われれば返す言葉は無いが、あの連載は被害者の遺族の神経を逆なでしているとしか思えないのだが。

早く終わってくれよ「１７歳」！　そうしたら漫画アクションをちゃんと買って「アクションジャーナル」と「常夏食堂ナンクルナイサ」読むぞ。

レギュラーになったシーサー

「ゲゲゲの鬼太郎」

水木しげる　著

「ゲゲゲの鬼太郎」、水木しげるのロングセラー妖怪漫画である。人間に悪さをする妖怪を鬼太郎が退治するというのが主なストーリーなのだが、調べてみると鬼太郎も何度か沖縄を訪れているのである。

参考文献として、洋泉社発行の「つっぱりアナーキー王」ＪＴＢ発行の「ゲゲゲの鬼太郎謎全史」によれば、１９６６年週刊少年マガジンＮＯ１５〜１８「妖怪大戦争」の回は、**西洋の妖怪に征服された沖縄へ、鬼太郎率いる日本の妖怪軍団が乗り込んでいって人民を解放するという内容との事。**（この時代、沖縄はもちろん「アメリカ世」であるからして、水木しげるの意図は果たして……）

さらに「ゲゲゲの鬼太郎謎全史」によると、**1992年月刊デラックスボンボン5～8月号「鬼太郎国取り物語」で、沖縄を舞台にボゼという妖怪と死闘を演じている。**

他に鬼太郎と戦った相手に**アカマタという名の南方の妖怪**がいる。名前から推測するに南方とは沖縄か？

そして鬼太郎の味方となって、時には彼のピンチを何度も救った妖怪にシーサーがいる。１９８６年週刊少年マガジンＮＯ２８『新編ゲゲゲの鬼太郎』「妖怪大百足」から登場以後レギュラーとなる。設定では妖怪の事を勉強するために鬼太郎のところにやってきたとなっている。山原に両親がいるらしい。沖縄の赤瓦屋根に乗っている魔除けのシーサーと違って、頭のてっぺんが尖っていて、小さな体をドリルのように回転させて穴を掘る能力がある。穴を掘る能力に関しては水木しげるのオリジナルであろう。

それにしても、ゴルゴ１３と同じく、是非鬼太郎にも、今度は妖怪との戦いではなく、観光で沖縄に来てもらいたい。シーサーを案内役に山原の実家を訪れ、本島北部の自然を満喫してもらうのはどうだろうか。

まぼろしの漫画を追い求めて

「ピンギーマヤー」

原作・山本邦一　さいとうかずと 画
秋田書店

1990年に行きつけの漫画喫茶で読んだ週刊少年チャンピオン。その中に私にとってものすごくインパクトが強く、それから現在に至るまで捜索を続ける事になる漫画が連載されていた。

その漫画の名は「ピンギーマヤー」。イリオモテヤマネコとアメリカンショートヘアーのハーフの猫が主人公で名前はピンギー。父親のイリオモテヤマネコを探して放浪するという内容である。主人公ピンギーが下水道の中をさまよっている時に、バイオテクノロジーで巨大化したドブネズミと対決するシーンは強烈で、完全に私のツボにはまってしまった。リアルタイムで読んでいた頃は、不覚にもタイトルを知らなかった。1998年頃にネットで調べたりしているうちに、それが「ピンギーマヤー」である事が判明した。単行本は3巻まで出ているが、現在絶版。

県内の古本屋を古本屋を片っ端から回っているが見つからない日々が続いていた。もはや発見は絶望的なのか…。

私にとって「ピンギーマヤー」はイリオモテヤマネコ、ヤンバルクイナ、ノグチゲラ、ヤンバルテナガコガネといったレッドデータアニマルに匹敵する存在になっていた。

3月29日の午後3時頃、外回りの途中目に入った小さな古本屋。あまり期待せずに中に入る。漫画単行本コーナーの棚に並ぶ背表紙達を一冊一冊目で追う。薄汚れた背表紙達の中に「ピンギーマヤー」のタイトルが…。原作・山本邦一、漫画・さいとうかずと。

ワレ、遂二、ピンギーマヤー発見セリ！

迷う事無く100円の値札シールが貼られたピンギーマヤーを手に取るとレジへと向かった。捕獲成功である。

単行本は2巻。内容は連載時に読んだ記憶に負けず劣らずすごいものであった。

まずは単行本に掲載されている「前巻までのあらすじ」紹介しよう。

《ピンギーは〝生きた化石〟といわれるイリオモテヤマネコの血を引き、西表島に住んでいる。ところが悪魔博士・臨界期（マッドサイエンティスト・リンカイキ）と彼が生み出した巨大ネズミが西表島に侵入し、ピンギーの兄弟を殺害し、父レックスを連れ去った。

ピンギーと情報屋であるカラスのアド（ちなみにこのアドは西表島固有種のコクマルガラスとの事）は、レックス救出と臨界期一味への復讐の旅に出たが…》

主人公ピンギーは父レックスが九州阿蘇山の地下の研究所に拉致されている事を知る。研究所の主はバイオテクノロジーでドブネズミを巨大化させた臨界期。私がリアルタイムで読んだ時に下水道でピンギーと対決した巨大ドブネズミを作った奴である。

ピンギーはヒロインのメス猫、仲間のデブ猫、お供のカラス・アドと共に研究所に潜入する。宿命の敵・巨大ドブネズミとの戦いを経て、研究所を爆発炎上させたりしながら、父親猫レックス奪還に成功する。だが、父レックスはマッドッサイエンティスト臨界期のマインドコントロールが利いていてピンギーに襲いかかる。切ない死闘の末、最後マインドコントロールが解けた父と涙のご対面。

紹介した以外にもツッコミどころ満載だ。単行本は全3巻なので、残り1巻と3巻を探さねばならなくなった。

「ピンギーマヤー」搜索の旅はこれからも続く。

オリジナル妖怪「三面地獄」は沖縄出身

「ゆうれい小僧がやってきた」

ゆでたまご 著　集英社

週刊少年ジャンプからデビューした漫画家の中で画の下手さでは小林よしのりとトップを争うゆでたまご。藤子不二雄スタイルの二人で一つの漫画家だ。

彼らが「筋肉マン」の連載を終了して後に始まったのが今回紹介する「ゆうれい小僧がやってきた」である。単行本全5巻なのであまり人気が出なかったと思われる。単行本2巻に掲載されているあらすじを紹介する。

『妖隠しという妖怪を封じこめた離島から、108匹もの悪党妖怪が逃げ出すという事件があった。

そんなある日、賽の河原中学校に、恐山百太郎、琴太郎という双子の兄弟が転校してきた。彼らは、逃げ出した妖怪を退治するためにやってきた、ゆうれい小僧なのだ。ふたりは、合体することによって完全無欠なパワーを持つ、亜鎖亜童子（アーサーどうじ）に変身できるのだ。』

恐山百太郎は、キョンシーのコスチュームで、髪の毛があった頃の横山ノックを思い出させる額に数字の6みたいな前髪が特徴の可愛い顔の子。琴太郎は、矢吹丈や花形満のような前髪で、顔の斜め半分が隠れている百太郎以外とはしゃべらない不気味な子。

当初はこの二人が毎回離島から逃げた108匹の妖怪を退治するという展開だったのだが、読者投票で人気が出なかったのだろう。2巻の途中から西洋妖怪VS日本妖怪という展開に変化し、「筋肉マン」のように毎回毎回西洋妖怪との試合を続けていく。

その発端となったのが、単行本第2巻130ページで描かれる、月に一度の日本妖怪達による全体会議。その会議に生まれてから一度も泣いたり笑ったりした事の無い赤ん坊が登場する。その赤ん坊の両親から、泣いたり笑ったりする感情のある子供にして欲しいとの依頼を受けた妖怪たちは、何故かあの手この手で怖がらせようとするが、赤ん坊は何の反応も示さない。母親が言うには、この赤ん坊は母親のお腹にいる時に不吉な事ばかり起こったのが胎教に影響し、命は取り留めたが感情の無い子供になってしまったとの事。**漫画を読む限りでは、妖怪たちよりこの赤ん坊の方が怖い。**

さらに訳が分からないのが、どうやって赤ん坊に感情を取り戻させるかという話が、いつの間にかどうやって怖がらせるかにすり替わってしまっている点だ。その赤ん坊をいかに怖がらせるかの会議に乱入してきたのが、日本進出を狙う西洋妖怪だった。そこから日本妖怪と西洋妖怪それぞれから代表を出して試合を行い赤ん坊を怖がらせるという展開にに発展していく。

いや発展と言うより暴走か。

この漫画はこの当たりから「筋肉マン」のやり方をなぞっていく。その一つが読者に考えてもらったオリジナル妖怪を採用する点である。単行本3巻で主人公の味方になる読者が考えたオリジナル妖怪達が登場する。

その中に北海道の読者が考えたオリジナル妖怪・三面地獄というのが登場する。単行本3巻149ページ掲載の「日本代表妖怪7人最新データ表」から三面地獄に関するデータを紹介しよう。

妖怪名・三面地獄
出身・沖縄県
身長・3m20cm

体重・３５０ｋｇ
相手に与える恐怖・８
スピード・７
妖術・９

相手に与える恐怖、スピード、妖術を表す数字が何を基準にしているのか、どういう単位なのかは不明であるが、この妖怪は沖縄出身と明記されている。

この沖縄出身の妖怪・三面地獄の外見はというと、西遊記の主人公・孫悟空の肩の上に猪八戒と沙悟浄の首が孫悟空を挟むように付いているのを想像して頂きたい。要は三つの首を持つ妖怪なのだ。真ん中の孫悟空顔は頭に輪っかをはめている。こいつの頭のてっぺんからつま先まで全身を目を皿の様にして観察してもどこにも沖縄テイストは見当たらない。**どう見ても西遊記の妖怪なのに、沖縄出身とは何故？**

この理解不能の妖怪・三面地獄は単行本４巻後半、西洋妖怪トーテム・キッドとの戦いで最後を遂げる。勝敗を決めるのが赤ちゃんの泣き声というのが、実に訳が分からない。

いずれにせよこの作品は単行本５巻で打ち切りになった。私も数年前に一緒にラジオでしゃべっていた人間に教えてもらうまでこの三面地獄の存在を知らなかった。三面地獄を沖縄出身と設定したのは、この妖怪を考えついた北海道の読者なのか？　この漫画の作者のゆでたまごなのか？　それとも担当編集者なのか？　謎だ。

悲しき沖縄人移住者の叫び

「ぼくの村の話」

尾瀬あきら 著
講談社

©尾瀬あきら/講談社

尾瀬あきらは、結構キャリアのある漫画家である。古くは小学館系の雑誌でSFものを描いていたかと思えば、講談社系の週刊モーニングで「夏子の酒」という名作を連載したり…。二〇〇二年には、ビッグコミックオリジナルで、**沖縄の離島を舞台にした漫画「光の島」**を連載していたり、活動範囲は広い。しかし今回取り上げるのは「夏子の酒」連載終了後にモーニングでスタートした**「ぼくの村の話」**である。

舞台は1966年、千葉県の村の当時小学生だったぼくたちの村。ある日そこに空港が建設される事になり立ち退きを要求される。親達を含めた地域の大人たちは立ち退きに反対し反対闘争を開始する。これは成田三里塚闘争をモデルにしている。あの一連の闘争を理解する入門書として読む事もできる。闘争に参加する農家とその家族、その周辺の人々、立ち退きと空港建設を推し進めようとする行政側の人々、反対派の農家と共に闘う学生運動の活動家…。様々な立場にいる人間の思いがぶつかり合い交差し物語は進んで行く。闘争のすさまじさは読んでいて時に苦しく時に息が詰まるくらいである。「夏子の酒」に比べ、それほど注目は集めなかったが、作者の表現力と取材力の凄さが改めて感じられる力作である。

話は飛ぶが、約8年前「秘伝」という武術雑誌を立ち読みしていたら、スポーツチャンバラを創始した田辺哲人師範のインタビューが掲載されていた。田辺師範は剣道、居合道、杖道、なぎなた等、武器術に関してはその段位を合計すると百近い数字になるすごい方である。しかもかなりの修羅場をくぐり抜けてきた方でもある。インタビューで未だに印象に残っている部分がある。それによると田辺師範は１９６０年代に警備員をされていたという。６０年代後半、成田の空港建設反対闘争の時、そこで警備の仕事をされていたとの事。田辺師範はその当時「恐かった」と語っている。田辺師範を含めた鍛え上げられた警備員達の前に対峙する反対派の面々。彼ら反対派はヘルメットをかぶり手拭いで顔をおおってはいるが、多くは武術とは無縁の農家の人々達であったという。彼らの中には女子供も混じっていた。幸いにして勤務中は一度も乱闘になる事はなかったが、田辺師範は語る。**土地を守るために命がけで向かってくる人間の前には武術の段位など何の意味もなかった**と。漫画の中で機動隊の警棒、ジュラルミンの盾、催涙弾、放水車等の攻撃を受けながらも、立ち向かう村の人々の姿に、ふと田辺師範の言葉を思い出した。

話を戻そう。政府による立ち退きを命じられて、集会で協議する大人たち。各地域を訪ねては共闘を勧める青年達。条件付の買収に多くが農地を手放していく。

そんな立ち退きに同意するグループの中に天原部落の人々がいた。主人公哲平のケンカ友達源次はそこの農家のせがれである。大人達の立場の違いは二人の関係に微妙に陰を落として行く。単行本第1巻の78ページ。ある日、源次の家へ行く哲平と幼馴染の少女。源次の家は哲平のそれに比べて貧しくあばら家といった風情である。その建物の母屋で源次の親とその友人が会話をしている。

源次の父親「子供につがせる気はねえだよ。百姓なんてわし一代でやめようと思ってただよ。空港なんかこなくてもよ…。食うもんも食わずまっ暗になるまで土ほじくって20年…。できたのはちっぽけな野菜畑と借金だ。世間じゃ近代農業の幕開きとかいっとるがよ。わしらには縁のない話だっぺ。食っていけねえよ百姓じゃ…」

友人「うちだってそりゃ似たりよったりだべ。でもあんただってこの前の反対集会に参加したでねえか」

源次の父親「行かねえ訳にはいかんじゃねえか！部落にはつきあいってもんがあるべ。**しかし米川、戦後すぐ沖縄から一緒にここにきて苦労を共にしたおめえだから聞くがよ…。わしらが土地手放すのは…。そんなに悪いことだべか…。土地売って借金返すことが…。子供をいい学校に行かせてやるのがそんなに…**」

天原地区、そこは沖縄から移住してきた人間が圧倒的に多い地域であった。同じく単行本第1巻129ページ、哲平の兄は反対運動の先輩ら数名と天原地区を訪れ区長宅を尋ねる。彼らは区長にも闘争の参加を呼びかけるが…。

天原区長「実は昨日もこのことで部落のもんが集まっただよ。この天原は沖縄から入植してきた者がほとんどだ…。みんな事情を抱えていて意見百出だったが、**中には沖縄のことを考えろというやつもおった。今沖縄は祖国復帰を悲願としている。そんな時に反対運動やって政府を刺激したらまずいんじゃないかと。わしらの夢なんだ…。返還は…**」

131ページで先輩は語る。

「天原はおちる…。**戦中戦後を通じて沖縄が政府にどれほど食い物にされてきたか…。戦後20年たった今でも沖縄は屈辱的な植民地でしかない。**ここの人達は沖縄で土地を米軍に奪われ三野塚でまた奪われようとしているのに…。こんな仕打ちを受けてなぜ…。なぜまた敵の顔色をうかがうんだ」

結局村を出る天原地区の人々。最初の脱落者である。それは円満な別れではなく苦渋に満ちた選択だ。ある者は理解を示し、またある者は怒りをあらわにし、物語は進む。
3年後、主人公哲平も中学生になった。反対運動の少年行動隊の筋金入りのメンバーとなっていた。闘争も激しさを増して行く。単行本第6巻、公団やガードマンや機動隊相手に闘う哲平達。彼らを追い散らした哲平達を見守る一団の中に懐かしい顔が。天原地区の源次であった。3年ぶりの再会だ。
哲平「源次…俺らと一緒に闘わねえか！！お前の力があれば百人力だっぺ。ガードマンなんてかんたんにぶっつぶせる！」
源次「おらの家は公団に土地売って出てったんだぞ。戦えると思ってんのか」
哲平「父ちゃんは父ちゃん　おまえはおまえだろ！！」
源次「俺のおやじがガードマンでもか」
哲平「…」
源次「豪邸建てたってよ。百姓しかやったことねえおやじに何ができる！！さっきおまえらをぶっとばしたガードマンの中におやじ…いたんだぞ！！公団さまさまだっぺ！　補償金だけでなく仕事までくれたんだからな」
走り去る源次。
哲平「源次…」
振り返り、源次は叫ぶ。
源次「がんばれ哲平。がんばれ少年行動隊」
哲平の回想……。
〝源次とはそれ以来二度と会う事はなかった。子供の頃、御料牧場でとっくみ合いをした思いでだけが残った。なくなってしまったあの御料牧場で…ぼくと源次と…〟
切ない別れである。これを読んで興味が出てきた方は是非単行本を手にとって読んで欲しい。
立ち退きに応じた沖縄出身者のエピソードを読んで、私はある本の中のある人物へのインタビューを思い出した。本のタイトルは、**「ザ・スー**

ツアクター　特撮ヒーローを演じた男たち」（破李拳龍　著　ソニーマガジンズ）。そこに掲載されていたある俳優へのインタビューだった。**彼の名は翁長太郎、本名翁長和男1951年沖縄市出身、仮面ライダーやショッカーの怪人等のぬいぐるみに入って演技をしていた方である。**現在東京でイベント会社を経営している。彼は高校卒業後19歳で上京、当時を彼はこう語る。

「あの頃は沖縄じゃ食えなかった」

今でこそ観光立県だの癒しの島だの沖縄ブームだの言われているが、復帰前の沖縄の状況はこの翁長氏のコメントに集約されている。

漫画「ぼくの村の話」に戻ろう。そんな沖縄から新天地を求めやって来た人々がいた。それなのに理不尽でしかない政府の立ち退きが彼らに突きつけられた。天原地区の何人かは新天地の仲間と共に闘いたい気持ちは十分持っていたはずである。でも、立ち退きに応じた彼ら。ふるさとで食えなくて新天地にやって来たのに、本土の仲間入りをするふるさとを思いやり、希望を求めたはずの新天地を後にする事を選んだ彼ら。誰が彼らを責められよう…。

沖縄の本土復帰から今年2005年で33年。この漫画のエピソード通り、あの土地には沖縄からの移住者がいたし、復帰前後に本土で苦労したウチナーンチュがいたのも事実だ。

沖縄を取り巻く状況は相変わらずいいとは言えないが、それでも30年前に比べると良くなっている面もある。観光地としても認知されたし、癒しの島と形容詞がついたし、「ちゅらさん」効果でブームになったりしたし、沖縄出身者のタレントも結構な数テレビに出るようになったし、新聞によると沖縄の若者の7割が地元に誇りを持っているらしい。良い事ではある。

その一方県民所得は相変わらず全国最下位だし、失業率も全国平均の2倍。基地被害も相変わらず。問題も山積している。

復帰の是非やその功罪について語るのはこの

原稿の趣旨ではないし、スペースが足りないからこれ以上は語るまい。

だからこそ我々は、沖縄がここまでになるまでに苦労し辛酸をなめた、有名無名の数多くの先輩ウチナーンチュがいた事を深く肝に命じておくべきであろう。

追記　調べたらこの漫画、しばらく入手不可能であった。しかし、近々に講談社の方で「オンデマンド出版」の予定があるそうだ。早ければ05年12月にも。要チェックである。

「はだしのアメリカ世」沖縄問題の闇鍋的作品
「オキナワ」

中沢啓治　著
文民社

代表作「はだしのゲン」で知られる中沢啓治氏の選集第3巻（文民社）に入っている沖縄を題材にした珍しい作品である。

舞台は1968年の沖縄。**主人公仲田三郎は今日も那覇のダンスクラブで遊んでいる。**ベトナム行きが決まって荒れているアメリカーを得意の空手でぶっ飛ばす。持ち金が無くなるとマチヤグヮーをやっている母親のところへせびりに行く。中学を出てから仕事もせずに家を空けている事が多い三郎。嘆き悲しむ母親。母親のお腹には三郎の兄弟が。**もうすぐ生まれるとい**

うのに真面目に働いたらどうだ。

そんな母親から2ドルをせしめた三郎は途中、友人のアメリカー・トムと出会う。トムの父親は軍人でベトナム帰還兵。（その後ベトナムの忌まわしい思い出がトムの父の口から語られる）母親と喧嘩してムシャクシャしているトムと三郎は気分をスカっとさせるために闘牛場へ向かった。闘牛場へ向かう途中、トムから10ドル借りて薬屋から栄養剤を買って母親にプレゼントする三郎。**涙ぐむ母親であったが、借金には変わりない。**

闘牛場では**三郎の父の牛星雲号**の取組みが始まっていた。取組みは星雲号の勝ち。**三郎の父仲田源造**は基地従業員をしながら、趣味で闘牛をしている。仕事をせずに遊びまわっている三郎とは折り合いが悪く、家の中では喧嘩が絶えない。**仲田家には三郎の下に弟の明、妹の光子、後で生まれる時男という兄弟がいる。**

父源造は基地従業員ではあるが、沖縄の基地は無い方がいいという考え方を持っている。だが貧乏が嫌いな三郎とはいつも意見が衝突して対立の日々。三郎からすれば、収入の多くを闘牛に費やし、母親のマチヤグヮーの収入でなんとか家計を切り盛りしている状態が面白くない。

（なら働けよ）

しかし三郎の母親はなんと軍用車両にはねられ死亡、犯人は無罪となる。母親の通夜の席で父親の口から語られる戦争体験。米軍による艦砲射撃の中、仲田夫妻は赤ん坊健太を連れ逃げ回っていた。洞窟に避難したのも束の間、そこで待っていたのは日本兵の蛮行だった。その犠牲となり命を落とした赤ん坊健太。

その後無罪になった事に抗議するために青雲号にまたがって基地に乗り込もうとする三郎。この時入り口を警護していた米兵が持っている銃は銃剣付きのライフルなのだが、この頃はM16は無かったのだろうか？

母親のいなくなった仲田家は、三郎も真面目に働き一丸となって生きていこうとするのだが、大映テレビドラマに匹敵する試練が彼らを襲う。

父源造の闘牛のライバルで**軍用地地主の富村**なる男が登場し、彼の用心棒と飲み屋で喧嘩になり刃物で背中を刺される。

その後、突然の爆発音が響き渡り、仲田家も衝撃でガラスが割れたり被害を受ける。基地内のB52が爆発し、搭載していた爆弾も連鎖爆発を起こしたとの事であった。その合間合間に次々と新聞の見出しが挟み込まれる。

「婦人暴行される！犯人はベトナム帰りの米兵」

「11本足のカエルみつかる毒ガスによる変異か?」

「二百人の小学生臨海学校で原因不明の皮フ炎やけどのようにただれる基地から毒物流出か?」

「那覇港の海水に原潜の放射能コバルト60検出」

家族の会話の中で基地の中の弾薬庫には原爆もあったと語られる。1歩間違っていたら爆発していたとも。そこで家族全員が原爆にやられ溶けた皮膚の姿になるシーンの1コマ。ここで中沢節爆発といったところか。

その後、父は自分の牛の名を青雲号から平和号に改め、平和号と家族とデモ行進に参加する。

デモ行進の数日後、闘牛大会で勝利を重ねる平和号であったが、コザの闘牛場で因縁の相手富村の牛風神号との対決を前にして、以前刺された父親源造の背中の傷が悪化して、代理で三郎が綱取りをする事に。仲田家の意地と平和への想いが込められた取り組みの行方は、単行本を探して頂いて実際に読んでもらいたい。

この作品は主人公とその一家の物語に、当時（今もそうだが）沖縄が抱えていた諸問題をぶち込んだ闇鍋のような作品に仕上がっている。ここまでたくさんの要素を詰め込んでおきながらも読ませてしまうのは中沢啓治のパワーとしか言いようがない。この闇鍋作品、とにかく味クーターである。心して読んで欲しい。

〈かわぐちかいじ作品〉に見る「沖縄人」

「牙拳」主人公のライバル

現在は「ジパング」、少し前は「沈黙の艦隊」でヒットを飛ばしたかわぐちかいじが、70年に描いた初期の漫画が「牙拳」である。現在のスケールの大きい作品とは違って、底辺に生きるアウトロー的な常に飢えていて眼がギラギラしてるようなワイルドな主人公が特徴だ。

主人公は黒人とのハーフ本堂剛。ストリートファイトに明け暮れる彼がボクシングと出会い成長していく、**スポーツ漫画によくある物語である。**芳文社発行の単行本第1巻カバーにある主な内容を紹介しよう。

「本堂タケシ—このドラマの主人公。黒人米兵と日本女性の間に生まれた混血児である。父はベトナムで戦死、母は彼を捨てて行方知れず。所は軍港の街横須賀—。タケシは家庭の味を知らない。人の心の温かさにもふれたことはない。決して飼いならされない野生児を支えているのは、人並みはずれた腕っ節の強さだけである。恐れを知らず、前にふさがる者には誰彼の見さかいなく闘いをいどむ。その彼が、ふとした偶然から、ボクシングの魅力にひかれ始める。…男のドラマの幕開けである。」

一方ライバルに財閥のご子息にして医大生、上条英雄。これまた「巨人の星」から受け継がれているスポ根漫画特有のライバル関係である。かわぐち氏の初期の作風を知りたい人間には興味深い作品と思う。

そんなボクシングに打ちこむ主人公タケシの前にもう一人のライバルとなるウチナーンチュが現れる。小柄な男で身長はおそらく主人公の肩くらいしかない。タケシと対比すると大人と子供のようだ。見た目も佐藤蛾次郎のようなボサボサ髪にチョビ髭のヒンガージラー（不潔っぽい顔）である。だが外見に惑わされていたら恐ろしい目に遭う。空手の師範の父親から仕込まれた空手の腕と俊敏な動きを生かした独自のファイトスタイルは後に主人公タケシをおびやかす存在になる。**そんな彼の名は大門政次。私としてはウチナーンチュという設定で行くんなら大門ではなく、せめて上門（ウィージョウ）か東門（アガリジョウ）とした方がまだ自然ではないかと思うのだが…。**

主人公の最大のライバル・上条とも壮絶な試合を展開するくらいのすごい奴なのだが、彼はメジャーになりたいという欲望のため、自分の身を滅ぼす結果となる試合に応じてしまう。

ムエタイ（タイ式ボクシング）のランカーとの裏の世界での異種格闘技の賭け試合をＯＫしてしまうのだ。彼は空手の心得もあるし、勝負できる自信もあったのだろう。だが、相手もムエタイのランカーである。彼はこの試合で壮絶な打ち合いの末相手を倒すが自らも瀕死の重傷を負ってしまう。生死の境を彷徨う程の大手術の末に一命はとりとめるが、ボクサーとしては再起不能、そして脳に障害が残ってしまう。

大門の父は主人公・タケシに本来息子にプレゼントするつもりだったものを手渡す。**それは紅型のデザインのトランクスであった。**息子がそれを身につける事はなくなったかららしいが、体のサイズは大丈夫か？　まあ、その後の試合で身に着けていたからサイズを直したのかもしれないが。

その後タケシは勝ち進み日本チャンピオンとなる。ジムでは祝賀会で盛り上がっていた。そこへ突然現れる大門。タケシにビールを注ごうとして見事に見当違いのところにこぼしてしまう。脳の障害が出始めていたのだ。ジム仲間から再起は不可能と告げられショックのあまりジムを飛び出す。大門は、町を彷徨っているうちに気がつくと線路の上。「そうだ！もう一度（自分を手術した）あの病院へ行ってみよう」。そう思った瞬間、汽車が目の前に迫っていた。大門の体は宙を舞う。

「空手バカ一代」で描かれた拳闘家ピストン堀口の最後を思い出させる切ない最後だ。

メジャーになりたい。それだけの理由で生き急ぎ命を縮めた大門。空手で培った強靭な肉体と精神力をもっと他にいい方向に生かせなかったのか。悔やまれてならない。そして息子に先立たれた父親の心のダメージはもっと大きいだろう。

他に大門の**幼馴染の宮城**とか宮城の同郷の彼女とか計4人のウチナーンチュが登場する。

「ライオン」の本城

さらに、かわぐちかいじ作品である。この漫画は第三章「ぶっとび空手漫画」でも取り上げる「空手黙示録」が載っていた雑誌（名前は忘れた）で連載されていた。財界にその名を轟かす日本の流通業界大手パシフィックグループの総帥塙神次郎。主人公はその妾腹で一族の次男鉄人である。ライバルに当たる長男神一は帝大を一発で受かった秀才にして現在パシフィックグループの重役。かたや哲人は城西高校でラグビー三昧、高校卒業後西都大学でラグビーをやろうと受験するが不合格、パシフィックグループの関連会社に入社する事になる。その名はパシフィック土地開発開発企画部企画促進課鬼ヶ沢開発センター。赴任先は秩父の山奥、ちなみに彼の入った部署は「サラリーマンの流刑地」と呼ばれているらしい。**まあ、典型的なエリート対雑草を主軸とした古くは「あかんたれ」みたいなサクセス漫画と言えよう。**

苦難の末、哲人は鬼ヶ沢に人造海を作る計画を立ち上げ、実行に移す。それは秩父シーパレスとして完成し、その業績で彼は本社に戻る。まあ、その後色んな大事業を手がけていくのだが、この漫画が連載されていたのが1992年頃なのを考えると、バブリーな漫画と捉える事もできる。秩父シーパレスも今頃は閑古鳥が鳴いているかもしれない。

単行本第2巻で哲人は福岡の経営不振球団ライオンズ買収を手がける。それも当時のドラフト一位の選手清村（誰をモデルにしているかは明らかであろう）を手に入れるためにである。そこら辺の背景も漫画を読む限りにおいては、銀座のホステスにそそのかされたようにしか見えない。（後にそのホステスは塙グループに怨みを持つ人間と判明するのだが）結局災い転じて福となすのがこの漫画のパターンなのだが、やはりバブリーな漫画である事に変わりはない。哲人は80億円を投じて球団を買収するが、結局ドラフトで他球団東京メッツに清村を取られてしまう。清村が入団出来なかった事で、球団から監督を含めスタッフが次々と辞めていく。哲人は言う。

「手垢のついたのはいらねーよ。東京メッツがアッと驚く人材を日本全国から捜そうじゃないか」

という訳で、あっちこっち捜し回った結果、往年の名監督を口説きに北海道釧路へ向かう。現在往年の名監督が何をやっているのかというと、ビリヤード場を細々と経営していたのであった。監督とビリヤード勝負をしながら口説きつづける哲人達。監督の要求はフランチャイズ球場の建設だった。それに対し哲人の返事は〝東京のど真ん中にドーム付きの球場を作る〟であった。ここまで書いてきても思う。やはりバブリーな漫画である。

監督を口説き落として一月二十日、ライオンズは沖縄でキャンプ・インを始める。なんとライバル球団、清原を取られた東京メッツのキャンプ地の**糸満球場**と隣り合わせである。東京メッツはのびのびと練習しているのに、かたやライオンズはグラウンド造りという名の土木作業に従事していた。パシフィックが市からグラウンド造りを条件に借りたという背景があるにしろご苦労様である。

　夜、クラブでルーレットに興じるライオンズの面々。そこで東京メッツの連中と鉢合わせ。沖縄でルーレットが出来るところがあるのか。建物の風景が1コマあるが、それから推測するに那覇軍港の辺りと思われる。そのクラブ内のルーレットで自在に玉を操るサウスポーのディーラー。実はこのディーラーは監督が目をつけていた男で、この後ライオンズの新人で投手として活躍するのである。**名前は本城、得意球は変化球。1年前沖縄海南高校卒業時に某球団から指名されかかったが、傷害事件を起こしパーになった男である。**本城という名がウチナー苗字にあるかは疑問であるが、沖縄海南高校が全国から有望な子供を集めてくる学校ならこの苗字でもつじつまは合う。

　その後は塙グループ総帥塙神次郎の死と後継者問題に話が移行し、本城は登場しない。「牙拳」のようにかわぐちかいじの初期作品の荒削りな激しい画から、後の「沈黙の艦隊」「ジパング」の洗練された画に至るまでの過度期の画風を知る上で貴重な作品かもしれない。

　でも、全体を読みとおして感じたのは一言「バブリー」。

「イーグル」の城

　これでかわぐちかいじ作品三連発である。この作品は1998年にビッグコミックで連載がスタートした。**主人公・城鷹志は大手新聞社の記者で、福島支局に勤務している。沖縄出身でもある。**単行本1巻は地元沖縄で母親の遺体と立ち会うところから始まる。場所は警察署の死体安置所。城鷹志の前に現れた担当の私服刑事・**沖縄県警金武署（?）の具志川刑事**は語る。

「死因は都市ガスによる一酸化炭素中毒です」

城鷹志の母親・富子は金武町在住で沖縄料理の店「とみこ」を経営していた。画を見ているとお客は米兵が多い。**キャンプハンセンの海兵隊だろうか。「とみこ」の場所は新開地方面か？**

母親の死因が「都市ガスによる一酸化炭素中毒」という点が気になった私は、タウンページで沖縄ガスの電話番号を調べて電話を入れた。そして沖縄本島内の都市ガスの普及状況について問い合わせた。対応した方のお話では、沖縄本島内の都市ガス普及状況は、那覇市を中心にして糸満市の西崎と西原町と中城村の計4市町村のみとの事。**金武町には都市ガスは入っていないとのお話であった。**

城は母子家庭である。鷹志は父の事を知らない。生前の母親に何度聞いても、「あんたが結婚したら、教えてあげるさあ」と言うばかり。幼い頃に見た若き日の母親と父親のツーショット。海兵隊の制服姿の父。ピンボケで顔立ちは分からない。かろうじて日系人である事が分かるくらいだ。

そして主人公は一応沖縄出身との設定なので、彼の苗字・城は沖縄に存在するのかどうかハローページで調べてみたところ…無かった。

母親の遺品整理が落ち着いた頃、本社からアメリカワシントン総支局への異動を命じられる。そこで、アメリ大統領選の民主党の候補者ケネス・ヤマオカを密着取材する事に。

ケネス・ヤマオカは日系3世。白人以外の大統領が誕生するのか？　全米注目の的である。ちなみに密着取材担当に城を指名したのはヤマオカ陣営から直々の依頼であった。自分をなぜ指名したのか？

城はヤマオカに密かに呼び出され、衝撃の事実を打ち明けられる。ヤマオカは、城の父親だった。

二人の父子関係の行方と母親の死の真相と大統領選挙の行方が複雑に絡み合い物語は進行していく。そしてヤマオカの養女レイチェルとの愛。スケールも大きくストーリー展開も目まぐるしく、読んでいてくたびれない素晴らしい作品である。興味を持たれたら是非読んで頂きたい。

最後にもう一つ突っ込ませて欲しい。

物語の途中ケネス・ヤマオカの回想で、彼が海兵隊員として沖縄に赴任した時、城の母親と恋仲になり、二人が結ばれるシーンがある。つまりこれで出来たのが主人公・鷹志な訳だ。

全裸になり互いを求め合う描写が美しく描かれているのはいいのだが、**結ばれる場所が亀甲墓の中というのは罰当たりだと思うぞ。**第一死者への冒涜だし、蚊に刺されても知らんぞ。それに画を見る限りにおいては日は高い。覗かれても知らんぞ。

〈弘兼憲史作品〉に見る「沖縄問題」

特に好きな訳でもない、むしろ読みながら突っ込みを入れている事が多いのだが、結局毎回読んでいるという習慣性の中毒症状になってしまう薬物のような漫画が存在する。高校時代から大学にかけて、**それは少年ジャンプの一連の漫画達だった。特に車田正美の「リングにかけろ」。**どんどん大きくなる話、決まりきったパターンの勝負展開。毎週読むたびに心の中で何度〝頼むから早く終わってくれ〜〟と叫んだ事か〝じゃあ読むな〟という突っ込みはご尤もだが、ジャンプの一連の漫画にはそれでも読ませてしまう魔力があった。**「包丁人味平」に出てくるブラックカレーのようなものか。**あっ、これもジャンプの漫画だ。そんな薬物中毒のようなジャンプの呪縛から解き放たれたのは大学を卒業して社会人になりたての頃、「北斗の拳」が最終回になってからだ。「北斗の拳」が連載中から、これが終わったらジャンプはもう読まないと決めていたからなあ。あれから少年ジャンプからは遠ざかっている。あれでやっと大人になれたという事なのか？　いやそんな事はない。

少年ジャンプの呪縛からは逃れられたものの他の漫画に知らず知らずの内に絡め取られている自分に気づいて愕然とする事がある。**一難去ってまた一難。**

そんな新たな薬物が弘兼憲史の作品である。代表的なものが「課長・島耕作」シリーズだろう。**課長・部長を経て、今度はタイトルも「取締役・島耕作」である。彼は一体どこまで上り詰めて行くのだろう。**この漫画については色んな方が突っ込んでいるので詳細はひかえる。（この文章の趣旨は「漫画に見る趣のある沖縄」だし）だけど、あれだけ突っ込める要素がありながら続いているという事は、人気があるのだろう。それだけは否定のしようがない。それに弘兼氏のアシスタントから「殺し屋1」の山本英夫、唐沢なをきが出ているのを見ると後進を育てる能力もある訳だ。どれだけ突っ込まれようと、人気作品を継続していけるという事は、受けるツボを心得ている訳で、どうのこうの言いながらも侮れない作家なのである。

「ハロー張りネズミ」

そんな弘兼氏の８０年代初期作品に「ハロー張りネズミ」がある。主人公は探偵事務所に勤める宇佐美吾郎、通称・張りネズミ。アル中だがやり手の美人所長の元で、次々と来る依頼に対応し、時には難事件に挑む事もある。「～で山口県の国体に出た事があるんだ」が口癖である。単行本第１３巻ファイル１００**「異形の良薬」**

を読んでみると、彼も沖縄を訪れている。それはある製薬会社の代表取締役の依頼から始まった。

物語のスタートは三重県伊勢志摩半島で発見された女性の首吊り死体だった。その女性は銀座のクラブのママであった。製薬会社の社長の依頼はその自殺の真相究明。調査を進めていくうちに浮かび上がって来たのは医大教授の存在だった。だが、犯行当日彼は東京にいたし、目撃者も大勢いる。はたして教授のアリバイは崩せるのか？といった内容であるが、内容を細かく説明すると、このお話のトリックをすべてばらしてしまう事になるので、興味を持たれた方は実際に単行本を読んで欲しい。

ここでは教授の出生に秘密があり、その真偽を確かめるために張りネズミが来沖するという設定になっている。この来沖では、張りネズミは主に海洋博会場を中心とした山原方面を訪れたとだけ言っておこう。

ちなみに教授が沖縄と関連があるのでは？との疑惑が出たのは、スナックで飲んでいるときに転んで「アガッ！」とつぶやいたから。「お笑いポーポー」に先駆けて、この漫画の中で「うちなーんちゅ発見会話」が展開されていたのだ。

海洋博といえば、ビッグコミックオリジナルに原作担当矢島正雄、画担当弘兼憲史の「人間交差点（ヒューマンスクランブル）」という漫画が連載されていて、単行本第6巻に**「紺碧の宴」**という話がある。そこは沖縄が舞台で海洋博会場も登場する。

主人公は広告代理店幹部、漫画での時間設定は昭和５６年、彼は8年前の昭和４８年に海洋博覧会のイベントを手がけた男だった。社長（主人公の父親でもある）命令で半年間の沖縄出張を命じられる。8年ぶりの沖縄。目的は沖縄支社の業績アップである。彼は8年前に手がけた自分の仕事に誇りと自信を持っていた。来沖しそこで過ごす内に彼が見たものは…。8年前に付き合っていた地元の女性との思い出と、哀しいその後。あれほど派手にぶち上げ自信を持って取り組んだ仕事が実は…。

色んな要素を織り交ぜながら、味わいのあるまとまった作品になっている。内容は単行本をご覧頂くとして、主人公は作中では主に那覇と海洋博会場を中心とした本部町を訪れている。アクアポリスや本部大橋も作中に描かれ、特に本部大橋はラスト近くの見せ場の舞台として重要な役割をしている。さあ、単行本をゲットだ。

あと、主人公が最初の来沖で、当時付き合っていた地元の女性手作りの昼食をご馳走になるシーンがあり、その内の一品はゴーヤーチャンプルー（これは漫画でも説明されていた）なのだが、もう一品の説明が無い。画から推測するにナーベーラーの味噌汁と思われるが、断定できる自信が無い。作者に問い合わせるべきだろうか。

話を「ハロー張りネズミ」に戻そう。単行本第8巻ファイル55**「亡霊調査」**でソ連の諜報組織KGBを相手に渡り合う事になってしまう。（詳しい内容は単行本を参照の事）その際KGBに居所を知られないように宿泊所を転々としながら、恋人蓮子と定期的に連絡を取り合ったり食事をしながら情報交換をしたりする。ちなみに蓮子は張りネズミと同じ探偵事務所の職員である。食い物屋で会う事が多かったが、一度沖縄料理の店で会うシーンがあった。

東京の地理に詳しくないので、場所は不明だが、その店は居酒屋で名前を**「守礼門」**という。彼らにとっては命がけの情報交換だが、デートも兼ねているのだろう。その店で泡盛を飲みながら食事する二人。彼らが食したメニューを紹介する。足ティビチ、ラフテー、サーターアンダギー、中身イリチー、ミミガーの刺身、トーフカシイリチー、さらに山羊の肉。これは絵から察するに刺身だろう。**ウチナーンチュでも好**

き嫌いが分かれるこの山羊（私は大好物です）を美味そうに食べる二人は偉い。山羊は精がつくらしいので、この後二人は燃えたのか？

「加治隆介の議」

続いて「加治隆介の議」である。これは今は無きミスターマガジンに連載されていた政事家漫画である。主人公加治隆介は東大法学部卒の大手商社社員。父親は鹿児島県選出の国会議員で、加治は次男坊、兄は元大蔵官僚で現在は退職し、父親の秘書をしている。ゆくゆくは親の地盤を継いで代議士になる腹づもりなのだろう。が、そんな時、父親と兄は運転中に事故死してしまう。

加治隆介は友人や後援会関係者の説得で父の跡を継いで代議士になるというのが主なストーリー。父と兄の事故死の謎とその疑惑解明、商社時代に交際していた元部下だった女性との恋愛模様を挟み、物語は進行していく。苦戦の末、当選を果たし国会の赤絨毯を踏む加治隆介。国会議員となった彼は、国内外の諸問題に対応していく。連載時期が細川連立政権が話題になった頃なので、当時の政界事情を意識したり取り入れた展開になっている。今読むと色々突っ込みどころ満載であるが、単行本１７巻で沖縄問題に取り組んでいる。

加治隆介はこの頃防衛庁長官に就任していた。その年の５月に沖縄の米軍基地の使用期間が切れる。このままでは期限切れになって地主の土地を国が不法占拠する事になってしまう。しかも米兵の少女暴行事件が起こり県民感情はナーバスになっている。さあどうしよう。加治は新党結成の際にお世話になり大臣経験もある（女問題で失脚した）先輩議員渦上を訪ねる。彼との会話の中で加治は語る。

「特別措置法の改正案を通すしかないでしょう

ね」

　だが、改正を通すには連立政権を組んでいる日本平和党の存在が問題であった。この日本平和党がどの政党を指しているかは書かないでおこう。現在議席を極端に減らしている女性党首が率いる政党とだけ書いておく。連立政権の空中分解の危機、政界再編の予感をはらみながら、加治は渦上の地盤である山口県の商工会議所に所属する後援会の人間から山口県にある岩国基地について意見を聞いたりと勉強熱心なところも描かれている。**だが彼らの会話を読む限りでは後援会の人間は基地に関して肯定的な発言が目立つ。**基地で潤っていた時期もあるとか、基地を市民に開放してイベントを行っていたとか、ボランティアの英会話を教えていたとか、ボランティアでキャンプをしてもらったとか、シーレーションを貰ったりとか、岩国でも暴行事件の類は沢山あったとか、ヘリの墜落事故もあったとか、**色々語られた後、「反基地反安保の論説が多い」と沖縄のマスコミ批判が語られる。**会話の中で一坪反戦地主の存在を紹介しながら、もちろん岩国にも基地反対の人間はいると発言させてバランスをとっている。**主人公加治本人も基地の是非についての結論は出ないまま、物語は進む。**

　26ページで秘書から日本平和党の一部議員が沖縄の基地使用期限切れに対する特措法改正案で離党するとの報せを受ける。連立政権の危機か？　その後民政党の議員から保守連合に向けての政界再編の話を持ちかけられたりと、今読むと、作者の弘兼憲史が現実の政界の動きに振り回されているように見える。

　35ページから39ページにかけてアメリカ占領統治から1998年までの沖縄の基地問題の歴史が加治と秘書との会話で説明される。

　そして40ページ。防衛庁で**沖縄県選出衆議院議員の中島浩一、沖縄県議会議員の金城満健、**加治隆介、防衛政務次官の来栖己彦、防衛施設庁長官の椎葉裕の五人の会談が始まる。

中島、金城の二人は定番通り基地負担の苦しみを訴える。加治は極東アジアの安定、地理的にも重要な点を強調。

次に金城は飛行訓練の騒音と年間１２万回に及ぶ離発着訓練の多さを訴える。さらに有事でもないのにそれが必要なのかと突っ込む。

加治は、訓練は数日でも怠れば勘が狂って事故につながので止める訳にいかないと聞きましたと返す。**軍事訓練は住民の苦情やその国の政治事情と妥協してはやっていけないと語る。**しかしアメリカは日本に対しては他国と比較して多くの要請を聞いてくれると思うのでと、最後にフォローして理解を促そうとする。

次に挙げられた問題は当時タイムリーな日米地位協定だった。

中島議員が見直しをすべきでは？との問いに対し、そうは思いませんがと返す加治。

次にその頃起こった少女暴行事件を例に出し、裁判管轄権を日本側が持つという地位協定改正案を出す中島議員。

それに対し加治は、裁判の管轄権はアメリカ国内でも軍人の犯罪は一般刑法ではなく統一軍法で裁かれていて、その統一軍法は一般刑法よりはるかに重いと反論。婦女暴行事件は統一軍法は最高死刑、日本の刑法では強姦致死は最高無期止まりであると語り、現に沖縄の事件でもかなり重い刑罰が科せられたと彼らに応える加治。その後、アメリカが世界各国と結んでいる何十件もの地位協定とのバランスの問題とか、**日本だけが特別扱いという訳にはいかないとか**の発言が防衛施設庁長官の口から説明される。

金城県議の語る（地位協定に対する）十か条の改正案に対し、「それは国家間条約の構造からみて国会の決議で決めることでしょう」と語る防衛施設庁長官。

「それじゃ自治体の意見は〝一切聞く耳持たず〟という態度じゃないですか！！」と怒る中島議

員。それに対し地位協定改正ではなく〃運用面での改善〃という形でなされればいいのでないかと返答する加治。

次に中島議員が出したのは、2015年までに米軍基地を段階的に返還するというアクションプログラムだった。

その提案に対しても非常に難しいと応える加治。理由は運用上の必要性との事。

そこで海兵隊削減要求と冷戦が終わったのに必要なのかと突っ込んでくる防衛政務次官の来栖。彼は日本平和党であった。

加治は極東アジアの国ごとの兵力を説明する。中国と朝鮮半島の陸軍が400万人以上、極東ロシアを含めるとさらに数十万人増える。これに対し日本の陸上自衛隊が15万人。アメリカが10万人の兵力を置き、さらに装備能力を加えてバランスをとっている。そして、これが多すぎるのかは、日本サイドでは分からないと締めくくる。

これに対し中島議員「防衛庁には防衛研究所があるでしょう」

答える防衛施設庁長官の椎葉。

「そこは自衛隊の運営に関する調査研究をやっているわけで日本周辺有事の研究は防衛庁の中ではしてはいけないことになっているんです」

加治が「日本では憲法に書いてある『国際の真義と正義を信頼して』という理念から軍事的なオプションというのは存在しないんです」とフォロー。

「へえそうなんだ。それは知らなかった」と金城県議。

それを受けて椎葉防衛施設庁長官の口からアメリカの防衛に関する研究とデータ収集力のすごさが説明される。国防省の中はもちろん、民間の研究所にも同じテーマで研究させるし、7箇所に研究を依頼し、色んな視点の様々なデータを集めあらゆる角度から研究していると語られる。

そして「そのアメリカが十万人はどうしても必要だといっているのに何も研究しない日本が多すぎるというクレームをつけられるものでしょうか。**例えて言えばアマチュアのゴルファーがタイガー・ウッズに「グリップがおかしいんじゃないか」というようなもんです」**で締めくくる加治。日本平和党の議員で防衛庁政務次官の来栖が、「それではまるでアメリカの言いなりになるしかないというふうに聞こえますが？」と食い下がるが、「軍事研究のレベルからすれば、こちらから対抗できる根拠はないでしょう」と冷静に返す加治。

このやり取りで沖縄の人間が加治の主張に納得したのかどうかは分からない。その後彼らは登場せず、加治は別の問題に取り組んでいく。

今回取り上げたエピソードは、１３９話**「沖縄の声」**というタイトルであった。その最後のページ。加治は会談が終わり帰ろうとする防衛庁政務次官を掴まえて曰く。「あなたは防衛政務次官としてあまりにも不見識だ。もっと勉強して下さい。（中略）勉強と思い込みとは違う！日本平和党は昔とちっとも変わってないではないですか！！」

沖縄問題の結論はあいまいにさせて、某革新政党への批判に矛先を変えたようにしか見えないが…。

〈さいとうたかを作品〉に見る「沖縄」

最初にさいとうたかを氏の代表作ゴルゴ１３について取り上げたが、ここではさいとうたかを作品の中に登場した沖縄を思いつくままに取り上げて行きたい。

１９８０年にリイド社から出た単行本**「いてまえ武尊（たける）」**（全４巻）という作品がある。作者の自伝的内容になっていて、大阪郊外に住むやんちゃな中学生武尊（たける）を主人公に、彼とは対称的なおとなしい性格の友人の目を通した描かれ方になっている。

時代は敗戦から立ち直りつつある日本。貧しい一方人々はしたたかに生きていた。そんな時代の大阪を舞台に、やんちゃで腕っ節が強く、画が上手く知恵も回るが、情にも厚い武尊の活躍を描く。当時の時代背景を知る上で資料価値も高いし、主人公の活躍ぶりがなんとも痛快なのである。外では怖い者無しの武尊だが、家に帰ると母親には頭が上がらない、子沢山兄弟の末っ子である。そんなギャップもこの物語をさらに面白くしている。

物語の中盤に武尊のクラスに新しい担任の先生が赴任して来る。その先生は無口で怒らせたら怖いが情もあり、武尊の破天荒さの良き理解者でもあり、怖い兄貴のような存在でもある。残念ながら名前は覚えていないのだが、**この先生は沖縄出身で空手の達人**という設定だった。新任の挨拶で生徒の前で板を割って見せて、自分を怒らせないようにと静か語るシーンは迫力があり、武尊もタジタジであった。

次に紹介するのは１９８２年発行**「さいとうたかを劇画座招待」**シリーズ１４巻**「幕末工作人からす」**である。この作品も発行はリイド社。

舞台は幕末。徳川の支配力も弱まり様々な組織人間の思惑が渦巻き、陰謀殺し合いが頻発する殺伐とした世の中、尊皇派佐幕派それぞれのスパイ組織もしのぎを削っていた。

　そんな中、彼らをあざ笑うかのように、突然彼らの前に姿を現し、彼らの計画を阻止しては消えて行く謎の人物。彼が変装の名人で医術の心得もあり武術の腕も立つ正体不明の主人公・からすなのだ。

　第1話では、幕府が購入する予定のガトリング砲を横取りしようとしたスパイ組織の前に現れ、ガトリング砲をまんまと盗んで去って行く。

　第2話では時代設定が井伊直弼暗殺直後になっていて、井伊がアメリカと屈辱的外交を結ぼうとした際に用意したと言われるダイヤモンドが、ある商人の元にあるとの情報を得た勤皇派のスパイ組織・野菊機関。そのダイアモンドを奪おうとした矢先に、からすに奪われてしまう。

　第3話では、お互い対立する組織の野菊機関と三つ葉葵が協力して金銀の運搬をする事に。いつもは対立している両者の疑心暗鬼を利用して、まんまと金銀を盗み出すからす。この時に野菊機関から護衛役として薩摩示現流の達人伊集院隼人と**琉球空手の達人嘉手納叱丹**（かでなしったん）の二人が付いていた。嘉手納は手刀で日本刀を折る等の奮闘振りを見せるが、鉄砲に撃たれて死ぬ。

　彼のコスチュームが泡瀬の伝統芸能チョンダラー風のコスチュームなのが印象的だった。

　さいとうたかを作品は膨大なので、今後もオキナワテイストものがあるのか調査は続く。

第二章
映像に見る味わい深い　なんだこりゃ～沖縄

本章では、私の独断と偏見で集めた、映画、ビデオ、テレビ等、の「映像に見る、味わい深い沖縄」を紹介する。漫画とは、また違った、〝なんだこりゃ～　沖縄〟を味わって欲しい。中には、もう見る事の出来ない、貴重な沖縄映像が入った、タイムカプセル的作品もある。私の拙い文章で、これらの魅力を表現できるか、心もとないが、もしこれを読んで、興味が湧いたら、レンタルビデオ屋へ急げ！

○特撮の中の思い切った沖縄編

沖縄の子供たちを沈黙させた古琉球ソング「ミヤラビの祈り」とは
旧作「ゴジラ対メカゴジラ」

監督　福田純

時折、自分が哀しくなる時がある。

一例として、「エンヤ」と聞いて、アイルランドのミュージシャンではなく、かつて一世を風靡した、ドリフターズの人気番組「8時だよ全員集合!」のオープニング、〞えんや〜こ〜らやっと、どっこいしゃんしゃんこ〜らやっと〟を連想してしまう時。

さらにもう一例。

洋画のタイトル「キング・アーサー」と聞いて、「キングシーサー」を思い出した時も哀しかった。ちなみにキングシーサーとは、1974年に製作された「ゴジラ対メカゴジラ」に登場し、ゴジラと共に、メカゴジラと戦う沖縄の怪獣である。

私の頭は、壊れつつあるのか? 寄る年波なのか?

やや、強引な展開ではあるが、「キングシーサー」つながりで、1974年版「ゴジラ対メカゴジラ」を取り上げたい。

「ゴジラ対メカゴジラ」。1974年製作の、東宝怪獣映画である。1993年、2002年に、「ゴジラ対メカゴジラ」が製作されているが、それはここでは取り上げない。

リアルタイム上映時、私は小学校6年生。

ゴジラシリーズは、当時沖縄市の今はなき十字路国映（知っている人にとっては、懐かしいと思う映画館）で、欠かさず観ていたが、「ゴジラ対メカゴジラ」だけは、観逃してしまったのである。

あの頃は非常に悔しく残念に思ったものだが、印象に残っているのがもう一つ。

「ゴジラ対メカゴジラ」を観た同級生達は、何故か口を揃えたように、多くを語ろうとしなかった。何度聞いても、「最後はゴジラとキングシーサーが勝つよ」のみ。

ウレーアテーメーアラニ！（それは当たり前だろ！）

月日は流れた。数年前、私は思い切って、レンタルビデオ屋で、１９７４年版「ゴジラ対メカゴジラ」を借た。

鑑賞後、リアルタイムでこの作品を観た同級生達が、なぜ多くを語らなかったのかが、よ〜く分かった。と同時に今観ると、あの頃とは違った観点で楽しめる、ぶっ飛んだ作品でもあった。そのぶっ飛んだ内容とは…。

物語は、沖縄海洋博覧会の工事現場から始まる。主人公は、その工事現場の建築技師。工事中、現場内の洞窟から、高松塚古墳をほうふつとさせる壁画と、シーサーの置物が発見される。

一方、主人公の弟は、玉泉洞で、未知の金属片を発見する。

詳細を書いていくと、キリがないので省くが、様々な紆余曲折を経て、壁画解読の結果、そこには「西から陽がのぼる時、二頭の怪獣が現れ人々を救う」というメッセージが。

主人公の弟が、玉泉洞で発見した金属は、スペースチタニウムという、宇宙金属である事が判明する。

物語前半でアンギラス登場。だが、ゴジラの皮を被ったメカゴジラにやられてしまう。

物語後半で、**玉泉洞は、地球滅亡を企む宇宙人、ブラックホール第三惑星人の秘密基地で、**

メカゴジラが格納されている事が判明する。

インターポール捜査官・南原（演じるのは岸田森）、主人公の弟、未知の金属を、スペースチタニウムと見破った宮島博士（演じるのは平田昭彦）の三人は、宇宙人の基地を破壊するため、玉泉洞に乗り込む。

その一方で、首里大学研究助手の冴子は、シーサーの置物と関係のある、**古代琉球王家安曇一族の末裔・国頭天願、那美親子を訪ねる。この二人のコスチュームが琉装なのであるが、上映当時でも、こんな格好で日常生活をおくり、道を歩いている人間なんて、沖縄にはいなかったぞ。**せいぜい、地元のテレビ番組の沖縄芝居で、見かけるくらいなものだ。沖縄らしさを出そうと試みた製作側の配慮かもしれないが、当時の地元の子供達の気持ちを考えたら、見事にすべっている。

さらに、作品を鑑賞する限りでは、安曇一族の長・国頭天願は、自己中心的で、我がままな老人にしか見えない。（だいたいどっちが苗字なんだか）危険に遭遇するたびに、主人公達に、「こんな目にあうのもみんな、あんたらのせいだ！」と文句たらたらだし。最後、手のひらを返したように、フレンドリーになるし。**あれをリアルタイムで観た子供たちは、「あんなのウチナーンチュじゃない！」と、ショックを受けていたに違いない。**

話を戻そう。途中、ブラックホール第三惑星人の襲撃を受けながらも、主人公達は安曇一族の国頭天願、那美親子と共に、安曇城にたどり着く。彼らが到着した安曇城は、後述するキングシーサー登場の鍵を握る、重要な場所なのであるが、おそらくそこは、中城城に色んなデコレーションを施したものと思われる。もしくはセットか？

壁画に描かれていた予言に従い、早朝の6時に、城の中のある場所に、シーサーの置物を安置する。それから起こった事は…。

壁画のメッセージは、「西から陽がのぼる時、二頭の怪獣が現れ人々を救う」だった。

安曇城内の某所に、シーサーの置物を安置した時、何が起こったか？

早朝なので、当然朝日が昇る。すると、反対方向からも、陽が昇るのだ。何故だ？　この現象を目の当たりにした主人公は語る。

「〝西から陽がのぼる時〟っていうのは蜃気楼の事だったんだ！」

沖縄で…蜃気楼？

西から昇ったお日様がぁ〜東ぃ〜へ〜沈う〜む〜…。

おっと、アニメ版「天才バカボン」のオープニングソングで、ボケてしまうところであった。危ない危ない。話を戻す。

西から昇ったお日様の光が、安置したシーサーの置物の目に当たり、反射した光は光線となって、沖縄本島恩納村万座毛の崖を直撃。崖は崩れ、その中から、怪獣キングシーサーが姿を現す。だが、彼は動かない。そこへ、いつの間にか安曇城から恩納村の海岸にやって来たのが、安曇一族の末裔・国頭那美であった。父、国頭天願は語る。

「**キングシーサーを目覚めさせるのは那美しかおらん**」

メカゴジラが現れ、キングシーサーに襲い掛からんとする緊迫した場面とは場違いな、ゆるいテンポの懐メロ風のメロディが流れる。

そのメロディは、いろんな意味で思考を停止させるのにとても役立ちそうな、もしくは、逆に憶えたくなくても頭の中にこびりついてしまうようなものであった。そして歌詞もまたムード歌謡風味のなんともいえないものであった。その中には「青いコラ〜ル」（珊瑚のことだと思う）とか「キング・シーサー」とかでてくる。

私は、異様な脱力感に襲われながら、思った。

〝コラル、キング、古代琉球の言葉には、英語も混じっているんだ…。しかも、基本的な言葉

は、ウチナー口ではなく標準語。これは、日琉同祖論の有力な証拠かも。いや、それだけではない。英語が混じっている事を考えると、日英琉同祖論を展開できるかも？〟

この脱力ソングで、キングシーサーは目覚めて、メカゴジラと戦う。途中苦戦を強いられるも、タイミング良く登場したゴジラと力を合わせて、最後は勝利。戦いを終えて、ゴジラは海の中に姿を消し、キングシーサーは、万座毛の崖の中に戻り、再び眠りについた。

一応予言通り、二頭の怪獣が現れ、人々を救ったけど、ここで紹介した部分に限らず、全体的にシュールな作品である。上映当時、これを観た沖縄の子供達が、口数少なくなったのも無理は無い。ネットで調べたところ、キングシーサーを目覚めさせる、脱力ソングのタイトルは「ミヤラビの祈り」。安曇一族の末裔・国頭那美を演じ、「ミヤラビの祈り」を唄った方は、ベルベラ・リーン。どこの国の方なのだろう？　今どうしてるんだろう？　彼女のその後が気になる。ひょっとしたら、この名前と「ミヤラビの祈り」が、彼女の芸能界での活動に影を落としたのかも。

リアルタイムで観た沖縄の子供達に、多くを語らせなかった1974年製作「ゴジラ対メカゴジラ」。今観ると、当時とは違った観点から楽しむ事ができ、色々と突っ込みどころ満載なので、興味を持たれた方は、是非観て欲しい。シュールな点では、「ウルトラ六兄弟対怪獣軍団」「REX恐竜物語」「北京原人」と並ぶ怪作だと思う。「ミヤラビの祈り」も、別の意味で最高である。脱力したい方や、変わった曲に興味のある方には、是非ともお勧めしたい歌である。

ベルベラ・リーンについて、ご存知の方はご一報下さい。

追記1　沖縄本島南部の南風原町のヒーロー・カボッチャマンや、同じく南部与那原町のヒーロー・ヨナバルファイタースリーといった、ローカルヒーロー達が、沖縄でも出現して、活躍している。そこで、私なりの提案なのだが、今回取り上げた、「ゴジラ対メカゴジラ」を取り入れた企画はどうだろう。玉泉洞を本拠地にする、ブラックホール第三惑星人＆ウーマクー星人の連合軍と、カボッチャマン＆ヨナバルファイタースリーの連合軍が戦うのだ。さらには、恩納村の万座毛と、本部町の海洋博記念公園を、キングシーサーの聖地にして、からませるというのはどうだろう。沖縄本島を股にかけた、大規模なキャラクターショーが出来ると思うのだが。ゴジラをからませると、もっといいかもしれない。あとは版権の問題か。

追記2　数年前、今はもう無くなった、具志川のある古本屋で、発見した100円本。カバーもとれて、みすぼらしい外観の、その本の表紙は、メカゴジラだった。さらに裏表紙には、ゴジラ、ミニラ、ラドン、アンギラス、カマキラス、クモンガといった東宝怪獣映画のスター達。手にとってみると、タイトルは「ゴジラ対メカゴジラ決戦史」とあった。発行は1993年。出版は竹書房。カラーページには、当時製作されたメカゴジラや、映画の場面が掲載されていた。さらには、旧作から発行時までのゴジラシリーズが、メカゴジラに限らず、漫画化され、掲載された雑誌まで紹介されていた。その中身に魅了された私は、この本を手にレジへ向かった。

「ゴジラ対メカゴジラ決戦史」の中には、1950年代から1970年代にかけて、漫画化されたゴジラ作品が、5本掲載されていた。その5本の中には、ここで取り上げた「ゴジラ対メカゴジラ」も含まれている。掲載作品を紹介する。

「空の大怪獣ラドン」…集英社「おもしろブック」1956年10月号（別冊付録）

「怪獣島の決戦ゴジラの息子」…光文社刊「少年」1968年1月号付録（別冊付録）※この作品の画を担当しているのは、後に少年ジャンプ連載「はだしのゲン」で、注目を浴びる中沢啓治。広島の原爆をテーマにした、ハードで硬派な作風の彼が、ゴジラ作品を描いていた。これだけでも、発見だし、史料価値があると思う。

「怪獣総進撃」…秋田書店「まんが王」1968年7月号（別冊付録）

「ゴジラ対メカゴジラ」…秋田書店「月刊少年チャンピオン」1974年4月号（本誌掲載）※漫画版の方も、映画と大体同じような内容だった。掲載時期から考えると、おそらく、映画とタイアップしていたのかもしれない。

「メカゴジラの逆襲」…秋田書店「月刊少年チャンピオン」1975年4月号（本誌掲載）

以上、延々と、古本屋でのエピソードと、本に収録されている漫画化された、ゴジラ作品の紹介を、書き綴ってしまったが、埋もれていた100円本との出会いが、私の心の中で、この100円本との年版「ゴジラ対メカゴジラ」への思いに火を点け、ビデオ鑑賞による検証へと走らせたのである。それを考えると、出会いの不思議さと、この薄汚れたきれいでない外観の、100円本の魔力と偉大さに、驚嘆せざるを得ない。

超古代文明としてのニライカナイ

「モスラ2　海底の大決戦」

監督　三好邦夫

1974年に上映され、当時の沖縄の子供達の口数を少なくさせた、初の沖縄ロケ怪獣映画旧作「ゴジラ対メカゴジラ」。あれから23年振りに、沖縄ロケの怪獣映画が作られた。今回も東宝である。その作品の名は「モスラ2　海底の大決戦」（1997）、石垣島が舞台となっている。

ビデオ再生開始から約10分後、海上に広がり、繁殖する、謎のヒトデ形の化け物。漁師がモリで突くと、中から液体を放出し、それを被った漁師の顔は、焼けただれる。

民宿経営の母親から、花を取ってくるよう頼まれた主人公汐里は、森の中で、毛玉の塊のような不思議な生き物に遭遇する。途中から、同級生の悪ガキ二人組、デブの洋二とメガネの航平が加わり、彼らの前に、ミニモスラに乗った小美人二人組出現。小さな美女二人組という点と、「モスラの歌」を歌ってモスラを呼ぶという点は、旧作を踏襲しているが、大幅なアレンジはこれからだ。**二人は、モスラを操る妖精エリアスで、モルとロラの姉妹。この姉妹には、さらに姉がいて、ベルベラ（あっ、また出てきた〈ベルベラ〉だ。演じるは現在和泉元弥夫人の羽野晶紀）という名の魔女で、人類を滅ぼそうと企んでいる。**

汐里、洋二、航平の三人は、モルとロラから、毛玉の塊は、「ニライカナイで生まれニライカナイの秘宝を守り、その秘宝のカギを握っている」といわれる、「ゴーゴ」という名の生き物だと教えられる。そして、石垣島の沖に、ダガーラという名の怪獣が現れている事も。

ダガーラは、ニライカナイ伝説の怪獣で、当初は、ニライカナイの人間が海を汚染する物質を食べさせるのが目的で作られたとの事。古代の海洋生物のＤＮＡと、毒物を食べるバクテリアの細胞を合成して作られたが、食べた毒をベーレムという毒の結晶体に変えて排出する。海面を埋め尽くす勢いで繁殖しているヒトデの化け物が、ベーレムだった。このままでは、ダガーラがベーレムを排出し続け、地球上の海はベーレムに埋め尽くされ、海の生き物は死に絶える。それを阻止するには、ニライカナイの秘宝でダガーラを倒すしかない。ニライカナイの秘宝のカギを握る生物ゴーゴは、ダガーラを倒すために、力を貸してくれる人間を探しているとの事。

DNAの概念や細胞融合らしい言葉が飛び出すところに、ニライカナイはすごい文明を持っていた事が伺える。

ゴーゴはパソコンを操り、画面に自分が行きたい目的地を表示する。そこは、石垣島の沖で、悪ガキの片割れデブの洋二が「潮の流れが強くて、漁師も近づかないところ」とつぶやいた所だ。にもかかわらず三人は、学校の先生の小船を勝手に拝借して、沖に出る。どうなっても知らんぞ、お前ら。

子供だけの無謀な船出なのに、一応、無事目的地にたどり着く。海の底には、なにやら遺跡のようなものが…。

突然、海に飛び込むゴーゴ。彼らの乗った船の真上から、光が下りてきて直撃する。なぜか、船は遺跡の中へ移動。同時に海底の遺跡が浮上し、その巨大な全貌を現す。エリアスの説明では、**これがニライカナイのピラミッドとの事だが、これが南米のアステカ文明や、マヤ文明のような造型なのである。いくら古代の文明とはいえ、石垣島の沖に、アステカやマヤのようなピラミッドでは、説得力無いぞ。**

そして、怪獣ダガーラ登場。ダガーラは石垣島へ向かう。ロラとモルは、モスラを呼びに、子供三人は、ピラミッドの中で秘宝を探しに。人類の未来は彼らに託されているらしい。ロラとモルは、定番通り「モスラの歌」を歌い、インファント島からモスラを呼び出す。

モスラとダガーラの対決は、一応の見せ場ではあるが、**石垣島は、怪獣たちの戦いの舞台としては、規模が小さいのでは？**

モスラは、赤瓦屋根の民家数件が立ち並ぶところと、石垣空港付近を飛び、ダガーラと、最初の対決が始まる。案の定戦いの場は、その後主に海上や海中での戦いに移行していく。

モスラが苦戦を強いられたり、一方ピラミッドの中の子供三人組にも、困難が待ち受けていたりと、数々の見せ場を挟みながら、物語は進む。**映画「十戒」のように、海が割れて道が出来る奇跡が起こったり、ゴーゴの小便には傷を治す効果があったり、アステカ文明風のピラミッドの中にいるニライカナイの女王が、どうみても日本人顔だったりと見所は（というか突っ込みどころ）満載だ。**

この作品は、怪獣映画というより、「ネバーエンディングストーリー」のようなファンタジー映画だな。

思いつくままに特撮に見る沖縄小ネタ

まずは、1973年に放映された**「ロボット刑事K」**。レギュラーに千葉次郎、第一話では千葉真一が登場した。これは、週刊少年マガジン連載の、同名漫画のテレビ化作品で、特撮ヒーロードラマの常として、ロボット刑事Kが、毎回悪の組織シャドーが送り込むロボットと戦う。

その第19話**「沖縄の海に謎を追え」**で、主人公ロボット刑事K一行は、沖縄を訪れている。

覚えている範囲内では、**今では懐かしいヒルトンホテルに泊まったり、守礼門の前で敵を待ち伏せたり。**沖縄でKの前に立ちふさがる、シャドーが送り込んだロボットが、カラテマン。空手着を身にまとい、頭がゲンコツの形をしていた。

同じく、1973年3月から9月にかけて、日本テレビ系で、放映されたのが**「流星人間ゾーン」**。その22話**「逆襲！スーパージキロを倒せ！」**で、怪獣にやられた主人公防人光（流星人間ゾーン）を治療する、宇宙医学研究所の女医が登場する。彼女は主人公を治療した成果を、学会で発表するためにフェリーに乗って出発する。**ちなみに、学会が開催される場所は沖縄。**彼女に襲いかかる怪獣と悪の組織ガロガ。ゾーンとの対決の顛末に興味を持った方は、ビデオか、DVD鑑賞をお勧めする。（那覇の「ビデオ1」にも置いてある）

次に、1974年放映された**「仮面ライダーX」。主人公の神大介が、沖縄の水産大学の学生という設定だった。（沖縄に水産大学は無い）**第1話で、沖縄鹿児島経由船で、主人公・神大介が降りてくるシーンがあるのみで、船体に書かれた「沖縄鹿児島」の文字くらいか。特に沖縄ロケとかはない。

1999年に出版された、**「ザ・スーツアクター」**（破李拳竜著ソニーマガジンズ）という本がある。特撮ヒーロードラマの、ぬいぐるみの中に入っていた俳優へのインタビュー集であるが、その中に**翁長太郎**という方がいる。**本名・翁長和男、1951年沖縄市出身**。二十歳で上京後、大野剣友会に入会。以後、仮面ライダーや、ショッカーの怪人等のぬいぐるみに入り、活躍とある。現在は、ぬいぐるみショー専門のイベント会社社長との事。

ネットで調べてみたら、**翁長太郎氏の長男、卓氏も、レッドアクションクラブ所属のスーツアクター**で、2002年「忍風戦隊ハリケンジャー」、

2004年「特捜戦隊デカレンジャー」、2005年「魔法戦隊マジレンジャー」に出演している。**特撮業界で活躍する父子鷹、といったところか。**

1989年に放映された**「高速戦隊ターボレンジャー」山形大地（ブラックターボ）を演じたのが、我那覇文章（よしあき）**。1983年製作の映画「オキナワの少年」で、比嘉常雄少年を演じた方である。

特撮であれば、ウルトラマンシリーズのシナリオを書かれた故・金城哲夫氏や、上原正三氏がまず思い浮かぶのだが、今回大御所は置いておいて、敢えてマイナーネタを取り上げた。

最後に、特撮ではないが、1988年製作のアニメ**「トップを狙え！」**を紹介する。これは、「エースを狙え」を下敷きにした、SF巨大ロボットアニメで、時代設定は2015年。

物語は、宇宙軍提督である主人公の父親が、謎の宇宙怪獣の襲撃を受け、戦死するところから始まる。主人公は、父の意思を継ぐべく、宇宙パイロットを目指す。ちなみに主人公は16歳の少女、タカヤノリコ。彼女は、宇宙パイロット養成学校に入り、様々な困難を経て、成長していく内容なのだが、ガンダムに登場する巨大ロボットを操縦する女の子たちや、学校のグラウンドで巨大ロボットたちが、腕立てをしたり、ランニングをしたりしている光景は、実にシュールである。

とにかく、随所に「なんだこりゃあ」と、突っ込みを入れたくなる「トップを狙え！」であるが、主人公が入学する学校の名は、**「帝国宇宙軍付属　沖縄女子宇宙高等学校」。願書に書かれた住所は、「〒904-02沖縄県嘉手納市金柱1丁目」となっている。そう、舞台は沖縄なのだ。しかも嘉手納市。**多分その頃までには嘉手納基地は返還されており、その跡地に宇宙高校が建設されるに違いない。しかも多分政府の思い上がり予算によって……んなぁこたぁーないか。

○名作テレビドラマ編

「走れケー１００」の命を救った男

「走れケー１００」は、１９７３年3月から１９７４年3月まで、ＴＢＳ系で放映されていた、当時の人気ドラマである。

水陸両用小型機関車「ケー１００」と、操縦士の紋太さん（演じるのは大野しげひさ）が、全国を旅する物語。

当初は、単なる乗り物だったケー１００も、途中から煙の色や、車体の色の変化で、感情を表現したり、ライトから涙を流したりと、意思を持つ機関車と化していった。ケー１００に夢中になっている、私を含めた当時の小学生達に、担任の先生が、冷ややかにツッコミを入れていたのを思い出す。

「あんたたち、本当に、機関車に心があると思ってるの？」

ほとんどの子供たちは、信じると胸を張って答えた。ちなみに私もその一人。今振り返ると、純粋なんだか、馬鹿なんだか…。

物語は、鹿児島からスタートし、２５話の北海道で、最終回の予定だったが、当時の沖縄の子供達からの便りが殺到したため、放送期間を延長し、今度は北海道から沖縄へ。

最終回近くで、沖縄に来たケー１００が、ハブに咬まれて苦しむシーンがあった。（機関車がハブに咬まれて苦しむのか？というツッコミは、この際置いといて欲しい。当時の子供達は、純

粋だったのだ）

話は飛ぶが、岩佐陽一著「最終回にほえろ！名作編」（ちくま文庫）で、「走れケー１００」が紹介されている。

「走れケー１００」の概要を知るには大変お勧めで、興味を持たれた方は、是非一読をお勧めする。ケー１００に関する文献としては、現時点では一級の資料である。

話を戻そう。

この本を読んで、私が注目したのは、ハブにかまれたケー１００を治療する場面である。紹介しよう。

『紋太＆節子の必死の看病も虚しく、ケー１００に死の刻が迫る…って、う〜〜む。そこへ色々あってハブセンターのお医者（北村三郎）さんがご到着。お医者さん曰く、「私は本当は牛や豚が専門なんですけどね、汽車は初めてなもんで…でも、やってみましょう」とのこと。しゃれてますね〜〜。で、なおっちゃうんだよコレが。

ホンと。凄いよね。』

ケー100を治療したのは、北村三郎氏だった。現在、沖縄芝居の重鎮のお一人であるあの方が、ケー100ファンは、ケー100の命の恩人だったとは。ケー100ファンは、これからは北村氏の家の方角に、足を向けては寝られないぞ。

今後、もし沖縄芝居鑑賞の機会があり、そこで彼の姿を見かけたら、

「ケー100を治してくれてありがとう」

と言おうと、心に誓ったのであった。

追記　その後、ケー100に関する、素晴らしいホームページを発見した。そのホームページ「緊急応援ページ　発射オーライ！走れ！ケー100」の中の、放映リストの、沖縄ロケの回を調べてみると、いくつかの発見があった。

①ケー100は、平良トミさんを乗せた事がある。

②玉泉洞、守礼の門、首里金城町の石畳、中城城址、瑞穂酒造を訪れている。

③あの金城哲夫氏が、お医者さん役で登場した。しかも、脚本は上原正三氏！

他にも、興味深く、味わい深いネタが、満載である。これを読んで、さらなる詳細が、知りたくなったら、是非ホームページを見て欲しい。

アドレスは、次の通り。

http://bendith.at.infoseek.co.jp/k-100top.htm

※今回、このホームページの管理人様より、紹介及び掲載を、快諾頂きました。ありがとうございます。

山口百恵、伝説の沖縄ロケ
大映テレビのツッコミどころ

「赤い衝撃」

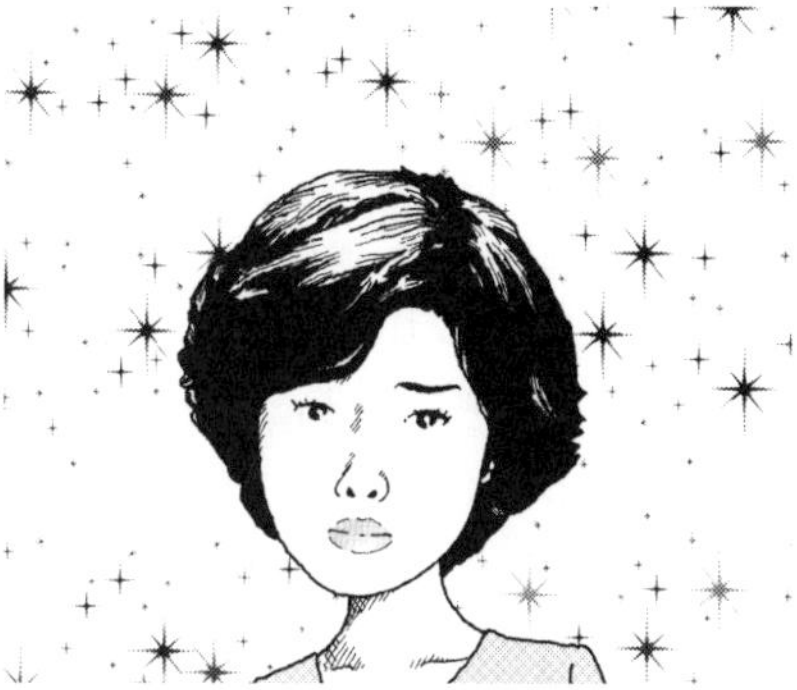

大映テレビといえば、古いところで「ザ・ガードマン」、その後山口百恵主演「赤いシリーズ」で人気を博し、80年代に入り「スチュワーデス物語」を筆頭に、「少女に何が起こったか」「スクールウォーズ」「アリエスの乙女たち」「乳姉妹」「遊びじゃないのよこの恋は」「不良少女と呼ばれて」「ヤヌスの鏡」「ポニーテールは振り向かない」等のテレビドラマで、一時代を築いたテレビ製作会社である。

一般的には、クサいというイメージの大映ドラマであるが、それは、大映ドラマの一面にすぎない。

竹内義和著「大映テレビの研究」116ページで、大映テレビの特徴として、次の5点を挙げている。

①宇津井健の怪演。
②常識離れしたセリフ回し。
③主人公に与えられた〝とんでもない〟試練。
④無理やりなストーリー展開とご都合主義。
⑤一人歩きするナレーション。

このような特徴が詰め込まれた、ある意味異次元空間とも言える大映ドラマの名作に**「赤い衝撃」**がある。山口百恵と三浦友和主演で、一世を風靡した「赤いシリーズ」の一つで、1976年11月5日から、1977年5月27日まで放映された。先に紹介した、大映テレビの5つの特徴がてんこ盛りの、アジクーターな作品である。

山口百恵が演じるのは、大実業家・大山豪介の娘（後妻となった母親の連れ子なので血縁関係はない。ちなみに母親を演じるのは草笛光子）で、将来を渇望されている短距離アスリートの高校生・大山友子。彼女は、大映テレビの特徴の③『主人公に与えられた〃とんでもない〃試練』そのままに、愛する刑事・新田秀夫が、犯人逮捕の際に放った銃弾を受けて、下半身マヒの体になってしまう。その刑事・新田秀夫を演じるのが、三浦友和。お互い愛し合い、将来を夢見ながらも、様々な障害が二人を阻む。番組中、これでもかこれでもかと、くどいくらい襲い来る試練に翻弄されながら、二人は何度もくっついたり、離れたりを繰り返す。

その「赤い衝撃」、第19話から21話までが、沖縄ロケなのだ。

まずは、第19話**「さよなら私は海に消えます」**を紹介しよう。

高校卒業を目前にした大山友子は、卒業総代という大役に抜擢される。母親と共に喜ぶのもつかの間、秀夫の母親が父大山豪介を嫌っているため、二人の結婚に反対している事で、心に暗雲が立ち込める。秀夫の母親が嫌う背景には、旦那（三浦友和演じる秀夫の父）が、大山豪介のブラックな過去を調べているうちに、行方不明になっているというのがある。

一方友子の父・豪介（演じるのは故・中条静夫）は、秀夫を自分の後継者にと考えているが、娘友子が下半身マヒの体である事や、秀夫の母親が自分を嫌っていることから、取引先の娘（演じるのは木内みどり）と、秀夫をくっつける事を画策する。（二人を結婚させてから、木内の親の会社を乗っ取った跡に、秀夫を後継者にするというのが、豪介の狙い）木内みどりは、秀夫の母親のアパートにお邪魔して、かいがいしく家事を手伝う。それが友子を苦しめる。

友子は、秀夫と二人きりの車の中、大学時代に行った、沖縄の思い出話を聞かされる。**ムーンビーチの美しい砂と、青い海を懐かしそうに語る秀夫。ここで、イメージシーンが始まる。沖縄の砂浜を走る、友子を演じる山口百恵。**このシーンの沖縄ロケは、当時平凡や明星でも、取り上げられていた。リアルタイムでも観た事はあるし、本来なら、素直に感動しなければならないのだろうが、突っ込ませてくれ。

砂浜を走る、彼女の足は、太い。砂浜を蹴る度に、脂肪が揺れるその太腿は、絶対にスプリンターの体ではない。せめてジムに通うなどして、体を絞り、それらしい役作りをして欲しかったが、アイドルとしても忙しい時期だっから、時間が取れなかったのかもしれない。ファンの皆様ごめんなさい。

ある日、秀夫と別れるよう、しつこく友子に言う父・豪介と、母親とのつかみ合いが始まった。友子はそれを止めようとして、豪介に突き飛ばされ、机に腰を打ってしまう。（これが、次回次々回の複線となる）その後、たびたび激痛に襲われる友子。

卒業式、総代として、答辞を読む友子。その後、秀夫との初キッスを経て、帰宅。住宅に母親宛の書置きを残して、自分の車で、羽田空港へ向かう。目指すは沖縄。

沖縄行きの飛行機の中、激痛に襲われる友子。そこから、イメージシーンスタート。エイサーが始まる。エイサーを行っているのは、仲泊青年会。エイサーが終わると、いつの間にか、友子は沖縄に到着していた。なぜか、東南植物楽園を車イスで行く友子。

そこで、クバガサと琉球絣の女性二人に、ムーンビーチを尋ねる友子。東南植物楽園でムーンビーチを尋ねるのも変だが、クバガサに琉球絣の女性というのは、1976~7年でもいなかったと思う。強いて挙げれば、沖縄芝居関係者くらいだろうか。そんな、当時でも存在しないと思われる、女性二人組から教えてもらった（と思われる）、アダン林を友子は車イスで通過していく。その先にあるのが、ムーンビーチの海であった。車イスを降り、這って海へ向かうところで、次回へ続く。

続いて、第20話**「涙の恋サンゴ礁の海に散る」**。

東京で、友子をさがす秀夫。友子の沖縄行きが判明し、後を追う秀夫。木内みどりも、彼を追い沖縄へ。

一方、砂浜を這う友子を、激痛が襲う。そこを通りかかったのが、赤木春恵演じる沖縄のおばさん。

「ヌーガどうしたの」「どこか具合がわっさるばーい」「どっからちゃが」「さーりかりか」

赤木春恵の口から飛び出す、ウチナー口の数々。リアルタイムで観た時も、アクセントが引っかかったが、やはり地元の俳優を使って欲しかった。まあ、赤木春恵だから、あそこまで喋れたという考えもあるが。

赤木春恵の家は、ムーンビーチの近くにあるらしく、友子は、時折その砂浜を訪れる。**だが、何故か、そのムーンビーチの砂浜に行くのに、東南植物楽園の道を経由しているのだ。**その光景は、「ベストキッド2」で、ミヤギ老人の故郷は、那覇空港から南へ数キロのトミ村と言っていたのに、嘉手納飛行場を通過するシーンに匹敵するくらい、シュールだ。

で、そのシュールなコースを経て、たどり着いた砂浜で、友子は、ショッキングな光景を眼にする。秀夫に、木内みどりが、まとわりついているのだ。「たとえ結婚しても夫婦生活は無理だ」との父・豪介の言葉が、よみがえる。またまた、激痛が彼女を襲い、死を決意し、海に入ろうとする。それを発見し、止めに入る赤木春恵。**友子は「フラー、バカ」と叱責され、身内を戦争で亡くした赤木春恵の体験談を元にした説教を聞かされ、死を思いとどまり、後で機織を学ぶようになる。**（やはり沖縄の俳優を使って欲しかった）

仲泊青年会のエイサーを挟み、秀夫の聞き込みシーンが始まる。もうすっかりおなじみの東南植物楽園や石川警察署等など、あちこちで聞き込みを続ける秀夫。あっちこっち歩きまわった後、ムーンビーチの砂浜で、車イスの轍を発見。それを追いかけて、民家を抜けると、漁港だった。サバニの近くで、ギターを弾いている友子を発見。

友子は、**「ここで仕事を持って一人で生きていく」と、秀夫から身を引こうとする。（沖縄は仕事少ないよ）**だが、秀夫の説得で、彼の愛を受け入れる決意をする。（このパターンは、何度も繰り返されている）

ナレーションが入る。

《友子はついに秀夫の愛に引き戻された》

素直に鑑賞すれば、涙ものかもしれないが、何度も繰り返されているのを、知っているだけに、油断が出来ない。その後友子の無事を知って、両親と中島久之演じる兄、大阪一郎演じる母方の祖父が沖縄入り。その後ムーンビーチホテルを舞台に、父親の暴言に端を発する家族のドタバタ劇→木内みどりの横恋慕→友子を襲う激痛→二人の別れる別れないが、繰り返される。ナレーションの数分後に、早速ナレーションを裏切っている訳だ。大映テレビの特徴⑤『一人歩きするナレーション』を、体現しているのである。第20話のラストは、友子が、番組途中で、秀夫の愛に引き戻されたにも関わらず、父親に、体が危険な状態であることを告げられ、例のごとく「お前は結婚しても夫婦生活は無理だ。だから秀夫の事はあきらめろ」と言われ、また身を引こうと、夜の浜辺を彷徨う内に、また激痛に襲われるところで続く。

さあ、いよいよ第21話、**「幻のお父さん私の命を助けて」**だ。

明け方、砂浜に横たわる友子。彼女を発見し、抱き起こす秀夫。意識を取り戻し、またもや別れる別れないの応酬↓秀夫の説得が始まり↓例のごとく友子は彼の愛を受け入れ↓お姫様だっこで運ばれていく。

場面は変わり、那覇空港。飛行機に搭乗する、友子の家族と秀夫。飛行中、またも激痛に襲われる友子。中島久之演じる兄は、インターンの医師で、友子の手術を行った宇津井健の元で学んでいた。友子の危険な状態に気づいた彼は、機長に、大阪への緊急着陸をお願いする。突然の無茶な要求を快諾した機長を演じるのは、旧作「ゴジラ」で芹沢博士を演じた故・平田昭彦。

場面は変わり、羽田空港。友子を手術した宇津井健は、友子の姉（こいつがまた意地悪なんだ）と羽田で出会う。彼女から、友子が沖縄へ言った経緯を聞き心配になり、飛行機へ電話する。彼は言う。着陸すると、その衝撃で友子の背中に入っているプレートが彼女を傷つけてしまう。だから着陸を止めるよう説得する。機長は、その無茶な要求を受け入れ、着陸寸前で大阪を離れ、浜松へ向かう。**機長・平田昭彦の度量の大きさが伺える。**

この後、飛行機の中で、とんでもない事が行われる。病状を知るために、レントゲンが無いか、羽田から電話で尋ねる宇津井（ある訳ねえだろ）。機内に収容されている金属探知機で、代用する事を提案するが、肝心の金属探知機は、分解されていて、専門家もいない。そこで宇津井は、金属探知機の専門家を羽田に呼び、電話のやり取りで組み立てを指示するという、強引な方法を提案する。この宇津井の力技は通り、専門家を呼び寄せ電話のやり取りで、組立作業が行われる。

発見だったのは、金属探知機の専門家として登場したのが、「帰ってきたウルトラマン」で岸田隊員を演じた西田健だった事。今回は特撮関係者づくしか？

機内では、乗客のブーイングが起こる。その中で、例のごとく激痛に苦しむ友子。

組み立てが終わり、作動する事を確認して、友子を乗せる。レントゲンの代用である。結果、プレートの上から2番目のネジが飛び出している事が判明する。

そこで、先に書いたとんでもない事の、メインイベントが始まる。これに比べたら、電話ごしでの金属探知機の組立作業などは、前座に過ぎない。

メインイベント、それは、機内での手術であった。飛行機の燃料は、１２０分しか持たない。着陸に３０分を要するので、手術には、４０分の時間しか使えない。手術の器具も、麻酔も無い。中島久之は、あくまでインターンなので、経験は浅い。宇津井健の電話での指示のもと、執刀を行うのである。

金属探知機を組み立てさせた宇津井健の強引ともいえる説得に、結局は折れ、ついに手術は決行される。麻酔の代用に睡眠薬、メスの代用にカミソリ、患部を氷やドライアイスで冷やし、フォークで傷口を開く。

以前、ムツゴロウこと畑正憲氏が登場する番組で、ムツゴロウ氏は、獣医師免許を持たないにも関わらず、ネコの開腹手術を行うシーンがあったが、それに匹敵するとんでもなさである。

苦痛に耐える友子。秀夫はささやく。

「沖縄のムーンビーチを思い浮かべるんだ」

イメージシーンが始まる。浜辺を走る二人。スプリンター姿の友子。やはりどう見ても、彼女の足は、スプリンターの足ではない。

手術は続く…。

時間はあと5分。

出血がひどく、ネジが見えない。飛行機は、着陸体制に入る。ネジが見えた。

もう少しギリギリまで飛ぶよう、機長に御願いする、相変わらず強引な力技を駆使する宇津井。中島久之は、ドライバーでネジを外しにかかる。イラつく乗客に、機内アナウンスで説得にあたる機長・平田昭彦。

あと1分。

ピンセットで、取り出しにかかる、中島久之。

あと30秒、10秒、5秒。

中島久之の叫び。

「先生、ネジが抜けました」

手術成功！　着陸体制に入る飛行機。

この回ラストのナレーション
《飛んでいる飛行機の中で手術という命がけのサスペンスを経て友子の命は助かった》

先に挙げた、大映テレビの特徴である①『宇津井健の怪演』と、④『無理やりなストーリー展開とご都合主義』が、随所にちりばめられた第21話。


自分の命を絶つために、沖縄にやって来て、恋人や、家族、そして地元のおばさんまで巻き込んで、大騒ぎを起こした主人公・友子。自分が突き飛ばしたのが原因で、娘は激痛に苦しみ、最終的に空の上で手術するハメになったのに、決して謝らない父・豪介。手術のために、飛行中の飛行機の到着時刻を変更させてしまう、宇津井健。もし、彼らが身近にいたら、決して関わりたくない。

一度、韓国ドラマを観る機会があった。そのストーリー展開と、登場人物の会話を観て、私は思った。これは海を渡り、形を変えて、戻って来た大映テレビでは？　**東映のテイストは、太平洋を渡って、クエンティン・タランティーノに受け継がれたように、大映テレビのテイストは、日本海を渡り、韓国ドラマに受け継がれたのかもしれない。**

読者の皆さんも苦しくなったら「ムーンビーチ」の砂浜を思い出すといいと思う。

思いつくままに
テレビ時代劇に見る沖縄小ネタ

まずは、記憶がおぼろげで、あまり自信が無いのだが、1971年から、72年にかけて放映された、高橋英樹主演**「おらんだ左近事件帖」**。**琉球から来た、吹き矢を使う、女殺し屋が登場。髪型も、琉球カンプーだったような記憶が…。吹き矢には、ハブの毒が塗られていて、隠れ家の屋根裏に、ハブが入った壷が置いてあった。**殺しの依頼主からは、任務を果たしたら、故郷に帰してやるとの条件で、心ならずも殺しをする事になったという設定だった。彼女は時折、屋根裏にある、ハブの入った壷をなでながら、つぶやく。

「帰りたいだろう、南の国へ」

切ないシーンだった。

ちなみに、高橋英樹でネット検索してみたところ、おそらく、1983年から1985年放映と思われるが、彼主演の「遠山の金さん」シリーズの中に、**「南海の女・琉球より愛をこめて」**という回があるらしい。

次に1972年放映、**「必殺仕置人」**。これは前作「必殺仕掛人」に続く2作目。前作で主役を演じた緒方拳のイメージが、原作とあまりにも違ったために、作者の池波正太郎氏からクレームがつき、タイトルを変えなくてはならなくなったのが、以降の「必殺シリーズ」なのだ。主人公は、山崎努演じる〝念仏の鉄〟、仲間に藤田まこと演じる〝中村主水〟、沖雅也演じる〝棺桶の錠〟。念仏の鉄は、前作の主人公と、同じキャラで、通常は酒と女にだらしないが、依頼があれば、凄腕の殺し屋に変身する。

沖雅也演じる〝棺桶の錠〟が、琉球生まれで、空手の使い手という設定になっている。リアルタイム放映時に知っていたら、じっくり観たのに。

時代劇の範疇からは、外れるかもしれないが、1972年にNHKで放映されていた人形劇**「新八犬伝」では、主人公の一人、犬塚信乃が琉球を訪れた事があった。**

同じくNHKで、1979年に、水曜夜8時から放映されていた時代劇、**「日本岩窟王」**がある。アレクサンドル・デュマの「岩窟王」を、江戸時代にアレンジしたもの。時代は、島原の乱の頃の江戸時代。主人公葵月之介を演じるのは、草刈正雄。無実の罪で、岩窟島に流され、全てを失う。長い年月を経て、脱出に成功し、自分を陥れた連中に復讐するという内容。記憶はおぼろげなのだが、**確か脱出して後、海上で遭難し、琉球の船に助けられたような…。**主人公と脱出した仲間で生臭坊主役が三木のり平、**琉球王国の王子役が三波豊和だった。**主人公は、復讐を果たし終えると、琉球の船に乗り、王子の妹と結ばれることを匂わせて終わる。**三波豊和が、琉球の王子ってのは、納得がいかないが。**

2004年9月8日、沖縄タイムス朝刊24面テレビ欄を見ていたら、QAB午前10時30分放送**「暴れん坊将軍」**（再放送）が、紹介されていた。

『薩摩藩の直轄地・琉球の王から地元特産の砂糖が献上された。その中に、琉球は不当な年貢などで搾取をされ続けているという皇女からの嘆願書が入っていたため、吉宗は薩摩藩江戸家老に琉球治世の改善を強く求める。やがて琉球王の息女があいさつのため薩摩藩琉球奉行とともに参上、琉球舞踊を披露するが…』

残念ながら、その時間は仕事中なので、観る事が出来なかった。もはや、ビデオ屋をマメに回るしかないのか。誰か、観た人がいたら、教えて欲しい。

「暴れん坊将軍」をネットで検索したら、19

90年2月3日に放映された500回記念スペシャル、**「将軍琉球へ渡る　天下分け目の決闘」**なるタイトルの回がある。ストーリーは、琉球の豪族と薩摩藩が手を握り、謀反を起こして、幕府転覆を企むとの事。それを知った上様こと松平建は、琉球へ渡るという設定。刺客に襲われながらも、お庭番が現れて、上様を救うという、強引な展開もあるらしい。私が見逃したものと、同じものだろうか?

ネットで知り合った方より、昔**「大江戸捜査網」にガッツ石松、輪島功一、具志堅用高が、出演した回があった**と教えて頂いた。調査を進めてはいるが、残念ながら、詳しい事は分からずにいる。

具志堅用高は、どのようないでたちで現れ、どのようなセリフを喋ったのだろう? 興味は尽きない。

沖縄をイメージするもの

「なんじゃこりゃ沖縄」的作品を見ていくとやたら出てくるのが、「ハブ」である。ドーベルマン刑事も寅さんもケー100もハブに噛まれている。ハブを操る王妃までいる。

もうひとつは「空手」である。確かに「空手」発祥の地ではあるが、伝説の武闘家から派手なヤクザさんまで、様々な使い手がしのぎをけずっているのが沖縄らしい。恐ろしいところですな……。

○やがて哀しき沖縄やくざ映画編

網走番外地、なのに沖縄

「網走番外地　南国の対決」

監督　石井輝男

1966年東映作品。
自分が所属する組竜神一家のために、命を張った代償として、5年の刑務所生活を送り、出所してきた橘真一（演じるのは高倉健）に届いたのは、破門状だった。初代親分は、沖縄の現場で謎の死を遂げ、オジキ分の関村が、竜神一家二代目を継いでいた。先代の死に、不可解なものを感じた橘は、沖縄行きを決意する。

沖縄行きの船の中で、母を捜して無賃乗船している少年一郎や、謎の男南（実は関村が雇った殺し屋）と出会う。沖縄に到着した橘は、先代と親しかった**地元業者ギボ建設**が、九州のヤクザ豪田一家に嫌がらせを受けていることを知る。そして豪田一家と手を組んでいるのは、竜神一家の二代目を注いだ関村。豪田と関村の悪だくみを潰すため、橘は立ち上がる。様々な敵の妨害にめげず、前に進み、耐えに耐えて、最後に敵陣に殴り込んで行く「東映任侠シリーズ」のパターンが、沖縄を舞台に展開される。

網走番外地シリーズなのに、沖縄が舞台とい

う違和感はあるが、1966年当時の沖縄の映像が、沢山入っているという点で、貴重な作品である。当時の沖縄の映像を見るだけでも、楽しめる作品だと思う。

個人的に、守礼門の前で、辺野古青年会がエイサーを踊るシーンは、シュールに感じられた。
でも資料価値はあると思う。

墓の傍で琉舞を踊り続ける藤純子の姿がシュール
「日本女侠伝　激斗ひめゆり岬」

監督　小沢茂弘

1971年に上映された、藤純子主演の沖縄ロケ東映作品。脚本は、あの笠原和夫。
女子学徒隊の生き残り、与那嶺ゆりは、戦争で亡くなった両親の跡を継ぎ、那覇で与那嶺運送社長を務める。オープニングでは、トラックを颯爽と操り、ドラム缶の集積所で、担当の米

兵相手に賭けポーカーで、ガソリンの入ったドラム缶3本をせしめてきたり、夜社員と飲みに行ったクラブで、花売り娘に良からぬ真似をしようとする、岩松組のチンピラ数名をやっつけたりの大活躍。**ちなみに、この作品を通して観て藤純子が発するウチナーグチは、オープニングあたりの「チバリヨー」のみ。**

　ゆりには、忘れられぬ人がいた。旧日本軍の看護という任務に就いていた学徒隊時代、戦況も厳しくなり、追い詰められた兵士達は、玉砕を決意。**ゆり達学徒隊には、自決用の手榴弾が配給される。自決しようとするゆりの肩を掴み、「死ぬんじゃないぞ」と生きる事を勧めた一人の日本兵。**彼は、形見に自分の腕時計をゆりに渡し、他の兵士と死地に向かっていく。次の瞬間、爆発音が鳴り響き、生き残ったゆりの周りには死体のみ。運送家業を続けながらも、彼女の左腕には、あの名も知らぬ兵士の形見の腕時計。

　話を戻す。主人公ゆりが助けた、松葉杖の花売り娘は、**具志頭村の新城**（あらぐすく）から来ていた。そこは、ゆりの亡き母親の故郷でもあった。娘を新城まで送り、区長から、新城地区の苦しい事情を聞かされたゆりは、その土地の復興に力を注ぐ事を決意する。

新城地区は、ある金融業者から高金利の金を借り、新種のサトウキビを購入し栽培していた。

　ゆりは、新城地区に放置されている、大量の不発弾を含む鉄屑に目を付ける。それら鉄屑をトラックに積み込み、買い取り先へ向かうと、そこは以前クラブで揉めた、岩松組の息がかかっていた。さらに、新城地区が借金をした金融会社も、岩松組の差し金であった。岩松組による様々な妨害が、新城地区の農民や与那嶺運送の面々に襲い掛かる。軍政府に直訴しようとした区長は、岩松組の手の者と思われる、車にはねられ、絶命。

　場面変わり、東京で大手組織大東会相手に抗争を起こし、全国指名手配になり、沖縄に偽造パスポートで入国した男がいた。**ちなみに、別項で取り上げた「博徒外人部隊」でも、主人公・鶴田浩二達が戦う相手組織が、大東会だった。**「博徒外人部隊」も、上映は１９７１年だった。スタッフ同士によるネタの使いまわしか？　ただの偶然か？

話を戻す。彼の名は中上鉄。演じるは菅原文太。当初、岩松組の客分として沖縄入りし、主人公ゆりとも、何かとぶつかり合った中上鉄であったが、後にゆりが、戦局悪化の際に生きる事を勧めて腕時計を託した相手であった事、そして玉砕覚悟で臨んだ戦闘で、瀕死の中上を救った新城地区区長が、岩松の手によって殺されたのを知り、彼は与那嶺運送の味方となる。

力を合わせて新城地区の復興に尽力するのだが、**見つけ出した不発弾を部落の借金返済のためにヤミ貿易に流すのはいいとして、その不発弾をまるで鰹節を扱うがごとく「はいっ」と手渡すゆりの清々しい豪快さは必見だ。**

しかし岩松組の妨害も、執拗かつ暴力性を強めて行く。仲間の死や村民の犠牲が重なり、遂にゆりと中上は岩松組に殴り込む。

敵の嫌がらせや暴力に耐えに耐えながら、最後に殴りこむパターンは、高倉健主演のヤクザ映画に通じるものがある。

死闘の末、二人は岩松を倒すが、タイミング良くＭＰに取り囲まれ、連行される。何故か岩松の悪行が認められて、ゆりは正当防衛となり、無罪。一方、中上は、密入国と本土での罪状と岩松組の人間を殺した罪が加算され、あっという間に銃殺刑に。泣き崩れるゆり。

場面変わり、海辺の岩場に、中上鉄の名が銘記された卒塔婆が立てられている。中上の墓なのであろう。当時は、今と違って墓用の土地の規制は厳しくなかったとはいえ、あんなところに普通墓をつくるか？

そして、その墓の傍で、延々と琉舞を続ける与那嶺ゆり（藤純子）の姿がシュールである。

他には、「ハヤシもあるでよ」のギャグで有名な南利明が、旧立法院近くで地元の人間（どの俳優が演じているかが、分からない）と名古屋弁とうちなーロで演じる噛み合わない会話もお薦めだ。

颯爽とトラックを運転する藤純子であったが、この作品で主人公の経営する与那嶺運送従業員を演じた潮健児氏（70年代の仮面ライダーシリーズで、ショッカーの大幹部、地獄大使を演じた方でもある）のインタビューをまとめた「星を喰った男」（ハヤカワ文庫）によれば、当時彼女は運転免許を持っていなかったとの事。

20代の、若き藤純子が拝めるのと（これはほんとうにかっこいい）、本土復帰前の今となっては貴重な沖縄の映像が含まれているという点で、内容はともかく、史料価値の高いお勧め作品である。

懐かしの沖縄の風景が広がる沖縄ロケ
「博徒外人部隊」

監督　深作欣二

1971年製作、鶴田浩二主演の沖縄ロケヤクザ映画。オープニングロールで紹介される、沖縄の撮影協力企業も、時代を感じさせる。

琉球映画貿易株式会社　平和会館
琉球ホール　オリオンビール株式会社
浦添市ホテル和豪　沖縄山一物産株式会社

物語は、三部構成になっている。
まずは、第1部「おれたちの履歴書」
刑期を終えて出てきた、鶴田浩二演じる元浜村組幹部・郡司益夫。待っていたのは、古くからの舎弟二人、尾崎と鮫島。かつて、所属していた組は無く、**大手組織・大東会**のものに。

主人公・郡司が刑務所に入る前、縄張りにしていた港は、彼が所属する浜村組と港北会が仕切っていて、両組織は対立関係にあった。浜村組は大手の大東会と手を組むが、結局浜村組と港北会は、抗争の末共倒れ。先代の浜村親分も抗争で命を落とす。抗争で郡司が服役している間、漁夫の利で大東会に縄張りを奪われてしまったのである。

郡司は大東会に乗り込み、先代の供養として、500万円を入手、というより脅し取る。その金を手に、舎弟五人（尾崎、鮫島、イッパツ、関、おっさん）と、かつて対立組織港北会の幹部だった工藤（演じるは安藤昇）と共に、沖縄を目指す。

次が第2部「おれたちの縄張り」

沖縄に到着した郡司一行。道路は左側通行で、懐かしい映像が続く。

滞在中、彼らは、沖縄を仕切っている顔役の勢力を分析。那覇の港湾利権を握る、**波照間組**。組員数は、100人。次に、那覇のバー街界隈を縄張りにしている**具志堅組**。組員数は、60人。脱税ウイスキーを扱う、本土から流れてきたブローカー**日下部**。コザからやって来て那覇進出を狙う**狂犬ジールー一派**。狂犬ジールーの兄で、**コザのボス・与那原**（演じるは若山富三郎）。以上が、沖縄暗黒街の勢力である。

まずは、日下部の脱税ウイスキー利権を奪取。その際に、日下部の雇った米兵との銃撃戦で、舎弟の一人イッパツが死亡。復帰前とはいえ、あれだけ派手な銃撃戦を演じたら、警察も黙ってはいないと思うのだが…。

日下部から脱税ウイスキーの利権を奪って後、彼らは、那覇の飲み屋街の顔役具志堅との話し合いに赴く。立会人は、那覇の港湾利権を握る波照間。郡司一派は、ここで具志堅を倒し、飲み屋街の縄張りを手に入れる。主人公・郡司は、その手に入れた縄張りを歩いている時、刑務所に入る前に付き合っていた女性そっくりの、客待ち女に出会う。ちなみに、郡司が付き合っていたその女も沖縄出身という設定。ビデオ再生から約40分後、客待ち女の口から、初のウチナーグチが飛び出す。

「イーウトゥクヤサ、ヤーアレシッチョーミ？」

（いい男だね。あんた、あれ知ってる？）

那覇の飲み屋街を、手に入れたのもつかの間、波照間に焚きつけられた狂犬ジールー一派が、郡司達に襲いかかる。

この時の狂犬ジールーと兄貴与那原の語るウチナーグチが、一応勉強はしたのであろうが、何か笑える。**特に弟ジールーが、兄与那原を〝ヤッチー〟と呼ぶ時のアクセントで、語尾が上がるところが、県外の人間の発音らしくていい。**

途中、与那原がウイスキーのボトルを片手で開けて飲むシーンがあるが、演じる若山富三郎は酒が飲めないので、おそらく中味はジュースだろう。与那原は、コザを仕切るボスで顔に傷がある片腕の男という設定になっている。**顔の傷メイクもすごいが、眉毛がつながっているメイクも、それなりに沖縄を勉強しているなあと、感じた次第である。**

与那原とジールー兄弟と郡司一派の抗争で、関とおっさんが命を落とす。互いの力量を感じ取った与那原は、コザには来るなと言い残し、子分を引き連れて去っていく。

ひとまず抗争は落ち着いたが、仲間二人を失い、元気が無い。店で歌われる民謡に対して、**「うるせー！わからねー！日本の歌を歌え」と怒鳴る鮫島。尾崎と二人で、日本の歌を歌う。だったら、沖縄に来るなよな。**

そして、いよいよ最後第3部「おれたちの仇敵」

あの大手組織大東会が、沖縄にやって来る。郡司達に、ウイスキーの利権を奪われた日下部は、彼らに接近する。

場面代わり、那覇の港湾を仕切る顔役・波照間と、大東会との酒宴。彼らの前で、琉装の踊り子が舞う。曲はクワディーサー。そこへ乱入する与那原とその子分達。与那原は、大東会に沖縄から手を引くよう要求、それが通らなければ、戦争を仕掛けると宣言する。

その夜、与那原は郡司のアジトへ行き、大東会へ宣戦布告した事を告げる。

「違う場所でなら五寸でやれたかもしれなんな」とのセリフを残し、外に出た与那原は、大東会の襲撃を受け、奮戦するが、弟の狂犬ジールーと共に、沢山の銃弾を受け死亡。

この時の、若山富三郎演じる、与那原のワイヤーアクションは、見ものである。あの当時でも、かなりの体重があったであろう、若山富三郎を吊るすのは、大変だったたと思う。

親分を殺されたのに、弔い合戦を大東会に仕掛けることもしないコザの連中はだらしがない。


あれだけ、郡司たちと死闘を演じたというのに。相手が大きいと何も出来ない根性無しの集りか?

その後、郡司と舎弟尾崎と鮫島、そして工藤ら4人は、那覇の港に向かい、大東会と波照間に、捨て身の殴り込みをかける。結局、相手と刺し違えて、郡司達は死ぬ。

ラスト、沖縄本島の地図の形をした血痕に、エンドマークが、シュールで良かった。

本当の抗争激化で沖縄ロケを断念

「沖縄10年戦争」

監督　松尾昭典

1978年東映作品。オープニングは、沖縄戦の映像から始まる。洞窟の中に、避難する人々。親を失い、一人泣く少年。そこへ父親と兄弟二人の家族が、芋を彼に分けてあげる。そこへ乱入した日本兵によって、彼らの芋は奪われる。途中、その場面を、怒りの表情で見つめる少年達。天涯孤独になった少年、**金城友行**、そこで知り合った、**伊波朝市・朝勇兄弟。**

時は流れ、金城（演じるのは松方弘樹）は、沖縄ヤクザ**首里派宮国グループ**幹部、伊波兄弟は、**胡屋派伊波グループ**を結成し、沖縄のヤクザ社会で頭角を現していく。そして、本土組織の進出に対抗するために、**琉栄会**を結成。会長に宮国、理事長に伊波朝市が就任した。しかし**彼らの呼び名は「シーサー」と「ヤッチー」であった。**

そこへ、関西を本拠とする日本最大組織関西錦連合桜木組から、襲名披露の招待状が届く。参加するかどうか、幹部会は白熱。会長宮国は、桜木組幹部中原と親しい伊波理事長に、本土行きの手はずを取らせる。本土ヤクザに、沖縄ヤクザの意地を見せてやると、意気込んで向かった宮国であったが、招待先でことごとく恥をかかされるのであった。

那覇空港でお迎えを受けた宮国は、理事長伊波に殴りかかる。そこから、両者の間に不信が芽生え、**主流派琉栄会700人VS反主流派伊**

波グループ30人の抗争が始まった。最初に会長の宮国が殺され、二代目に金城が就任する。その後、圧倒的多数の琉栄会の兵力と経済封鎖の前に、伊波グループは追い詰められ行く。親分伊波朝市は、過去の賭博容疑で逮捕され、過去の余罪を追及され、大阪に護送される。残された伊波グループは、弟の朝勇（演じるのは千葉真一）がまとめて行く事となる。

警察からの圧力や、桜木組が伊波のバックにつく等の経過を経て、互いの胸のうちに不満や苦悩を抱えながら、金城と伊波は手打ちを行う。時代は、海洋博景気に沸いていたため、伊波グループも潤うが、その利益の多くは、桜木組に吸い上げられていた。**海洋博が終わると、手の平を返したように、沖縄から撤退する桜木組。**再び琉栄会との抗争が始まる。抗争の巻き添えで、伊波朝勇の妻が手榴弾で爆死。物語は、どんどんやるせない方向に進んでいく。

一方、大阪で桜木組の陰謀を知った兄伊波朝市は、警察病院を抜け出し桜木組本部に乗り込むが、射殺されてしまう。

その後も、抗争は続く。**この作品に、一貫して流れているのは、本土ヤクザの汚さと、それに踊らされる、沖縄ヤクザの悲しさである。**

伊波朝市の友人のヤクザ中原は、伊波の遺骨と、わずかな金を持って、朝勇を訪ねる。中原から、桜木組の卑劣な企みを聞かされ、本土ヤクザへの復讐に燃える朝勇。桜木組は、伊波グループを見限り、**元ヤクザの実業家新垣**を抱きこみ、沖縄に進取しようとしていた。

伊波は、自分の生まれ島に住む父に、子供を預ける。島に来た琉栄会の追っ手と、銃撃戦を演じながら、ボートで脱出。**その姿を見送る金城。彼はなにごとかつぶやく。この時のウチナーグチのセリフが、ビデオを何度再生しても、何と言っているのか分からない。**ウチナーグチのあと、観客に分かるようにとの配慮なのかは知らないが、最後日本語でのセリフが、

「死んでこい朝勇。一人で死んでこい」

全体的に暗く、切ない物語である。これは1976年に上映された「沖縄やくざ戦争」に続く、第2作として作られたのだが、**当時沖縄では、抗争が激化しており、沖縄ロケを断念、すべて本土のセットを使ったため、違和感を感じる場面が多い。**どうみても、沖縄に無い風景があったり、登場する砂浜の色が黒かったり。ある意味、不運な作品かもしれない。

現役の親分が……出ていま……？

「実録沖縄やくざ戦争いくさ世三十年」

監督　市川徹

これまで紹介してきたように、沖縄を舞台にした、やくざ映画作品は、いくつか存在する。他にも、北野武作品「3－4×10月」、「ソナチネ」等、個性的な作品も数多い。

さらに時は経ち、2002年に、沖縄を舞台にしたVシネマが、誕生した。**タイトルは、「実録沖縄やくざ戦争いくさ世三十年」。**「抗争勃発編」、「抗争激化編」、「抗争終結編」の、三部作になっている。主役、準主役クラスは、小沢仁志、中野英雄、小沢和義、寺島進、遠藤憲一等、Vシネマの常連で占められている。

この作品は、昔「実話時代」に連載されていたヤクザ専門のルポライター、猪野健治氏のルポを基に作られている。実際にあった事件を随所に織り込んでいるので、事情を知っている人間が観たら、先が読める展開になっている。登場人物のしゃべる言葉はすべて大和口で、うちなー口はほとんど出てこない。しゃべりでのうちなーテイストを期待した人間は、裏切られる事間違いない。あと役者さんには悪いが、抗争の主役となっている人間が、ミスキャストな感じがする。もっとウチナージラーの俳優を使っても良かったのでは。

鑑賞していて、ふと感じた謎がある。主だったVシネマの常連俳優以外は、地元の役者を使っているようなのだが、どれもこれも、見た事も聞いたこともない面々なのである。一体、どこから集めてきたのだろう？ ウチナーンチュで登場する著名人といえば、「抗争終結編」で、民謡歌手の仲田まさえさんと、お母さんの和子さんくらいのものだ。（うちなーの喜劇の女王、仲田幸子さんのお孫さんと、娘さん。あと仲田幸子芸能館も、撮影に使われている）

展開が読めるので、あまり期待せずに、観ている時だった。**私は、エンディングで驚くべきシーンを発見した。** エンディングロールが始まる。黒の背景に白文字で出演者の名前が、下から上へ流れていく。途中、黒の背景から、突如実写に変わる。場所は、どこかのビヤガーデンか？　それとも誰かの住宅の庭か？　沢山の人達がテーブルを囲み、ビール片手に、食事をつまみながら、楽しく盛り上がっている。Vシネマに出演した、無名の役者達もいる。

カメラが、上座らしき場所に移動する。そこに腰をおろす、独特のムードを漂わせる貫禄のある人物。**その方は、沖縄の任侠の世界の、現役の親分だった。じゃあ、地元の無名の役者さん達はひょっとして…？**

この作品は、「抗争終結編」ラストのこの数分だけで、十分観る価値があるかもしれない。興味のある方は、レンタルビデオ屋へ急げ。

追記　ラストの映像に映っていた方の、固有名詞と組織名については、さすがの私も怖いので、伏せます。興味を持たれた方は、レンタルビデオ屋で、借りて観て下さい。

「沖縄やくざ」不思議発見！

「実録プロジェクト893XX　沖縄抗争編Ⅰ・Ⅱ」

監督　吉原圭太

2004年5月31日に、那覇市末吉のレンタルビデオ屋「ビデオ1」で、念願のビデオを借りる事に成功した。そのビデオは、1週間前から目をつけていたのだが、いつもレンタル中。その日駄目もとで、足を運んだらあったので、即レンタル。借りたビデオは、**「実録プロジェクト893XX沖縄抗争編Ⅰ」「〃Ⅱ」**の二本。Vシネマから出ている、**ドキュメント形式のヤクザ抗争ビデオ作品**の一つである。

ドキュメント形式Vシネの、特徴というか見どころは、時折、実写映像が入っている事だ。オープニング、物語の合間、エンディングに、作品のモデルになった方のスナップ写真や映像が出てきたりするのである。それは、仲間と写っていたり、襲名披露の儀式だったり。我々の日常生活ではまず見ることの無い非日常の映像が、Vシネマの低予算ぶりを十分補っている。

そこで、今回紹介する、「実録プロジェクト893XX沖縄抗争編Ⅰ」「〃Ⅱ」である。この作品の特筆すべきところを、まず一点。**沖縄で活動する現役の親分や幹部の直撃インタビューが入っているのだ。**これまで、私がVシネを鑑賞してきた範囲内では、作品の監修や、ネタの提供で、その筋の方が協力する事はあっても、表に出る事はまずない。仮に出たとしても、写真や映像の中のワンショットくらいで、自身の肉声を聞かす事は無いと考えていい。これまで私が知っている範囲内で、現役の親分が露出し肉声を披露した作品は、1976年に製作「やくざ残酷秘録　片腕切断」（東映）くらいである。

紹介に入ろう。この作品は、戦後の沖縄ヤクザの成立過程から、現在に至るまでの抗争を含めた歴史の紹介を主軸に進んでいく。抗争の紹介の合間合間に、現役の方々のインタビューが挟み込まれているのだ。登場するのも、沖縄の組織の親分四人と幹部一人。それだけではなく、1974年に、当時抗争で対立組織の親分を殺害した実行犯の一人にもインタビューを行っている。その方は、すでに服役を終え、現在はカタギとの事。当事者ならではの話には、リアリティがあり、実に興味深い内容になっている。

2点目の特徴として、この作品を今までのものと際立たせているのは、レポーターの存在である。**レポーターは、いとうまいこ、清水宏次郎の二人。片や元アイドル、片や「BeeBOP—HIGH SCHOOL」出身俳優。時の移ろいを感じさせる、組み合わせである。**

時には抗争の現場、時には沖縄の名所に佇みながら、当時起こった事件や時代背景を説明する二人。さらに登場する本職の方々にインタビューする二人。丁寧にお答えする本職の皆さん。

3日かけて鑑賞したが、Vシネマ特有の、低予算ぶりは感じられるものの、**ドキュメント実録抗争というジャンルに、「世界不思議発見」のテイストを導入した点は、画期的だと思う。**

評価する反面、この作品にはミスが二つある。

1・昭和25年頃、コザのヤクザの首領を務めていた方が、山原（ヤンバル）出身と語っている部分がある。その出身地山原（ヤンバル）を現在の沖縄市付近と説明していたが、沖縄本島北部の間違いである。

2・80年代の抗争で、警察官2名が巻き添えで射殺された現場は那覇市と説明していたが、沖縄市の間違いである。

せっかくの力作なのだから、細かい部分は、丁寧に調べた上で発表して欲しいものだ。低予算を補って余りあるVシネマの歴史に残る画期的作品だと思うのに、これでは台無しである。

次回作では、こういう事が無いように願いたい。

○さまざまな映画でみかける沖縄編

いったい何しに上京したのか、不可解な危ない刑事

「ドーベルマン刑事」

監督　深作欣二

〈24Pからいらっしゃったみなさん、めんそーれー〉……ここまで来ると、ドーベルマンつながりで、これを取り上げないと気がすまなくなってしまった。その作品は、映画版「ドーベルマン刑事」（主演・千葉真一　共演・松方弘樹）。東映映画である。東映は、かなりぶっ飛んだ、味のあるあなどれない作品が多い。本章で取り上げている作品も、東映作品がかなりの数を占めている。

　さて、映画版「ドーベルマン刑事」。これは、漫画のイメージを期待して、観てはいけない。**漫画とは、何の関連も無い。**共通するのは、主人公の名前だけだ。

　突如、東京新宿に姿を現した、加納刑事。見た目はどう見ても、チンピラ。**しかも、豚をお供にして…。**彼は、漫画のような、警視庁特犯課の刑事ではない。映画版では、**沖縄の石垣島署刑事で、１９歳で任官（警察のシステムで、こんなのは有りか？）凶悪犯数名を射殺、始末書は数知れず。**こんなどうしようもない奴が、東京まで何をしに来たのかというと、行方不明の同郷の女性を、探しに来たとの事。**ちなみに、**

加納刑事は生まれも育ちも、石垣島となっている。ビデオで観て、最初に感じた疑問が、〝沖縄に「加納」という名字は存在するのか?〟であった。念のため、石垣島出身の友人に聞いたところ、八重山は寄留民の島だから、可能性はあるとの事だったが。その後母親から、奄美出身者に、「加納」苗字の方がいるとか、ボーダーインクの新城さんから、「嘉納」苗字は存在するとの情報を頂いた。「加納」苗字については、今後さらなる調査が、必要なようである。

新宿署の刑事たちから、煙たがられながらも、独自に捜査を続ける加納。探していた女性は、パンマ(パンパン+マッサージ嬢の略、金を払ってマッサージとHを兼ねたサービスをする性風俗が当時あったのである。今では死語)に身を落としていて、焼死体で発見されたと、警察の記録に残っていた。その記録に、疑問を持つ加納。加納を煙たがる、新宿署の刑事たちは言う。

「お前が探してる女が生きてるっていう証拠でもあるのか」

これに対する、加納の返答がすごい。

「ノロが言ってたからさぁ」

私は思わず、ブラウン管に向かって、〝それを言うならノロじゃなくてユタだろう〟と、突っ込んでしまった。それにそもそも石垣なら「ツカサ」と言うべきである。

それに、何でも語尾に「さぁ」をつければ、いいってもんじゃないだろう! とも思ったが、ナイチャーの千葉真一が、慣れないウチナーンチュをやるんだ、そのくらいは許してやろう。

さて、周囲から煙たがられながらも、マイペースで捜査する加納刑事。捜査を続けるうちに、松方弘樹扮する、元ヤクザで現芸能プロダクション社長の愛人兼歌手(演ずるはジャネット八田)が、行方不明の女性では? と推理する。なんらかの方法で、別人になりすましたのではないかと考え、二人を追いかける。

途中、通り魔殺人犯を射殺したら、扮装した警官だったり、マンションに立て篭もった凶悪犯を、まるでターザンのように、ロープを伝って、窓ガラスを割って潜入して捕まえたり、巡業中のストリッパーに惚れられたり、捜査以外の活動にも余念が無い。

一方、松方扮する芸能プロダクション社長は、愛人兼歌手のジャネット八田を売り出す為に、あの手この手で、芸能グランプリ優勝の裏工作に、余念が無い。

最後は、ジャネット八田が同郷の女性だった事が判明し、加納は、彼女を連れ出す為に芸能グランプリ会場へ乗り込む。松方やその子分と銃撃戦を展開し、全員を射殺。ジャネット八田に、故郷へ帰るよう促すも、彼女はそれを拒否、ステージへ向かっていく。一人残されるドーベルマン加納。雨の中、お供の豚と、とぼとぼ歩くシーンで終わる。何の救いようも無いラストである。

ビデオ鑑賞を終わって思った。**こいつは、一体何をしに、はるばる石垣島から、新宿へやって来たのだろう。**松方弘樹は、ジャネット八田のために、ヤクザから足を洗った。そして、芸能プロダクション社長として、時には汚い手を使いながら、彼女を売り出していった。彼らに罪があるとしたら、別人に成り代わるために、一人死んでいる事くらいだろう。

加納が新宿に来ていなかったら、どれだけの人間が死なずにすんだ事だろうか。警察官一人は、確実に殺しているし。ジャネット八田の愛する松方弘樹と、その部下たちも、こいつに撃ち殺されているし。加納さえいなければ、ジャネット八田は、歌手で成功して、愛する松方と共に、栄光をつかんで、幸せになっていたかもしれないのだ。帰りたくない彼女に、帰郷を勧めて、何の意味があるのだろう。

〝ノロが言ってたからさぁ〟たったそれだけで、この男が東京に来てやった事は…。結局、何の解決にもならず、死体の山を築き、問題をどんどん大きく、まぎらわしくしているだけである。

映画版ドーベルマン刑事、こいつは「こち亀」の両津勘吉、「釣りバカ日誌」の浜崎伝助、そしてフーテンの寅さんと同じく、もし身近にいたら、絶対に近づきたくない、迷惑でデンジャラスな奴である。

彼に、東京にいくようにアドバイスした、ノロの罪は大きい。

まさになんだこりゃ！バカグワー映画
「ベスト・キッド2」

監督　ジョン・G・アヴィルドセン

「ベスト・キッド」という映画がある。主人公のダニエル少年が、日系（沖縄）のミヤギ老人から空手を学ぶ事で、心身共に成長してゆくという内容なのだが、**続編の「ベスト・キッド2」をビデオで観た時、私の頭の中は、以前観た東映の沖縄ヤクザ映画の時と比較にならない衝撃を受けた。ブラウン管に向かって、何度突っ込んだ事か。**

物語は、ミヤギ老人の父親が危篤との報せから始まる。沖縄へ旅立つ、ミヤギとダニエル。そこで二人を待ち受けていたのは、ミヤギの初恋の相手クミコとミヤギの恋敵サトー（生粋のウチナーンチュにこんな苗字はあるのか？地元民の私は、見たことも聞いたこともないぞ）との因縁だった。さらに、サトーの一番弟子、チョーゼン・トグチとの対決、タムリン・トミタ演じるヒロインとのロマンス等、内容盛り沢山なはずなのだが、そこで描かれる沖縄こそ、まさしく〝なんだこりゃあ〜！〟なのである。まあ、登場人物の、日本語やウチナーグチの不十分さは、笑って許してやろう。（通しで鑑賞して、出てきたウチナーグチは〝バカグヮー〟のみ）しかし、それを差し引いても余りある、〝なんだこりゃ～！〟なものが、次々と出てくるのだ。**全てを紹介するのは、不可能**なので、ある程度、思いつくまま挙げてみよう。

1・ミヤギの故郷は、那覇から南にある、トミ村（豊見城か？）というところなのだが、なぜか、那覇空港から嘉手納基地を突っ切って、数キロ先が、目的地のトミ村になってしまうのだ。

2・トミ村で三線を弾くイチローという名の老人。ミヤギの幼友達らしいが、彼の奏でる三線の音色は、どう聴いてもエレキギターだし、指の動きと音が全然合っていない。

3・イチローが三線を弾いている場所は、神社らしいが、入口の鳥居の形が変だ。（興味のある方は、是非御鑑賞されたし）そして、鳥居の向こうの本堂は、私の目から見ると、竪穴式住居としか思えない。

4・ヒロイン・タムリン・トミタから、盆踊り（エイサーではない）の指導を受けるダニエル。曲は「てぃんさぐの花」で、振り付けは、本土の盆踊りと、空手の型を混合した奇怪な動きである。

5・ミヤギの父が亡くなり、葬儀のシーン。長崎県の精霊流しのように、川に灯籠を流す遺族達。一瞬、私は沖縄にこんな習慣があったのかどうか、考え込んでしまった。

6・タムリン・トミタとデートするダニエル。デートの場所は、昔の沖縄の王ショーハシ（尚巴志の事か？）の城跡との事なのだが、どう見ても、西洋風のお城なのだ。（グスクではなくキャッスル）

7・ミヤギが冷蔵庫の修理のために、部品を買いに那覇へ出かける。ダニエルも、タムリン・トミタと、那覇でデートするのだが、そこで描かれる那覇は、どう見てもチャイナタウンである。

8・ミヤギを敵視するサトーは、村の大地主にして、村の畑の全てを所有するくらいの権力者のくせに、台風の時には、家は飛ばされるは、柱の下敷きになって死にかけるはで、結局ミヤギとダニエルに助けられるのだが、なぜ台風で吹き飛ばされるような、粗末な家に住んでいるのだろう。石積みの塀すらない。

9・台風が来た時、高いやぐらの鐘を鳴らすシーンがある。ここまで、延々と異様なシーンを見せられたので、〝沖縄はこんなド田舎じゃねえ！〟と突っ込むのはやめておく。でもこれだけは言わせてくれ。「幼い女の子に、鐘を鳴らす危ない仕事やらせるなよ」

10・ラスト、ショーハシの城跡で盆踊り（エイサーではない）が行われるのだが、その光景は、もはや私の表現力では、説明不可能な、異様な世界。その異様な世界で、舞いを披露するタムリン・トミタ。（琉舞ではない）そこへ乱入して来たチョーゼン・トグチとダニエルとの対決が繰り広げられる。そして、ダニエルが空手の極意を会得するための重要なキーワードとして、物語の中で、何度か登場するデンデン太鼓……。

ここで紹介した以外にも、変なシーンが盛り沢山なので、興味のある方は、是非ビデオを観て欲しい。もしも、私の目の前にこの映画を撮った監督がいたら、私は間違いなく彼の首を絞めている事だろう。彼に言いたい。

〝死ナスンドー！バカグヮー！〟

友達になりたいタランティーノ監督

「ＫＩＬＬ　ＢＩＬＬ」

監督　クエンティン・タランティーノ

２００３年１１月、那覇市の桜坂シネコン琉映で、「ＫＩＬＬ　ＢＩＬＬ　ｖｏｌ１」を観た。いや〜、久しぶりに、素晴らしい馬鹿映画をみせてもらった。その素晴らしさを書いていくと、それだけでスペースが足りなくなってしまうし、今回の趣旨から外れてしまう。ここは、あくまでも趣旨に沿って書く。

「ＫＩＬＬ　ＢＩＬＬ　ｖｏｌ１」で、**ウマ・サーマン演じる主人公ブライドが、沖縄を訪れるとされるシーンがある。**それは物語の見せ場の一つであり、千葉真一と出会う場所でもある。〝訪れるとされる〟と書いたのは、二人が出会う沖縄が、ものすごく安直に描かれているからである。

千葉真一は、かつては名刀工として知られていたが、引退して、沖縄で寿司屋を営んでいるという設定。**そんな千葉ちゃんの名前が「ハットリ・ハンゾウ」という名前とは理解に苦しむ。**それにナレーションや地図での説明が無ければ、主人公が沖縄に来た事は、分からない。沖縄とされる場所も、千葉真一が営む寿司屋のみ。

主人公が寿司屋に入店した時に着ていたTシャツに、OKINAWAのロゴが入っていたり、寿司屋の従業員が、オリオンビールのロゴ入りTシャツを着ていたり、寿司屋の二階の隠し部屋に安置された多くの刀の中に、サンシンの姿があるくらいしか、沖縄テイストは出てこない。

それでも、楽しく、そして怒りを感じる事無く鑑賞出来たのは、この映画が、馬鹿映画の王道を行っているからだろう。**７、８年前に「ベストキッド２」を観たときには、監督の首を絞めてやりたいと思ったものだ。**

「ＫＩＬＬ　ＢＩＬＬ」が楽しいのは、監督タランティーノが、自分の趣味を全開させているからだろう。自分の趣味を大きく全開暴走させ、たっぷりの愛情を注ぎ込み完成させた馬鹿映画。人によっては、批判その他あるかもしれないが、面白くない訳が無い。そんな作品の中では、安直な沖縄描写など、些細なものだ。**タランティーノなら許す。**

この映画を観るとタランティーノがどんな映画を観てきたのかとか趣味が見えてきて非常に楽しい。それは東映ヤクザ映画だったりマカロニウエスタンだったり香港カンフー映画だったりｅｔｃ。映画を観終わって思った。**タランティーノとお友達になりたい。**

追記　これは、沖縄市青年団協議会の方から聞いたのだが、「ＫＩＬＬ　ＢＩＬＬ」撮影前にタランティーノが来沖し、北谷の寿司屋を訪れたというが、本当だろうか？　その店には、サイン色紙まであるという話だ。ご存知の方は、ご一報をお願いします。

チャチャチャのリズムでむんじゅるを踊る百踏

「旗本退屈男・謎の幽霊船」

監督　松田定次

きっかけは、去年ネットで知り合った方から、寄贈して頂いた本だった。その本**「松田定次の東映時代劇」**（ワイズ出版）に出合わなければ、この原稿を書く事は、無かったかもしれない。この本は、東映の看板監督の一人で、「旗本退屈男」シリーズを撮った松田定次氏の評伝で、これが実に面白い。著者の松田監督への思いと、映画の黄金時代の雰囲気が伝わってくる名著である。**ちなみに松田定次監督は、同じ東映の監督マキノ雅弘氏の母親違いの兄弟で、アクターズスクールのマキノ校長の伯父にあたる。**

さて、名著「松田定次の東映時代劇」の中に、「旗本退屈男　謎の幽霊船」は琉球が舞台という記述があった。これは調査せねば！

翌日からヒマを見ては、レンタルビデオ屋周りが始まったが、見つからない日々が延々と続いた。〝もはや購入しかないのか〟とあきらめていた矢先。外回りの途中出来たばかりのレンタルビデオ屋を発見。あまり、期待せずに入り、時代劇のコーナーに行き、ビデオ棚に、目を走らせると…あった！　即レンタル。その衝撃の内容とは…。

琉球からの貢物を載せた船が、薩摩に到着。薩摩の城下町を練り歩く、琉球使節の行列。行列の中には、琉装で踊る女性が数名混じっている。女性がいるだけでもすごいが、使節団のコスチュームも、中国色が非常に強い。当時の江戸上りが中国風だったのは分かるが、それとは全く違う、使節団のコスチュームであった。

行列を眺める野次馬の群れの中に、編笠を被った主人公・早乙女主水之介の姿が。

琉球の使者は、島津公と会見し、王位継承の件を具申しようとする。その後、貢物の箱の中から、女性が出てきて、直訴状を渡そうとして、琉球の使者の一人に殺される。

その後、薩摩の筆頭家老・平田監物の屋敷を訪れた、琉球の人間も殺される。この人間は、琉球で王子の面倒を見ている平田監物の娘が使わした使者で、何かを伝える前に、首筋に吹き矢を受けて死亡。**ちなみに、この吹き矢は、ハブ毒が塗られているという設定だった。**

そして、いつも都合のいいときに、タイミング良く現れる、早乙女主水之介。琉球の王位継承に、胡散臭い動きがあると感じた主水之介は、仲間と琉球へ向かう。薩摩藩筆頭家老・平田監物も不審なものを感じ、次席家老・大迫庄左衛門と共に、琉球へ向かう。

琉球で彼らを待ち受けていたものは、王位奪取を虎視眈々と狙う、王家の一族の陰謀であった。**ちなみに、その王家の一族の名は、阿麻和利。**さらには、首里城下で評判の踊り子で、早乙女主水之介に協力する、**百踏（ももと）という女性も登場する。**

作品を鑑賞する限りでは、沖縄の歴史に登場する人物とは、何の関係も無さそうだ。すさまじいのは、阿麻和利の邸宅（勝連城址かどうかは、不明。中国の富豪の屋敷にしか見えない。ラスト近くでの、早乙女主水之介との大立ち回りから判断すると、高台に建っていないのは間違いない）で、大迫庄左衛門を接待する際の、百踏の踊りである。

バックに踊り子を従え、琉装で軽快に踊る百踏。バックの踊り子たちは、鼓を肩に乗せ、叩きながら踊る。曲は「むんじゅる」、しかも、チャチャチャのリズム。バック演奏には、間違いなくドラム、サックス、エレキギター等が、使われている。（ちなみに、地謡は一切登場しない）

他にも、時代考証を無視した、ツッコミどころ満載の部分がたくさんあるが、不思議と、「ベストキッド2」のように、怒りを感じる事無く、一気に鑑賞してしまった。

おそらくこれは、主人公・早乙女主水之介のかっこよさと、彼をとことんまで引き立てる映画作りをしている、松田監督の力量の賜物だと思う。展開があらかじめ分かりきっているのに、観せてしまうのはすごい。ツッコミどころ満載であろうが、ご都合主義だろうが、矛盾が多かろうが、時代考証が滅茶苦茶だろうが、セットが全然沖縄らしくなかろうが、**タイトルが「謎の幽霊船」なのに、幽霊船が一切登場しない**のも、主人公が約5回も派手な衣装で登場し、派手な斬り合いを演じても汗ひとつかかず、一滴も返り血も浴びず、綺麗なまんまなのも、「旗本退屈男ワールド」の中では些細な事だ。これぞまさしく娯楽映画の王道。

旗本退屈男には、現在の時代劇でも使われている要素が詰まっている。一例として、主人公の身分が、相手に対する最終的な切り札になる点等。今の「水戸黄門」「遠山の金さん」「暴れん坊将軍」等のルーツとも考えられる。別項で取り上げげた、「時代劇に見る沖縄」で紹介した作品群の源流がここにある。

松田監督の下で、助監督として修行を積んだ方に平山亨氏がいる。平山氏は、後に仮面ライダーシリーズのプロデューサーとなる方である。八手三郎のペンネームで、特撮ヒーロードラマのシナリオを書いてもいる。平山氏は、主人公がどれだけ激しい立ち回りをしても、汗もかかず髪も乱れないというリアリティーの無さに「髪ぐらい乱したほうがいいんじゃないですか」と言ったところ、松田監督曰く。

「浅草東映の客さんに見せるんやで。浅草東映のお客さんに受けなんだら、東映はあかんのやで」（「松田定次と東映時代劇」より）

「ＫＩＬＬ　ＢＩＬＬ」の項でも書いたが、東映のテイストは海を渡り、クエンティン・タランティーノに受け継がれた。日本では、助監督を務めた平山亨氏に受け継がれ、特撮の世界に息づいている。

松田監督の甥子さんのマキノ正幸氏は、沖縄でアクターズスクールを開校し、９０年代から沖縄出身アイドルの隆盛を築いた。

そして「旗本退屈男」が無ければ、永井豪の「あばしり一家」と並ぶ傑作、「ガクエン退屈男」も生まれなかった。（両作品とも、その内容の過激さゆえに、復刻されていない）

松田定次監督、偉大なり。

追記　小学生の頃に、この作品を観たという５０代の方と、飲む機会があった。その方曰く。「ショックは大きかった」

フーテンの寅さん、沖縄を行く

「男はつらいよ　寅次郎ハイビスカスの花」

監督　山田洋次

渥美清演じる、フーテンの寅さんこと、車寅次郎が主役の「男はつらいよシリーズ」は、1969年8月公開の第1作から、1995年公開48作「寅次郎紅の花」まで、国民的映画として、絶大なる人気を博した、山田洋次監督のヒット作である。

今挙げた「男はつらいよシリーズ」は、映画版である。実は、映画版の前に、1968年10月から1969年3月まで放映された、テレビ版が存在する。私も、特番で紹介されたものを、断片的に診た事があるのみで、その詳細については、よく分からなかった。知っている事といえば、テレビ版の寅さんは最終回、南の島で、ハブに咬まれて死んでしまうという事くらいだった。その後、見聞した様々な資料によれば、その最終回での唐突な寅さんの死がファンの怒りを買い、抗議が殺到、映画で生き返らせる事になったらしい。

さて、テレビ版で寅さんは、南の島でハブに咬まれて死んだとされているが、仲間内で、寅さんが命を落とした南の島について、沖縄説と奄美大島説に別れて、激論になっていた。私は、その真偽を、いつの日か確認したいと考えていたが、適切な資料が見つからないまま、月日は流れていった。

さて、最近は大抵の情報は、ネットで探すことが出来る。万能とは言い切れないが、ネットで検索したところ、奄美大島説の方が圧倒的に多かった。おそらく、奄美で間違いは無いだろうが、是非一度、映像を観てみたい。そう思い、レンタルビデオ屋を次から次へと彷徨っていたら、**那覇の「ビデオ1」で発見。ここは、「男はつらいよテレビ版」の他、「赤い衝撃」、「流星人間ゾーン」、「博徒外人部隊」等、別項で取り上げた作品が置かれていて、大変重宝しているレンタルビデオ屋の一つでもある。**

レンタルした「男はつらいよ　テレビ版」は、第1話と最終回が、収録されていた。わくわくする気持ちを抑えながら、家路を急ぐ。さあ、これで沖縄説か、奄美大島説か、その真偽がこれで判明するぞ。ビデオデッキに、テープを入れる。再生。

……**結論から言うと、寅さんが天に召された地は、奄美大島だった。**大阪で、腹違いの弟（演じるは佐藤蛾次郎。この頃はアフロヘアではなく、鉄兜のようなヘアスタイル）と再会した寅さんは、二人で奄美大島へ。奄美でハブを捕獲して、一儲けしようという魂胆であった。そして、奄美の森で、ハブに咬まれて、命を落とすのである。

奄美大島説で間違いないのは、少し残念であったが、新たな発見もあった。第1話で、妹のさくら（演じるのは、倍賞千恵子ではなく、長山藍子。これがまた、若くて可愛いんだ）が、彼氏と喫茶店で会話するシーンがある。その会話中、兄（寅次郎）は全国を渡り歩いていて、沖縄に行った事もあると、語ってた。おそらくは、その会話と最終回がごっちゃになって、沖縄説が発生したのかもしれない。

さて、１９６９年3月に、テレビ版で寅さんが、ハブに咬まれて天に召され、同年8月に映画で蘇って１１年後、寅さんは、沖縄を訪れている。シリーズ第２５作、**「寅次郎ハイビスカスの花」**である。

小学館から、廉価版コミックスとして出版された漫画版〈というのがあるのである〉と対比させながら、紹介していこう。

先ず映画では、江戸の世で、ねずみ小僧に扮して、活躍する寅次郎の夢でオープニング、寅次郎が目覚めてから、タイトルロール。撮影協力は沖縄県、沖縄県観光連盟、琉球映画貿易。

漫画版では、大きな劇場で、リサイタルを開く、リリーの夢からスタート。場所は、アメリカと思われる。客席には、外国人に混じり、さくらやヒロシ一家をはじめ、おなじみの顔ぶれも。突然舞台に現れ、リリーに花束を渡す寅さん。「お祭りマンボ」をリクエスト。目覚めると、そこは沖縄のうらぶれたキャバレー、ブルーハワイの楽屋裏。店長にいやらしい目に遭うところを、寅さんから貰った護身用ナイフで撃退したはいいが、海の近くのウージ畑をとぼとぼ歩いていると、キャバレーのお客で彼女のファンという青年、高志に助けられる。

映画に戻る。タコ社長から頼まれて、小岩のキャバレーへ、広告チラシを届けに来たヒロシ（寅次郎の腹違いの妹さくらの旦那）。そこで、リリーとばったり会う。寅さんによろしく、と言ってキャバレーハリウッドに向かうリリー。その日、偶然にも、とらやに寅さんから電話。リリーに会った事を伝えるヒロシ。

1ヵ月後、さくらとヒロシ一家と、おじおば夫婦は、**とらや（漫画版では、くるまや）**を臨時休業にして、水元公園へ菖蒲見物に行こうとするが、そこへ寅次郎と鉢合わせ。同時に届いた、リリーからの速達。自分に黙って、水元公園へ行こうとしたことで機嫌を損ね、怒りまくる寅次郎。私はこのシーンを観ただけで、身近に寅さんがいたら、近づきたくないなと思った。

リリーからの手紙が、自分宛のものと知って、さくらに手紙を朗読させる、寅次郎（自分で読め！　文盲か、お前は）。内容は、リリーは、沖縄の那覇市の病院で入院中で、死ぬ前に、寅さんに会いたいとの事。リリーの身を心配した寅さんは、沖縄へ早く着くにはどうすればいいか、周りの人間に聞くが、飛行機が一番早いと聞いた途端、行くのを嫌がり、またまた周囲を困らせる。ついには、御前様まで引っ張り出し、説得が試みられる。御前様の説得に折れ、さくら夫婦から旅費を出して貰い、羽田空港まで来た途端、また乗りたくないと、ダダをこねる寅さん。説得を試みる、ヒロシとさくら。通りかかったスチュワーデスの皆さんから

「私達毎日乗ってるんですよ」

と言われ、やっと飛行機に乗る寅さん。やはり、私は寅さんとは関わりたくない。身近にいたら、疲れるだろうな。**さくらとヒロシ夫婦も、もし毎日寅さんと過ごしていたら、体を壊していると思う。**

飛行機は、那覇空港に到着。寅さんは、スチュワーデス二人に両脇を抱えられながら沖縄の土を踏む。車イスでバス乗り場まで連れて行ってもらう。そこからバスで、リリーのいる病院へ向かう寅さん。**ちなみに、寅さんが沖縄に来て、初めて乗ったバスは、銀バスだった。(漫画版では桃山バス)**

病院へ到着し、リリーのいる病室へと、急ぐ寅さん。リリーの向かいのベッドへ行き。そこに横たわる老婆を見て、

「リリー、どうしてお前そんなにシワクチャになっちゃって…。それじゃ道ですれ違ったって分からねえじゃねえか」

と、見事なボケを見せる寅さん。

リリーと間違えられた老婆（演じるのは伊舎堂正子）は

「兄さん、ワンネーアランドー。リリーさんはあっちですよ」

と、向かいを指差す。

やっとリリーと再会する寅さんであった。

映画で、リリーを担当する内科の医者の知念先生を演じるのは、津嘉山正種。口ひげに眼鏡

の端正な顔立ちであるが、漫画版では、アゴヒゲに眼鏡で、頭はスキンヘッドの不細工顔。

周囲がうらやむほど、甲斐甲斐しく、見舞いに訪れ、看病する寅さん。それに応えるかのように、健康を回復していくリリー。リリーの入院中は、ホテル入船（瓦屋根の2階建ての建物）で宿泊し、平和通りで商売に精を出していたが、リリーが退院すると、本部町の民家を借りて、同棲生活を始める。**民家の家主は、国頭フミ**（演じるのは間好子）で、息子の高志と娘の富子がいる。漫画版では、前述したように、オープニングで登場する高志青年であるが、映画ではここからが初登場だ。高志青年は、江藤純が演じている。**でも、映画のお約束とはいえ、間好子がウミンチュをやるのは無理があるような…。いくら、沖縄のオバーが元気だからといっても、サバニを操らせてはいかんだろう。**

同棲生活を始めたはいいが、ふとした誤解から生じた喧嘩や、リリーを慕う高志の思い、寅さんが親しくなった海洋博記念公園で働く女性へのリリーさんのジェラシー等が絡み（この辺の流れは、映画版と漫画版では、多少異なっているので、興味のある方は、じっくり両方を鑑賞して欲しい）、同棲生活は終わりを告げる。

リリーは本土に帰り、寅さんは本部町の港から出ている連絡船に乗り込み、船長に「東京へ連れていけ」と無理難題を要求。やはり、身近にいたら、関わりたくない。

場面は変わり、東京葛飾。行倒れが出たと騒ぐ、葛飾の町。その声を聞きながら、寅さんの噂に花が咲く、とらやの面々。人の声が大きくなる。タコ社長登場。彼は語る。「行倒れは寅さんだった」と。

とらやに運ばれてくる、担架に乗せられた寅さん。

寅さんは、沖縄から船で、島伝いに鹿児島にたどり着き、後は汽車を乗りついで、東京を目指して北上、3日3晩飲まず食わずで、旅の疲労と栄養失調状態で、東京葛西のとらやへ到着。その後、驚異的な回復力を見せる。葛飾でもリリーと再会するが、引っ付きそうで引っ付かず、それぞれ旅に出る二人。旅先で再会するところで、エンドマーク。

葛飾で再会した寅さんとリリーの会話で、二人が食した沖縄料理が紹介されている。映画では、ゴーヤーチャンプルーと、ミミガーの刺身の二品のみであったが、漫画版では、この二品に加えて、フーチバージューシーと、ジーマーミー豆腐に舌鼓を打った、と描かれている。

寅さんの行動についていけないものを感じたり、リリーとの関係に対してイラつくものを感じるのは、私が、寅さんファンではないからだろう。

大学時代の友人を訪ねて、本土に行った時の事。友人と彼お勧めの焼き鳥屋に入り、再会を祝して、学生時代に戻って、大いに飲んだ。メンバーは、私を入れて三人。ふと、カウンターに目を向ける。そこでは、お客さん達が、店のおかみさんと、熱心にテレビに見入っていた。放映されていたのは、「男はつらいよ」。おかみさんとお客さんは、寅さんの魅力を熱く語る。

だが、彼らの、寅さんへの熱い思いとは反対に、我々がテレビに映る寅さんを見て思い浮かんだのは、自己中心的な嫌われ者の同級生だった。寅さんの言動のどれを取っても、彼とダブるのだ。

私は思わず

「寅さんって××（嫌われ者の同級生）みたいだよなあ」

とつぶやくと、友人達は同意し、寅さんが身近にいたら困る、という点で一致した。

私には、寅さんワールドは、理解できそうにない。

追記　２００５年４月１０日に閉館した琉映シネコンが最後に上映したのが、この「寅次郎ハイビスカスの花」であった。

ハマちゃん、君は一体何しに来たんだ
「釣りバカ日誌イレブン」

監督　本木克英

ビッグコミックオリジナル連載の、長寿漫画の一つである。2005年時点で、連載も25年を超えるのでは。釣りバカのダメ社員、浜崎伝助が巻き起こす、ドタバタギャグサラリーマン漫画（作　やまさき十三　画　北見けんいち）。主人公・浜崎伝助（通称ハマちゃん）は、鈴木建設営業部所属のサラリーマンであるが、出世への興味も、生活設計も無い、釣り本位制男。仕事よりも釣り。釣りの為なら、身内が死んだ事にしてでも、会社を休んで釣り場へ。有給休暇も使い果たしている。賃金カットもどこ吹く風、左遷先で釣りが出来れば大喜び、島流しなら万々歳。〝月給泥棒〟という言葉が、これほど似合う人間もいない。これだけ好き勝手に、我儘放題会社の業務を無視して行動しているのにクビにならないのは、いくら漫画のお約束とはいえ、許されるのか。そのダメ社員ぶりは、テレビ時代劇「水戸黄門」のうっかり八兵衛に匹敵する。

この漫画のもう一つの特徴は、鈴木建設の社長・鈴木一之助（通称スーさん）と、主人公・ハマちゃんが釣り仲間で、釣りの腕前はハマちゃんの方が上で、スーさんは釣りに関しては、ハマちゃんの弟子になる点だ。この辺も、ダメ社員ハマちゃんが、クビにならない一因になっている。

10年近く前、北野誠と竹内義和の「サイキック青年団」で、うっかり八兵衛と黄門様との間にホモ説が浮上した事があったが、浜崎と鈴木社長もひょっとして…。

話を戻そう。この漫画は西田敏行主演で映画化されシリーズ化もされている。渥美清が故人となり「フーテンの寅さん」の続編はもはや絶望的な中、「釣りバカ日誌」は松竹のドル箱的存在であろう。

その「釣りバカ日誌」シリーズの映画版十一作目が、沖縄ロケなのだ。一度、ビデオチェックして観た感想は、〝こんな奴が現実にいたら、絶対近づきたくない〟であった。「こち亀」の両津勘吉と、「男はつらいよ」の車寅次郎のようなものである。身近にいたら、こいつらのペースに振りまわされて、こちらが疲れる。

沖縄ロケ作品を紹介しよう。タイトルは、**「釣りバカ日誌イレブン」**。2000年製作。

平成不況の中、鈴木建設の業績も、景気を反映してか、順調ではなかった。そんな状況の鈴木建設をどうするべきか？ 社長スーさんの、悩みは尽きない。鈴木建設の社員達は、リストラに怯える日々。主人公ハマちゃんを除いては。

そのハマちゃんは、映画のオープニングから、沖での朝釣りで、港から直接、会社に出勤し、全身に魚臭さを漂わせて、社内で業務に従事したり（ほとんど、仕事をしているところは、見た事がない）と、釣り第一主義に生きている。

釣り仲間の船頭からも、最低賃金で、この先どうやって家族を養っていくんだ？ 子供の養育費も今後出てくるのに、どうするんだ？ と説教を喰らっても、子供が中学を出たら、進学させずに釣りを教えて、自分は釣り道の家元になり、子供を二代目にするとか、訳の分からない事を言って、反論するハマちゃん。漫画キャラに、勝るとも劣らぬ、ダメぶりを見せつける。

映画がスタートして1時間くらいは、このような東京でのハマちゃんのマイペースぶりと、同じ営業部に勤務するＯＬ（桜井幸子）と、資材部勤務するハマちゃんの釣りの弟子（村田雄浩）との、ウサギ騒動が展開される。

騒動の顛末はこうだ。縁日で買ったウサギが大きくなって面倒を見れなくなり、マンションの管理人からも苦情が来た桜井幸子。彼女から、ウサギの里親を探して欲しいと頼まれたハマちゃんは、資材部の釣り弟子・村田雄浩に話を持っていく。桜井から、ウサギを譲り受けた村田は、そのまま群馬の田舎に帰る。後日、花束を持って、営業部に挨拶に来た村田。ウサギのその後を尋ねる桜井。ニコニコしながら、村田は語る。

「食べちゃいました」

桜井ショックで倒れ、救急車まで来る騒ぎとなる。責任を感じた村田は、転勤願いを出し、沖縄へ。その村田から、沖縄で釣りを楽しんでいるとの手紙が届き、沖縄へ行きたくなるハマちゃん。有給も使い果たし、すでに親戚を全て殺して、休暇をとっているハマちゃんは、あの手この手で休暇をとる方法を、社内業務規定とにらめっこしながら考えていた。お約束とはいえ、こういう事に使う頭を、少しでも仕事に向けていれば…。

タイミング良く社長の沖縄出張の話が出て、釣りのうまい人間を同行させるようにとのお達しが出て、ハマちゃんに白羽の矢が。喜び勇んで、同行するハマちゃん。

沖縄到着。クルーザーの上。会社経営で悩む社長スーさんと、能天気に釣りを楽しむハマちゃん。ちなみに飲んでいるのはオリオンビール。

場面変わり、ホテル。那覇東急ホテルと思われる。夕方、スーさんは背広姿でビシっと決めているのに、ハマちゃんはアロハに短パン。もうすぐ、**沖縄の津嘉山**さんという方が来て、社長と食事をする事になっているのだが、ハマちゃんは同行を拒否。その様子は、ダダをこねるガキのようだ。その際のセリフもすごい。

「私は、料理屋でのご接待なんて、全く興味はございませんので、慎んでお断り申し上げます」

社長スーさんも、さすがに怒り、強い調子で、**「ハマちゃん、君は一体何しに来たんだ。この沖縄へ!」**と怒鳴るが、ハマちゃんは、当たり

前のような顔で、

「釣りしに来たんだよ。何か文句でもあんの?」

平然と言い放つ。

ダレた表情のスーさんは一言、「もういい。しかしねハマちゃん、玄関までお見送りしなさいよ」と言うのが精一杯であった。

社長を送り出し、沖縄出張所にいる村田に電話。その時に、ウリヒャーデージナトーンというセリフが飛び出す。村田と飲みに繰り出す。タクシーの中の津嘉山氏(演じるは北村三郎)とスーさん。津嘉山氏は尋ねる。

「あの~浜崎さんという人、本当に社員ですか?」

ウチナーンチュから見ても、ダメぶりが伝わったらしい。

その後、スーさんとハマちゃんは、沖縄では別行動をとる。

ハマちゃんは、村田と民謡酒場で、飲めや歌えの大騒ぎを演じた翌日、村田の中古サバニで、海へ繰り出し、釣りに興じる。**その時のハマちゃんは、クバ笠を被り、エイサーに登場するようなチョンダラー姿。**シイラやカツオを釣り上げて、大喜びするのも束の間、その後、大雨に見舞われ、サバニも動かなくなり遭難、無人島に打ち上げられる。

ちなみに、打ち上げられた無人島は久米島にあり、ハマちゃんらが出発した港は、町並みから見ると、本島北部方面である。素人二人の操縦とはいえ、あれだけの距離を移動するとは。

スーさんは、前日自分達を乗せてくれた、タクシーの運転手を指名して、平和の礎、海洋博記念公園を訪れる。

ちなみに、運転手を演じるのは余貴美子、社員6人の小さなタクシー会社社長、という設定である。そして、タクシー会社の名は、三和交通。三和交通といえば、沖縄では最大手のタクシー会社である。映画で使われているのも、同じ車だ。まあ、映画だからいいだろう。

その後、女社長の実家で、ソーキソバをご馳走になり、那覇空港まで送ってもらう。

ハマちゃんとスーさんの行動が、交互に映し出されながら、物語は進んでいく。スーさんが東京に戻り、今後の会社の方針について考えている間、ハマちゃんは、沖縄の無人島で遭難していたところを船（乗組員がジョニー宜野湾）に発見され、無事救出される。

ちなみに、助け出されて到着した港は、やはり本部の漁港である。背後に本部大橋もあるし。久米島の無人島からわざわざあんなところまで…ご苦労さん。

入院した後、後輩村田の看病もあり、スーさんより4日余計に沖縄滞在。どう考えても、クビになっておかしくないが、お約束通り、無事クビはつながって終わる。鈴木建設といい、「美味しんぼ」で富井副部長を働かせている東西新聞社といい、あんな寄生虫共をたからせても平気なくらい会社には体力があるんだろうな。**私も就職したい。**

映画「釣りバカ日誌イレブン」が上映されてから2年後、ビッグコミックオリジナル連載の漫画版「釣りバカ日誌」で、ハマちゃんは沖縄を訪れていた。単行本58集**「キハダマグロの巻」**によると、訪れた先は、沖縄の南の南、さらに南の、石垣島から出発して一昼夜かかる、**〝沖のカモメ島〟**。小さなサンゴ礁で、面積も畳三畳分くらいしかない。だが、日本の経済水域としての価値は、日本の最南端・沖の鳥島に匹敵する。

この〝沖のカモメ島〟を、波の浸食で崩れてしまわないように、補強する仕事で訪れているのだが、海の中の魚にしか目が行かない、相変わらずのノリのハマちゃん。潜ってみると、島の下の方は、波の浸食で、大分削られている。そうとは知らずに、島の上に乗ってしまう、上司の佐々木課長。彼の体重で、島は崩れ、沈む。さあどうする。

その後、紆余曲折を経て、社長スーさんが、視察に来る事になった。そこで、ハマちゃんと佐々木課長達は、一計というか、悪知恵を働かせる。沈んだ島をクレーンで引き上げて、もとの場所に置いて、下の方を丸太で一時的に補強し、その上で、社長に釣りをさせたのだ。何も知らない社長が、釣りを始めると、強い引きが。食いついたのはシイラ。シイラとの格闘に我を忘れているうちに、島は再び沈んでしまう。今度は相当深いところまで沈んでしまい、引き上げる事は不可能である。責任を感じ、引責辞任しようか、とまで落ち込む社長。大の大人が集まって、ババ抜きのような、責任のなすりつけ合いに興じているのだ。大丈夫か？ 鈴木建設。

夜、釣ったシイラを肴に、船上で酒盛り。全員寝静まる。夢の中に海の神様が現れ、金の岩、銀の岩、普通の岩をハマちゃん、佐々木課長、社長の三人に見せて、「沈めたのはどの岩？ 正直に答えたら助けてあげる」という童話「金の斧銀の斧」のような展開に。ハマちゃんが、正直に普通の岩と答えて、神様が「正解」と言って夢から覚める。

船上のハマちゃん達は寝ていて気づかなかったが、その夜地震が起きていた。その影響か〝沖のカモメ島〟のあった場所が隆起し、最初とは比べ物にならない、大きな島になっていた。ハマちゃん達の船は、その島の上に乗っていたというオチ。ラストページにも「沖のカモメ島に奇跡が起きた」で締めている。

沖の鳥島で起こったら、面白いのだが。

所詮、イングワーはイングワー

「マリリンに逢いたい」

監督　すずきじゅんいち

1988年製作の松竹映画。これは、当時ワイドショーで話題となっていた、阿嘉島在住の犬シロが海を泳いで、座間味島に住む雌犬マリリンに会いに行くエピソードを元にしている。当時のバブリーな雰囲気も、ところどころに感じられ、あの頃の空気を知るには、史料価値のある作品かもしれない。

　加藤昌也演じる主人公は、6年間の東京暮らしを終え、島に帰り、民宿経営を決意。通りかかったゴミ捨て場の箱の中に閉じ込められた子犬（後のシロ）と出会う。その子犬を連れて、島に帰る主人公。島を離れ、東京で怪しい商売に精を出すが、結局失敗して島に戻り、主人公の民宿を手伝う兄。（演じるのは三浦友和）実は、兄は民宿を繁盛させることで、借金返済を目論んでいる。一度、観光でやって来て、望まぬ結婚を前に、再び島を訪れた、カメラマンの女性。（演じるのは安田成美）

　彼ら、三者三様の思いが絡み、物語が進行していく中で、シロがマリリンに会いに、海を渡るエピソードが入ってくる。

　この作品は、結構豪華キャストである。まず、「ちゅらさん」でオバー役を演じた、平良トミさんが島のお年寄り役で登場、島の役場職員兼主人公の友人という役で、嶋大輔も出演。主人公の母親役に春川ますみ、主人公の幼馴染の女子高生の父親役で、マリリンが住む民宿経営者を演じるのが、河原崎長一郎。**驚いたのは、シロが野犬に襲われた際に、治療する獣医役が、鈴木清順だった事だ。**鈴木健二の兄でもあり、数々の名作を作った名監督がこんなところに…。**まあ、この人は東映不思議少女シリーズ「美少女仮面ポワトリン」で、主人公・花島優子に、ポワトリンに変身する能力を与える神様役を演じたくらいだからなあ。**

　今では、Vシネでの活躍が多い加藤昌也（現在は雅也）が、この作品で、純朴でさわやかな青年を演じていたのが、意外でもあった。Vシネの「実録広島四代目」の主人公とは結びつかない。

まあ、突っ込みどころ満載ではあるが、今作品でも、**ウチナーロは語尾に「サー」を付けている。「語尾にサー」は、映画で本土の役者がウチナーロを使う際の定番になっているのかもしれない。**

主人公が、島に戻って建てた民宿。沖縄に住んでいる人間としては、どう見ても、台風対策がなされているように見えない。映画が始まって、1時間20分くらい経過したところで、主人公の兄の火の不始末で、全焼してしまう。**台風対策どころか、防火対策もなされてなかったのだ。**

最後近くで、マリリンは不治の病で亡くなり、座間味島の丘の上の、マリリンの墓で、悲しげに鳴くシロ。

マリリンの死という悲劇を経ながら、ヒロイン・安田成美と、主人公・加藤昌也の恋愛模様は如何に？ というラストに進んでいく。

マリリンの死とシロの悲しみを、一生懸命表現しようと試みたのが、作品から強く感じられる。**だが、どれだけこの2匹のエピソードを、美談仕立てで演出しようが、私は覚えている。当時ワイドショーで紹介された映像で、座間味島に上陸したシロが、マリリン以外の雌犬と交尾していたのを。**その時のレポーターのフォローが、空回りしていたのも、楽しい思い出だ。

どれだけ、美しいラブストーリーとして、飾り立て強調しようが、**〝所詮、イングヮーはイングヮー〟**である。

追記　「マリリンに逢いたい」のマンガを古本屋で発見した（世界文化社）。作画の本庄敬氏は、この後に集英社で「ＳＥＥＤ」を描いた方である。この時の画は荒削りだ。一方、原作は去年自殺してしまった野沢尚氏。映画の脚本も担当しているので、ストーリーはほとんど同じである。

第三章 漫画に見る味わい深い沖縄　ぶっとび編

本章では、第一章で紹介した、漫画作品の範疇に収まらない、荒唐無稽でぶっ飛んだ作品を主に紹介する。多くは、マイナーなものが多く、破綻した作品も多い。そこで描かれる沖縄ときたら…。ヤクザ漫画も本章では結構な数を占めているが、前章で取り上げたヤクザ映画と、相互に影響を与えあっている様に思える。泣ける名作も入っているが、基準はあくまで、私の独断と偏見なので、ツッコミはお許し願いたい。

○野球漫画に見るぶっとび沖縄編

それは「アストロ球団」から始まった

「アストロ球団」

遠崎　史朗　原作　中島　徳博　作画

集英社

©中島徳博/集英社

「アストロ球団」、１９７０年代に、週刊少年ジャンプに連載された、ぶっ飛び野球漫画。

ストーリーは、第二次大戦の頃、フィリピンで戦死した巨人軍の名投手、沢村栄治の魂が九つに分かれ、ボール型の痣を持つ九人の若者に転生。九人の若者達は、アストロ球団を結成し、プロ野球界に挑戦状を叩きつけるというもの。試合描写のオーバーさや、ストーリー展開のとんでもなさは、典型的な少年ジャンプの漫画であり、その部分を語るだけでも、本が一冊できるし、それについて触れた書籍やＨＰも、いくつか存在する。

だが、私が突っ込みたいのは、彼らのライバルとして登場する、知念なる人物である。どう考えても、どう見てもウチナー苗字だし、作品中でも、沖縄出身と明記されているのだが、彼のしゃべる言葉が、どう考えても九州弁なのだ。

まずは、集英社ジャンプコミックセレクション「アストロ球団」、第2巻151ページの描写を紹介する。

舞台は沖縄の漁村。海の沖の、波の荒い場所で、小舟（サバニではない）を浮かべて、船上でバットを片手で振り回したり、飛び上がったりする青年。ハタから見たら、どう考えても、〝危ない奴〟にしか見えない、こいつが知念なのだ。

彼は、この荒波の中の意味不明の特訓で身につけた、〝片手片足打法〟なる必殺技で、日本のプロ野球界にデビューするという、無謀としか言いようのない野望を持っていたのである。

次に、問題の彼のセリフを、いくつか紹介する。

特訓中、波に向かって、バットを振りながら、

〝チェストー！〟と叫ぶ知念（薩摩示現流か、お前は）

「みちょってくれーっ。かあちゃん」（それを言うなら、インチョーキヨー。アンマーだと思う）

「おいはやっどーっ！」（これまた、それを言うなら、ワンネースンドー！だと思う）

大体、生粋のウチナーンチュであれば、自分の事を〝ワン〟ではなく、〝おい〟と呼ぶのからして変だ。こういう、しゃべりをするのは、知念のみなのか？　もしそうであれば、彼は、幼い時期を、本土で過ごしたという理由が成り立つ。だが、しかし…。

次に、163ページの村人達、子供達、そして知念のセリフを紹介する。

村人Ａ「シケの中、船をこぎだしては棒をふりまわして、きみょうなこつばやっちょる」

村人Ｂ「いったい、なにをかんがえちょるのか」

子供達「あんちゃん、手品をみせっくれー」

知念「よかか！石を順々に投げるんだぞ！手品

の打法だ！よう、みちょけよー！」

と言って、子供達に石を投げさせて、その石を、一つ一つ、子供達に打ち返してみせる知念。子供達「わっぜぇか（ものすごい）もんじゃっど」「あんちゃんな、いつのまにこげなワザを！？」

私は断言する。クッターガ、アビトーシェー、ウチナーグチェーアラン！沖縄に生まれ育って、40年余るが、〃わっぜぇか〃なんて言葉知らねえよ！〃デージ〃なら理解できるけど。

おそらく、作画担当の中島徳博は、知念というう、沖縄出身のキャラクターを設定したのはいいが、資料がなかった。そこで、自分が鹿児島出身なために、同じ九州圏内だから、あの辺の言葉で間に合わせて、別にかまわないだろうと、考えたに違いない。

小学中学生の頃は、その安直さに、怒りを感じたものだったが、今は、それを十分笑って、楽しむ事ができる。私も、大人になったものだ。

そして、このアストロ球団との出会いが、後の「漫画・映像・雑誌・書籍に見る味わいのある沖縄」研究のきっかけになったのだから、世の中はわからない。その意味では、記念すべき作品、ともいえるだろう。私の人生に影響を与えてくれた、アストロ球団に感謝である。ありがとう、作者の中島博徳さん。そして、知念にもありがとう。

その後知念は鳴り物入りで巨人に入団するが、その後はアストロ球団とロッテやビクトリーとの試合描写がメインになっていき、物語の中では活躍することなく姿を消す。

彼の片手片足打法は謎のままだ。

追記　アストロ球団が、今年2005年8月から、テレビ朝日で実写化された。知念は、登場するのだろうか?

沖縄が舞台になる意味がまったくない宇宙規模のぶっ飛び！

「愛星団徒」

松田一輝 著
集英社

©松田一輝/集英社

今まで私は、「アストロ球団」以上のぶっ飛び野球漫画は存在しないと思っていた。「アストロ球団」以後、どんなにぶちきれた野球漫画が出てこようと、アストロを越えるぶっ飛んだものは、絶対に出てこないと思っていた。だが、それが、とんでもない間違いだったと、思い知らされる。本項で取り上げる「愛星団徒」に出会う事によって…。世の中は広い。

物語は、宇宙空間から始まる。

宇宙空間を突き進む隕石。地球に突入した隕石は、いくつかに割れ…。

１８年後。野球のスカウトマンに追いかけられる青年。野球に興味が無いという、彼が投げる球は、川に向かって投げると、その風圧で、旧約聖書の「出エジプト記」の如く、水面が一直線に割れる。さらには、路上で、女性を人質に取っている暴漢のナイフをもつ手に向かってボールを投げると、風圧と摩擦でナイフを持っていた暴漢の手首から先が消えてしまうのだ。

この恐ろしい球を投げる男は、胸に星型の痣があった。彼の名は鷹王旭。彼はその後、スカウトマンに口説かれ、連敗チーム南武ジャガーズに入団、初登板で大活躍。投げた球は、時速１５６〜１５８キロ。だが、それだけの投球でも、彼は自分をセーブしていたのである。本気で投げると、球場の壁を突き抜けてしまう。従って、彼の本気球を取れる捕手がいない。

場面はかわり、ある相撲部屋。

そこの新弟子・砲丸大発が登場。おそらく、当時角界を騒がせていた小錦がモデルと思われる兄弟子とたちあい、得意の突っ張りで、休場するくらいの怪我を負わせてしまう。そんな彼は、頭に星型の痣があった。後に、主人公・鷹王の捕手となる。そして、星型の痣を持つ男たちが次々と現れ、鷹王の元に集ってくる。ここまでなら、アストロ球団と同じ展開であるが、単行本第3巻で、アストロ球団を超えた、ぶっ飛んだ展開を見せる。

場面はかわり、宇宙。

アストロン星では、緊急閣僚会議が開かれていた。宇宙を滅ぼす邪悪の気・ネブラなる存在が、アストロン星に迫っていたのである。今まで、ネブラと戦って、勝った星はない。アストロン星脱出か、ネブラと戦うか、議会は紛糾していた。そこに現れたユニバ占司教なる人物。

彼は語る。

「大宇宙をおさめし偉大なる永遠の神アウロアの聖典の中に次のようなことが記されております

邪悪の気が息を吹き返す時、
大宇宙の生ある
すべてのモノを狂わせ地獄に導かん

これは私の考えるところネブラの出現をさしているものと思われます」

動揺する、閣僚達。ユニバ占司教は、続ける。

「しかし最後の行にこうも記されております

大宇宙に神の子九つあり
初の生まれくる九つの生命ととけあい
5万の星の大地に誕生せし
来たる時九つの神の子一ツの巨星となり
邪悪の気に立ち向かうであろう」

この聖典の言葉に従い、アストロン星の人々は、九つの神の子を誕生させるために、九人の女性を選び、宇宙船に乗せ、5万光年離れた星に向かわせる。5万光年先に、宇宙船が突入した星は、地球だった。オープニングの隕石は、アストロンの宇宙船だったのである。172ページで説明が入る。

「鷹王をはじめ、9名の神の子、青い惑星地球に誕生す!!」

彼ら神の子は、ネブラと戦う定めを、背負わされている訳だ。考えてみると、迷惑な話ではある。**しかし、なぜ戦いの方法が野球なのか?**

説明が続く。

「宇宙が誕生したその時より神は宇宙憲章をおつくりになられた。

他惑星の侵略を受けた側は、全面戦争を避ける手段として双方の代表9名の戦士をたて、決闘による決着を選ぶことができる。

それに対し、侵略側は、その要求を拒むことは出来ず、その方法で、決着をつけなければならない。その決闘のことを、**コスミックファイ**

トと呼ぶ！！

この戦いで敗れた側は、無条件降伏をしなければならない。勝利者側は、いかなるすべての処置の権限が与えられ、破れた側は、その決定に従わなければならない

もし、その決定を不服とし、逆らった場合、大宇宙に君臨するすべての神々を敵にまわすだけではなく　死後の魂は、永遠の地獄をさまよい続けることになるであろう」

という訳で、なぜ野球なのかという説明は無く、単行本全巻を、隅々まで読んでも出てこない。その後、ネブラとの戦いのために、特訓にはげみ、成長著しい彼ら9人の戦士達に、あの手この手で、妨害工作をしかけるネブラ。意外と小心者なのか。

単行本6巻で、ネブラとの宇宙の平和を賭けた試合が始まる。その大事な試合の舞台は、沖縄諸島にぽっかり浮かぶ孤島。そこに球場があるのだ。解説がすごい。

「ご覧下さい。南海の孤島に、わずか一日で、後楽園球場の5倍という、バカデカイ球場が完成しています。

本来なら、絶対に不可能なわけでありますが、全国の土木建築関係者に、緊急指令を発し、見事に一夜球場を完成させた訳であります！！

尚、この戦いは、日本全国はもちろん、宇宙中継によって、全世界に実況中継されます。

すでに各国の首脳が、ＶＩＰ用に作られた、来賓席にお座りになっています！！

それにしても、ネブラの要求通りに作られた、この球場のなんと広いことか。

ピッチャーズマウンドから、ホームベースまで、なァ〜んと本来の5倍という、９２Ｍ（メートル）！！

ホームから一塁までは、１３７Ｍ（メートル）もあり、そしてなんと外野スタンドまでは、６００Ｍ（メートル）という、超特大のマンモス球場です」

これだけの球場が作れる孤島が、沖縄に存在するのか？　という疑問はさておいて、サミット以上に意味のある、地球だけではなく宇宙の危機がかかったイベントが、沖縄で催されたというのは、すごい。

ネブラとの試合は、当初、通常の野球の試合と、同じ内容であったが、だんだん野球漫画の範疇を超えていく。沖縄の孤島の特設球場という地上での試合から、**宇宙空間で浮かんだ状態で試合を展開していくのだ。**その後、野球から主人公・鷹王と、ネブラの代表が、宇宙で、お互いの投げる球をぶつけ合い、破壊力を競う内容に変質していく。

最終的には、宇宙の危機は回避されるのだが、この作品は、アストロ球団を超えた、ぶっ飛び野球漫画として、漫画界の歴史に記録されるべきだと思う。

山田太郎に敗れ去った沖縄の高校球児がいた
「ドカベン」

水島新司　著
秋田書店

©水島新司/秋田書店

漫画界において、**野球漫画といえば水島新司、水島新司といえば野球漫画**であろう。

そんな水島漫画には、名作も数多いが、最も親しまれたのは、「ドカベン」だろう。主人公のドカベンこと山田太郎と、彼とバッテリーを組むピッチャーの里中、悪球打ちの岩鬼、ピアニスト兼野球ではショートを守り、独特の打法が特徴の殿馬等、ユニークな登場人物で構成されているチームに、これまた個性的なライバルを交えて、物語は進行して行く。ドカベンが所属する横浜の明訓高校野球部は、甲子園優勝3回の常勝校である。甲子園で、多くのチームが、明訓の前に敗れ去って行った。

秋田書店発行「ドカベン」少年チャンピオンコミックス48巻、114ページで、準決勝、明訓は、**沖縄の石垣島高校**と対戦している。試合開始前、ドカベン・山田に、不敵な視線を送る石垣島高校ナイン。

「へえ〜いい体してるな。こやつが一億円男か」

「法外な値だぜ。まったく」

「今日で少し値打ちを落としてやるか」

等と、闘争心剥き出しの会話をする、彼ら。

試合開始。球場は、異常気象にみまわれる。石垣島並みの暑さになってしまうのだ。春の大会だというのに。暑さにバテバテになる明訓ナインに対し、水を得た魚のように活気づく石垣島ナイン。石垣島高校はバント攻撃で、エース里中を、暑さだけではなく、更にバテバテにしていく。かなり狡猾な連中である。最終回まで明訓を苦しめ、有利に試合を展開していった石垣島高校であったが、9回の裏、ドカベン・山田のさよならホームランの前に、敗れ去ってしまう（やっぱり……）。うなだれる**石垣島のエース具志拳**。（↑こんな苗字沖縄にいるのかなあ）

ちなみに次の決勝戦で、北海道のチームと対決するのだが、なんとその時には、甲子園に雪が降る。どうも、この時の甲子園での一連の試合は、やけに展開が速く、ぶっつけ仕事のようにも見える。作者の頭の中も、異常気象だったのだろうか？。

さらに、バックナンバーをまめにチェックしてみる。単行本第27巻、明訓が宿敵土佐丸高校と、2度目の死闘を繰り広げた、春の選抜大会。その大会に、**琉球高校が**、全国の出場校の中に、名を連ねている。続いて単行本第37巻、明訓が弁慶高校に初の敗北を喫する、夏の大会。そこでは、**セントコザハイスクール**が、沖縄代表として名を連ねている。

実は、この原稿を書いたのは、甲子園で沖縄尚学高校が優勝した時期であった。沖縄が優勝するに至るまで、多くの人たちの汗と努力があったのは、言うまでもない。

その一方で、現実の世界だけではなく、漫画というフィクションの世界でも、甲子園に出場し、常勝チームを苦しめた沖縄の高校があった事は取り上げてもいいと思い、私はキーボードを叩いたのだった。

野球選手というよりクールなギャンブラー・渡久地東亜
「ONE　OUTS」

甲斐谷忍 著
集英社

©甲斐谷忍/集英社

現時点（2002年5月）で、ビジネスジャンプ連載中の野球漫画。連載は1998年からスタートしている。

最初の舞台は沖縄。米兵の間で流行っている、〝ワンナウト〟という賭け事があった。場所は、風景描写から、おそらく北谷と思われる。

ワンナウト、それは、その名の通り、ピッチャーがバッターから、ワンナウトをとれるかどうかを争うゲームである。バッターは三振するか、打っても、インフィールドに打球をバウンドさせたら負け、それ以外はピッチャーの負けというルール。

そんなワンナウトで、一度も打たれた事の無いピッチャー、渡久地東亜がこの漫画の主人公である。

彼はワンナウトのピッチャーから、万年最下位チーム・リカオンズにスカウトされ、入団する。入団の条件は、一試合で1アウトをとれば500万円貰い、一点取られたら5000万円の負債を負う事。

そんな条件の中で、相手チームの選手や監督の心理や、他の要素を読みながら、巧みに試合を進めて、勝利を収めていく。

2005年6月時点で、渡久地は現役の投手を兼任しながら、リカオンズのオーナー就任。チームも勝利を続けている。

野球漫画として、画期的なのは、決して剛速球や、変化球魔球を投げない事。そして、態度がものすごくクールで、ふてぶてしい事。野球選手というよりも、ギャンブラーである。

別項で紹介する「美悪の華」の主人公・氷室聖人（金城正人）と並ぶ、今までにないタイプのウチナーンチュキャラである。

「俺たちは日本人のジャイアンツだ」と叫んだ嘉手納宗七

「影武者ジャイアンツ」

新宮正春 作　梅本さちお 画
報知新聞社

©梅本さちお/報知新聞社

この作品は、古本屋で偶然発見した。１９８１年報知新聞社発行、原作・新宮正春、作画・梅本さちお。梅本氏は、１９７０年代に「アパッチ野球軍」で、ヒットを飛ばした漫画家である。少年ジャンプ編集長を勧めた西村正彦氏が書いた「さらば我が青春の少年ジャンプ」（幻冬社文庫）という本がある。そのオープニングに、梅本氏のお通夜のエピソードがある。これは涙無くしては読めない。機会があれば、一読を勧める。

さて「影武者ジャイアンツ」である。主人公は、巨人軍にテスト生で入団し、現在二軍の**嘉手納宗七**と飯村勇司、共に２２歳。彼らは人並み外れた実力を持ちながら、それを表に出す事無く、地味な二軍暮らしに甘んじていた。実は、**嘉手納は沖縄トーデ（唐手）**、**飯村は古流剣術天然理心流の達人**で、彼らにとって二軍暮らしは、生活の安定の為であり、野球は余技でしかなかった。飯村は、歴史に名高い、幕末に京都で名を馳せた、新撰組の一番隊長、沖田総司の子孫。嘉手納は沖縄の石垣島出身。嘉手納の母は、幼い頃に亡くなり、物心ついた時には、父子家庭であった。野球は、父親から教えられたという。驚く事に、父親は高齢（おそらく６０

後半～70歳くらい）にも関わらず、現在でも時速140キロの球を投げるという。別項で取り上げた、ゴルゴ13に匹敵する体力の持ち主のこの父親、結構謎めいている。昭和19年の暮れ、石垣島沖を漂流中に、地元の漁師に救助された記憶喪失の男、それが嘉手納の父親であった。その過去については、単行本第二巻で明らかになる。

巨人軍では半端者扱いであったが、野球を余技としてしか見ていない彼らにとって周囲の目などどこ吹く風であった。だが、そんな彼らの素質を見抜いた男がいた。当時の巨人軍監督長島茂雄である。それから二人は昭和55年のペナントレースの途中から〝巨人軍の影武者〟として活躍する羽目になる。当時の広島カープとの試合で、衣笠等を手玉に取る活躍を見せるのだ。

だが、そんな二人に目をつけた、正体不明の謎の組織があった。小型のマイクロウェーブを使った衝撃波で、活躍を阻止しようとしたり、カンフーの達人に嘉手納を、フェンシングの達人に飯村を襲撃させたり。組織の正体は…。

その一方で二人を見出した長島は、23年慣れ親しんだ巨人軍のユニフォームを脱ぐ。秋のオープン戦は、後任の新監督藤田と、王助監督を中心に動いて行き、ドラフト一位の原入団と、当時の野球界で起こった事件を織り込みながら、物語は展開して行く。

単行本第2巻後半、嘉手納を尋ねて、妹と父親が上京。妹は可愛い顔をしているが、兄譲りの唐手の腕前で、チンピラ数人でもやっつけてしまう。彼女と付き合える根性者は、この漫画では飯村だけだろうと思ったら、案の定、二人のほのかな恋愛模様も、物語に入っている。さて、先ほど触れた父親の過去が、ここで明らかになる。それは、嘉手納ファミリー＋飯村と王助監督と彼が連れてきた年配の方、内堀保との出会いから始まった。嘉手納の父を見て、驚く内堀氏。内堀氏にせがまれ、嘉手納の父はグローブをはめて、二人はキャッチボールを始める。キャッチボールを続けるうちに、徐々に記憶を取り戻す、嘉手納の父。高齢にも関わらず衰えぬ球威、戦争で負傷した左手の傷から、**彼は往年の名投手、沢村栄治その人だった事が判明する。**

この第三章の最初で取り上げた「アストロ球団」は、沢村投手の死後、魂が九人の若者に転生するところから、物語はスタートしている。野球漫画で、（70年〜80年代）特に長島、次に王は欠かせないキャラであるが、沢村も意外と欠かせない存在なのかも。特殊漫画家根元敬氏は、〝漫画界は、8割の手塚治虫と、2割の水木しげるで成り立っている〟と語った事がある。それでいくと、**〝野球漫画は9割の長島、王と1割の沢村で成り立っている〟**と言えるのかもしれない。

ちなみに、キャッチボールをせがんだ内堀氏は、現役時代にバッテリーを組んだ仲でもあった。沢村（嘉手納の父）は石垣島へ帰り、そこの地元民として一生を終える決意を、王助監督と内堀氏らに表明、帰郷する。飯村、嘉手納の二人も、野球を余技ではなく、真剣に取り組んで行く決意をする。そんな時に、性懲りも無く、再び姿を現す正体不明の組織。今度は、アメフト上がりの黒人の大男を引き連れての登場である。組織のエージェントは、嘉手納、飯村両名に条件付の勝負を持ちかける。その条件とは、勝負に負けたら、アメリカの球団へ行くというものだった。勝敗は嘉手納・飯村の負け。二人は渡米し、アメリカ大リーグの名門ドジャーズに入団する。入団後、大活躍した彼らは、ドジャーズを全米第一位にする。組織の親玉に呼び出される二人。そこには、親玉の他、ドジャーズのオーナーの姿も。彼らの活躍にご機嫌の親玉は、二人に、契約書にサインするよう持ちかける。その内容は、ドジャーズへの正式入団契約であった。

「おれ達ゃ奴隷じゃないッ！ましてや品物でもないんだ！日本人、日本のジャイアンツの人間なんだ！」とタンカを切り、断る二人。緊迫する雰囲気の中、拍手をしながら、部屋に入ってくる男。その男は、アメリカへ野球の勉強の為、旅立っていった長島茂雄だった。彼のはからいで、ドジャーズへの入団契約も無くなり、謎の組織からも、自由になる二人。

それにしても、この部分を読んで、私は思う。**長島は、アメリカでの野球留学の中で、何を学び、何を掴み取ったのだろうと。**アメリカに、野球選手の人身売買組織があるのもすごいが、組織に対して無理を通せる長島は、もっとすごい。アメリカ野球留学で、野球選手人身売買組織と渡り合えるだけの人脈と権力を手に入れたというのに、その後巨人は活躍したのだろうか？

この漫画はラストで、二人の巨人入団を匂わせて終わるが、巨人は現実世界で精彩を欠いたままだ。

涙のツッコミはいらない名作

「遥かなる甲子園」

山本おさむ 著
双葉社

山本おさむ作品は、泣かせる作品が多い。初期作品「僕たちの疾走」は、高校から大学進学までの、揺れ動く少年達を描いた青春漫画だった。その後、彼は「遥かなる甲子園」（漫画アクション）、障害者の授産施設設立までの苦悩を描いた「どんぐりの家」（ビッグコミック）、明治大正時代、ろうあ者教育に障害をささげた男の

物語「我が指のオーケストラ」（ヤングチャンピオン）、明日をも知れぬ腎臓の病と闘いながらも、将棋の世界に入り、後に〝天才・羽生名人が恐れた男〟と異名をとった、若干28才で夭折した、村山聖の生涯を描いた「聖」（ビッグコミック）を世に送り出している。

さて「遥かなる甲子園」である。戸部良也著の同名の本を漫画化したものだが、ものすごく泣ける名作である。1988年頃、週刊漫画アクションで連載されていた。**最初読んだときに、泣いてしまったが、今回この原稿を書くために読みなおしたら、また泣けてしまった。**

1964年、日本が、アジア初のオリンピックの祭典、東京五輪に沸いていた頃。アメリカでは、風疹（三日はしか）が大流行した。米軍基地が存在する沖縄でも、風疹は猛威をふるった。その結果、風疹に罹患した妊婦から、風疹障害児が、沖縄に500名近く誕生、そのほとんどが聴覚障害児であった。その子供達のために作られた福里ろう学校。そこで野球部を作り、甲子園を目指そうとする、聴覚障害の子供たち。だが、そんな彼らに思わぬ壁が立ちふさがった。

それは、日本学生野球憲章。その第三章「高等学校野球」第一六条には、こう書かれている。「それぞれの都道府県の高等学校野球連盟に加入することのできる学校は学校教育法第四章に定めるものに限る」

第四章に定める学校とは、普通の高校の事であり、ろう学校は、学校教育法第六章に属する学校なのだ。つまり、福里ろう学校は、甲子園を目指すことは出来ない、という事なのである。

〝子供たちに甲子園を目指して欲しい〟そして、野球部だけではなく、福里ろう学校、そして親達も含めた、前例のない挑戦が始まった。その挑戦は、最初小さな流れから、だんだんと、マスコミや、様々な立場の人々を動かし、大きな流れとなっていく。そして…。その後の展開は、是非単行本を読んで欲しい。そこには、泣かせのシーンだけでなく、彼ら聴覚障害者を取り巻く、厳しい現実も描かれている。特に、ラスト近く、学校を卒業し、社会に巣立っていった彼らのエピソードは胸が苦しくなる。でも、そこまで描いても、作品から感じられるのは、作者の彼らに注ぐ優しさである。

繰り返しになるが、是非読んでみて欲しい。と言ってしまったが、泣ける部分を、一つだけ紹介する。**私は、単行本第1巻後半のエピソードで、不覚にも涙してしまった。**

野球が好きな少年三人組。主人公・武明、光一、健は、少年野球チームペガサスに入れてもらおうとするが、聴覚障害を理由に、入れてもらえない。落ち込む彼らが、歩いている場所が、沖縄市のゲート通りや、サンシティ商店街なのだ。サンシティ商店街のアーケードを歩いている途中、瀬戸物屋を横切った時、かばんが壷の乗った棚に当たってしまい、壷は落ちて割れてしまう。だが、彼らは音が聞こえないため、そのまま歩いていく。店主は彼らを追いかけ、捕まえると、殴るける の暴行を加える。ろう学校の生徒である事が分かり、誤解は解けるが、両親は呼び出され、壊れた壷は弁償するハメになる。さらに落ち込む少年。

数日後、少年野球チームの試合を観戦する、主人公・武明。(ひょっとして、沖縄市営球場?)チームの一方は、彼らを入部させなかったペガサスだ。試合は、ペガサスのコールド勝ち。ペガサスの監督は、武明の姿を見つけるなり、相手チームの方を指差し、言う。

「まだ、こんなとこにウロウロしてたのか。ベアーズに入れてもらったらどうだ。あそこならお前にお似合いだぞ。小学生や他のチームのおちこぼれが集まったボロチームだ」

誰も居なくなった球場、一人残った武明。グラウンドで、一人野球ごっこをしている時、彼は発見する。ベアーズ側のベンチに置き忘れられたグローブ。〝忘れ物だ〟彼は球場から出て、ベアーズを追いかける。コーチを捕まえ、グローブを渡す。お礼を言って、立ち去ろうとするベアーズのコーチ。武明は、この機会に入部を願い出ようとするが、こんな時に限って、筆記用具が無い！　しつこくまとわりついてくる少年にいらつき、「何だ一体！！　用ならハッキリ言いなさい」と怒鳴ってしまうベアーズのコーチ。少年は意を決して、地面に、指で字を書く。

〝僕は耳がきこえませんが、野球はできます。どうかチーム〟

　とここまで書いた時、コーチは、地面に書かれた文字を消し、彼に話しかける。手話で。

〝手話で話そう。僕の名前は伊波みのるです。南町ベアーズのコーチです。（中略）君が野球をやりたいのなら…僕達は歓迎するよ。まず君の名前を…教えて…〟

　ここで、地面に突っ伏し、泣く少年。

　このエピソードは、何度読んでも泣けるし、キーボードを叩いている今でも、涙うるうるになってしまう。これを読んで、関心を持った方は、是非読んで欲しい。

　ウチナーグチは、ほとんど出てこないけど、この泣けるシーン（泣き所はまだまだ一杯あるよ）に免じて、今回突っ込むのはやめる。

○ぶっとび空手とその他の漫画編

癒しの島沖縄には
こんな物騒な空手家たちがいた

「空手小公子小日向海流」

馬場　康誌　著　講談社

©馬場康誌/講談社

2000年に、ヤングマガジンで連載がスタートした、青春空手漫画。東京近郊のK市にある、嶺南大学一回生・小日向海流（こひなたみのる）が、大学内の第二空手部に入部し、成長していく物語。

主人公の小日向海流は、どちらかというと真面目で、控えめな性格で地味なのに対して、この漫画で強烈な個性と存在感を放っているのが、先輩の二回生・武藤竜二。空手の腕前は、間違い無く強いが、獰猛で、自ら喧嘩の種を売って歩くような危険な男で、他流派の空手部だけでなく、異種格闘技クラブの人間にまで喧嘩を仕掛ける。正直こいつは、なんの為に戦いつづけるのか、理解できない。こんな人間が武道をやる事自体、間違っていると思うのだが、どうやらこの漫画のお約束らしく、武藤の起こすトラブルが、物語のところどころに挟み込まれ、進行していく。

そんなこんなで、小日向海流が入部して、夏

休みに入り沖縄で合宿をする事になる。（単行本第4巻）

沖縄出身者のOB、赤嶺先生の経営するホテル（名前は**「赤嶺観光グランドホテル」**）別館で寝泊りしながら、昼間は組み手中心の厳しい練習の日々。しかも練習以外の時間は、ホテルの雑用係…。タコ部屋である。ちなみに赤嶺先生の道場は、那覇からバスで40分のM町との事。どこなんだろう。さらに主人公達空手部一行と、入れ違いに帰って行ったヒロイン達が、海水浴をした場所は、**沖縄サンオレンジビーチ。**

単行本5巻で、空手を競技ではなく、武術として伝承している拳聖として、**安仁屋宗八**という名の師範が登場する。見た目は温厚そうな老人安仁屋師範は、偶然にもヒロイン達が、ビーチで外人数人に絡まれた時、彼女達を助けた人間でも会った。アメリカで、長年指導に当たっていたが、帰沖しているとの事。そこで、沖縄中の空手関係者が集まり、指導を仰ぐ事に。その中に同行する第二空手部一行。ちなみに指導の場所は、**那覇のウエストパークビーチ**と画かれている。どこなんだろう。

安仁屋師範は、一人一人を相手に、組み手をするのだが、第二空手部一の危険人物で武闘派の武藤と当たった時に、今までの好々爺から変身する。いきなりの武藤の不意を狙った蹴りを紙一重でかわすと、おもむろに上着を脱ぐ。そこには、ご老体とは思えない、見事にビルドアップされた筋肉の塊が…。安仁屋師範がおっしゃるには、「アメリカでボディビルにハマって」このような肉体を作り上げたとの事。格闘技マニアの人間からすれば、これだけで説得力が無い。格闘技の筋肉と、ボディビルで作り上げた筋肉は、目的が全然違う。ボディビルでパンパンに発達させた筋肉は、格闘技では、かえってマイナスになる場合が多い。**安仁屋師範、長年のアメリカ生活で、認知症が始まったか？**

その後の二人の組み手は、凄惨な展開を見せる。**安仁屋師範は、貫手で武藤の脇腹に穴を開けたり、砂浜の砂をかけて、目潰し攻撃をしかけたりと、エゲつない。ウヌタンメー、ジョーイチガトーッサー。**

話は飛ぶが、清朝末期に活躍した、中国武術河北省蒼州八極拳の名人と称された李書文は、無敗を誇り、最初の一撃で、ほとんどの相手を倒したと言われているが、その一方で、精神に異常をきたしていた人間の強さだったのでは？との説もある。頭のイカレタ武術家程、怖い者はない。キ××イに刃物？

組み手終了後、安仁屋師範は武藤にアメリカに来ないかと、しつこいくらい勧めるが、武藤の返事は卒業後。類は友を呼ぶ？

その後、海兵隊員で髑髏顔の気色悪い風貌のケビン・ノートンなる白人が登場。こいつは、**沖縄本島内のT市ピース通り**裏にある、地下のバーで行なわれるファイトクラブで、最強を誇る男で、しかも薬物依存症で、いかなる打撃を受けても痛みを感じないという、武藤と違う意味で危ない奴である。

主人公は、こいつと地下のファイトクラブで戦う事になる。これが、沖縄滞在後半のメインになっている。漫画のお約束なので、勝敗の結果は予想通りだが、試合展開に興味がある方は、実際に単行本をご覧になって欲しい。

それにしても、沖縄には、学生を自分が経営するホテルで、雑用係でタダ働きさせる空手の師範がいたり、頭の線が切れている、高齢の空手師範がいたり、薬物依存のファイトクラブチャンピオンの海兵隊員が存在するのだ。

沖縄に癒しのイメージを求める人間は、この作品を読んで、心して来沖して欲しい。

かなり危ない沖縄移住者

「レッドシーサー」

岡村賢二 作画　リイド社

2001年、リイドコミックで連載。作画は岡村賢二。春休みを利用して、シーサーの研究のため、友人ミサエと沖縄にやって来たヒロイン真伏美姫（まぶせみき）。彼女は、胸元に炎の形の痣があった。

二人が首里城を訪れた時、カツアゲの現場に遭遇する。彼らに向かい注意するという勇気ある行動に出るヒロイン美姫。これが、この後のとんでもない展開の、始まりになろうとは。

騒ぎを聞きつけてかけつけたガードマン二人を、蹴り一発で倒すカツアゲ五人組のリーダー格。この男が、主人公平獅子丸。母は、彼が生まれてすぐに行方不明、義母も、男を作って出て行った過去を持つ彼は、女嫌い。一方、通っている首里手道場では、敵無しと言われている男でもあった。**それだけの空手の腕を持ちながら、カツアゲをするとは、最低の人間である。即破門にすべきだと思うのだが。**

カツアゲ五人組に車に連れ込まれ、拉致監禁同然の、美姫とミサエ。車は夜の林道を走る途中、突然パンク。カツアゲ仲間の一人が、タイヤを見に外へ出ると、後ろから手が伸びて、首の骨を折られて死ぬ。殺した男は、体にピッタリフィットした黒服に、スキンヘッド。美姫の友人ミサエは、隙を見て逃げようとしたところを、スキンヘッドに頭を握りつぶされ、死亡。

カツアゲグループの中の二人も殺される。それも、蹴り一発で顔面を粉砕されて。スキンヘッドの目的は、胸に痣のある女性美姫だった。

獅子丸と、スキンヘッドの一騎打ちで、獅子丸は勝利するが、スキンヘッドは、

「その女に…関わるな…！関わった者は…必ず…死ぬ！！」

と言い残し、舌を噛んで死ぬ。

スキンヘッドの首には、ひし形のペンダントが…。このマークは、半年前に首里の外れに出来た、新興空手の**覇王道場**のものだった。

その後、獅子丸とカツアゲグループのもう一人ツヨシ、美姫の、覇王道場や警察に追われながらの逃避行が始まる。

覇王道場の館長**覇我根光一**は、８０年代のテクノミュージシャンのような刈り上げカットの、一見武道とは無縁そうな優男。覇王道場とは表向きの姿で、その実態は、〝アナザーメンバー〟なる秘密結社だった。なぜか彼らは胸に痣のある美姫の命を執拗に狙う。彼らの言う〝大いなる変革〟に邪魔な存在らしい。

獅子丸達に襲いかかる覇王道場の人間は、最初に登場したスキンヘッドと同じように、体にピッタリフィットした黒服に身を包み、首にひし形のペンダントをしている。彼らのどこかイッてしまっているような目は狂信者やゾンビと重なる。

獅子丸は、自分の空手をレベルアップさせるために、師匠を訪ねる。山奥の古びた山小屋のような道場と、そこでパンツ一丁でナイファンチの型を演じる、スキンヘッドの小柄な老人。彼が、**獅子丸の師匠石嶺無寛であった。**（**あんたが、空手を教えたこいつは、カツアゲをやっていたんだよ**）

師匠の元で修行し、奥義を身につけた獅子丸は、美姫と共にアナザーメンバーのアジトがある**与那覇岳へ**（沖縄島で一番高い山。一帯は自然保護区域である）。

最後の死闘には、師匠も助太刀で登場するが、首里手の名人という割には、途中ハイキックを使うのが、説得力に欠ける。**琉球空手には、本来ハイキックはないのに…。**

しかし、ラスト近くで思わぬ展開を見せる。アナザーメンバーの、セントラルマスターと呼ばれる黒幕は、美姫の父真伏勇希だった。愕然とする美姫。**父は転勤で、中国へ行っているハズでは…。**

父は言う

「私はある日啓示を受けた。

赤い獅子像（レッドシーサー）の啓示を・ね！その啓示が、私に教えてくれたのだ！

大いなる変革を邪魔する唯一の存在が娘の美姫だと！」

彼らの言う〝大いなる変革〟とは、沖縄在日米軍基地を襲撃し、嘉手納の弾薬庫を占拠し、日本に革命を起こす事…。大丈夫かこいつら。

美姫の父は、続けて言う。

「平良獅子丸よ―おまえがもし赤い獅子像（レッドシーサー）の啓示が言うところの『眠れる獅子』であるならば…お前も生かしておくわけにはいきません！」

次に、アナザーメンバーによって洗脳された相棒のツヨシと、殺し合いをさせようとする。やめさせるよう哀願する美姫に対し、父は語る。

「よいか美姫、おまえと私はもはや父娘ではない。お前は私の大いなる変革を邪魔する者でしかないのだ！赤い獅子像（レッドシーサー）はこう言った…

唯一新たなる王を滅するのは火の魂を持つ者なり。眠れる獅子を揺り覚まし嵐を呼び起さん。おまえはあの平良獅子丸を使って、この私を破滅へと導く。おまえ達は二人ともこの世から消えてもらいます！！」

獅子丸とツヨシのデスマッチが始まるが、師匠石嶺の登場で、洗脳が解け、危機を回避。覇王道場館長覇我根との対決も、勝利する獅子丸。

アナザーメンバーの計画も阻止するが、黒幕の父親は、ヘリで逃走。謎を残した展開のままエピローグへ。そこでは、父親の日記が紹介される。

平成8年8月1日、妻がトラックにはねられ死亡。彼は娘が生まれた時から可愛いと思った事がなかった。自分の愛情不足なのか、手がかからず可愛げの無かったせいなのかは不明だが、妻の死によってその思いは強くなり…**気がつくと、沖縄にいて、導かれるように首里城に立っていた。**そこで雷に打たれ、啓示を受けたとの事。その後、中国へ転勤と嘘をついて、沖縄へ移住。覇王道場とアナザーメンバーを結成。単行本262ページには、〝大いなる変革〟の具体的計画が記されている。

米軍弾薬庫を襲撃し、日本政府を武力で脅し、沖縄を独立国家として認証させる。そして軍事国家としてアナザーメンバーが世界の頂点に君臨する。

ウヌオトー、ジョーイ　チガトーン！

娘への愛情が無いというだけで、沖縄へやって来て、首里城で啓示を受けたと思い込んだ男のために、どれだけの人間が犠牲になったことか。沖縄でなんて事しやがる。こいつらの〝大いなる変革〟が頓挫して、本当に良かった。沖縄がこいつらの独裁国家になったと考えたら、ゾッとする。

父親の心の内を知ってしまった美姫のショックは大きいだろう。物語の最後に獅子丸への想いをほのめかして終わっている。単行本は1巻のみで掲載誌リイドコミックが連載途中で休刊になり、直後出たこの単行本も、大急ぎでぶっつけ仕事的なストーリー展開になっている。しかしぶっ飛び空手漫画の一つとして、忘れられない作品である。

覇城流空手のぶっとびトレーニング

「カラテ黙示録」

鷹匠政彦 原作　落合あたる 作画

徳間書店

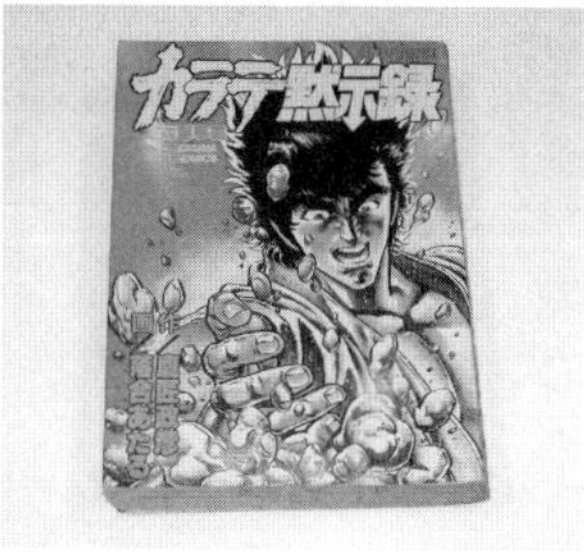

©落合あたる/徳間書店

この漫画は、1986年に雑誌名は忘れたが、休刊になってしまった、ある雑誌で連載されていた空手漫画である。そのためか、漫画後半の展開が異様に早く、ぶっつけで終わらせたのがうかがえる。単行本は、3巻出ている。

主人公や、まわりのライバル達の顔立ちや体格も、当時流行っていた「北斗の拳」をだいぶ意識しているのが、画を見るとわかる。意地悪な言い方をすれば、北斗の拳便乗漫画と、言えなくもない。さらに北斗の拳と同じように、敵が巨大化したりもする。宝島発行「コミックバウ」の調査によれば、キャクターの巨大化に関しては、漫画界では「魁・男塾」に次いで、2位であった。

物語は、主人公鬼門大介が沖縄に伝わる**覇城流空手**と出会い、修行の中で成長していくのが主軸となっている。その過程で、おそらく極真会をモデルにしているであろう、フルコンタクト空手大手団体空武会所属の兄の不可解な自殺の真相究明を挟みながら、物語は展開していく。

単行本第1巻、埼玉県秩父特別少年院から、物語は始まる。ここに入所しているのが、主人公鬼門大介である。彼の回想…。ヒロイン秋山瑞穂に暴行をはたらこうとする、高校総番剣崎。

それを止めに入った彼に、ナイフで襲いかかる剣崎。死闘の末、剣崎の片目を、必殺の蹴りで失明させてしまう。保護観察中の身だったため、少年院へ。鬼門は**少年院主事の伊波**と出会い、彼から覇城流空手を学ぶ。

この漫画が連載されていた頃、私は愛知県で大学生をやっていた。その頃、よく友人に聞かれたものだ。

友人「覇城流って、沖縄にあるの？」
私「あるわけないだろ」

この覇城流、沖縄には存在しない、架空の流派である。漫画では、沖縄にある門弟２０人ほどの、ちいさな流派と紹介されている。さらに、秩父特別少年院主事伊波氏の説明によると、

「我が覇城流空手は、１９世紀末期に那覇市久米村の『武士』風松賢栄先生が、中国の福建省に渡り学んだ南派小林拳と、華北で習得した内家拳法に、独自の研究を経て、あみ出した唐手術だ。その技は、一撃で大男を死に至らしめ百人を敵に闘っても呼吸ひとつ乱れぬ恐るべき拳法なのだ」

単行本3巻、覇城流宗家を尋ねるために、沖縄へやって来た鬼門。空武会会長からもらった手紙の住所には、宗家はいなかった。引っ越していたのだ。ここで疑問に思ったのは、手紙の住所では那覇市牧志と書かれているが、鬼門が訪れている場所は、石畳の道が続いている。**沖縄らしさを出す為の苦肉の策とはいえ、首里と牧志を混同した事を、ここで突っ込まれるとは、作画スタッフも思いもよらなかった事だろう。**

覇城流宗家の引越し先は、**外城（ほかぐすく）市**であった。もうここまで来たら、外城市がどこかは、あえて突っ込まずに行こう。それよりもぶっ飛ぶシーンがあるのだ。単行本第3巻40ページ。満月の夜、外城市の海岸、一人の男を五人が取り囲んでいる。取り囲む五人の内二人は、剣道衣に面胴小手を身につけ、それぞれ槍と真剣を手にしている。別の二人は、モトク

ロスのコスプレで、それぞれヌンチャクとサイを手にしている。残る一人は、アメフトの防具に身を固め、鎖を手にしている。囲まれている人間は、目隠しをしている。

覇城流宗家風松照栄によれば、「暗闇五人掛け」という特訓らしい。宗家風松照栄は、岩の上でそれを眺めている。傍らには泡盛、手には三線。

「暗闇五人掛け…初めいッ!」

と叫び、三線を弾く宗家風松照栄。目隠しした弟子渡久地は、気配で相手を察知し、全員をぶっ飛ばす。この展開もすごいが、私がぶっ飛んだのは、**宗家風松照栄は、三線を弾くとき、大和三味線のバチを使っていた事だ。**せっかく蛇皮の三線を使用して沖縄らしさを醸し出そうとしていたのにもったいない。

主人公鬼門大介は、風松照栄の元に入門し、修行の日々と、兄の仇ソロモンとの対決が描かれるのだが、連載雑誌の突然の廃刊のせいか中途半端な終わりになっている。連載がそのまま続いていたら、もっと充実した内容になっていたのにと、残念でならない。

悲運な沖縄空手美少女の名は……

「牙カラテ地獄篇」

梶原一騎 原作　中城健 作画

1974年から77年にかけて、週刊サンケイに連載されていた梶原一騎原作、中城健作画の空手漫画。プロのボディーガードにして空手の達人、牙直人が活躍する前作「ボディーガード牙」の続編で、主人公の出生と、暗い陰惨な少年時代から、空手との出会いまでを描いている。

　敗戦の混乱期の日本、強盗に合い、斬殺された一家がいた。被害者の一人であった、妊婦の遺体から生まれ出た赤ん坊、これが後の牙直人であった。赤ん坊は親戚に預けられるが、心無いこの親戚は、公衆便所に置き去りにしてしまう。その後、施設をたらい回しにされた赤ん坊は、直人と名づけられ成長し、12歳の頃には、教護院のボスに上りつめる。それから月日が経ち、教護院内に女子部が出来る。**そこに入所した、14歳の沖縄から来た美少女。彼女は、琉球空手小林拳の達人で、女子部のボスとなる。**

　直人は、女子部のボスに戦いを挑むが、完膚なきまでの敗北を喫する。その後恥も外聞も投げ捨て彼女に空手の教えを請う。これが直人と空手との出会いであり、初恋でもあった。だが、彼女は教護院の院長の卑劣な罠にはまり、レイプされてしまう。そのショックから、舌を噛んで命を絶つ。

　直人と、彼女の**婚約者・金城寅之助**が駆けつけた時には、彼女は冷たくなっていた。怒り心頭に達した直人は、院長を斬殺し、包丁で首を切り落とすという、常軌を逸した行動に出る。その後少年院へ送られ出てきた頃には、その無軌道ぶりにさらに拍車がかかっていた。

　出所後、金城寅之助の兄と知り合う。彼は、暴力団の用心棒をしていた。直人は彼と共に、用心棒家業に身を落としていくが、単行本2巻で師となる大東徹源と出会い、空手の道に進んでいく。成人雑誌で連載されていた梶原作品らしく、やたら残虐描写が多く、全編通して暗い。

ちなみに、直人に空手を指導して、最後に自ら命を絶った沖縄の美少女の名は、火乃原奈美。琉球空手の宗家を、父に持つとの事だが、もっとウチナー苗字を勉強して欲しかった。

沖縄出身鳥類学者の切ない最期

「柔侠伝」

バロン吉元 著
双葉社

「柔侠伝」、大河漫画という形容詞が、これほどふさわしい漫画はないと思う。70年代の漫画アクションを支えた「ルパン3世」、「子連れ狼」と並ぶ、看板漫画の一つでもあった。

毛筆を用いた、独特の、時に水墨画を思わせるような絵のタッチ、もう一つすごいのは、劇画調とギャグ漫画調のキャラが渾然一体となって漫画の中に同居しているのに違和感を生じさせない点だ。これはまさに作者バロン吉元氏の画力の賜物であろう。バロン吉元、漫画界における数少ないハイレベルな絵師の一人である。

昔読んだインタビューによれば、バロン吉元氏は柔道の経験もあり、「柔侠伝」連載時には、拓殖大学柔道部（全盛期は柔道の鬼と異名を取った木村政彦が指導していた。力道山とのプロレス巌流島は有名。ブラジルでグレーシー柔術の開祖エリオ・グレーシーと試合を行い勝った事もある）へ行って稽古をスケッチしていたという。業界トップクラスの絵師がそれだけの努力をして描く格闘描写はこれまた説得力と味わいがあり漫画好きにも格闘技好きにもたまらない名作となっている。面白くない訳がない。

ちなみに、バロン吉元氏のアシスタント出身の漫画家の一人が、「マカロニほうれん荘」でヒットを飛ばした鴨川つばめ。

画力だけではない。ストーリーの流れも、水墨画で描かれる大河の如く雄大で、これまたスケールが大きい。

主人公は、初代の柳勘九郎に始まり、二代目・勘太郎、三代目・勘一、四代目・勘平と続き、明治・大正・昭和と、それぞれの代の主人公が、柔道の修行を交えながら、その時の権力や巨悪と対決していく。初代・柳勘九郎は、幼い頃より、講道館に恨みを持つ父親に、起倒流柔術を仕込まれる。父親の死後上京。当初は父親の遺志を継ぎ、打倒講道館を目指し、一時は創設者の加納治五郎とも激しく対立するが、やがて和解し、協力者となっていく。

　さて、これから紹介する、沖縄に関するエピソードだが、記憶があいまいになっている部分もあるので、間違い等あったらごめんなさい。

　稽古中の事故で、相手を死なせてしまった柳勘九郎、稽古相手は沖縄出身だった。遺族を訪ねて、一路沖縄へ。

　遺族は、稽古相手の兄二人、琉球唐手の使い手である。勘九郎は、二人と対決するはめになる。まるで映画「姿三四郎」における、**三四郎と唐手使い檜垣兄弟との対決を思い出させるが、決闘の場所は、海の上に浮かぶサバニの上。大丈夫か？　こいつら。**

最後は、当然主人公勘九郎が勝つが、相手のどちらかが、鮫に食われたような記憶がある。

実はこのエピソード、復刻版ではカットされている。私も十数年前に、ある漫画喫茶で「柔侠伝」1巻初版を読んで、発見したのである。復刻版がでるのはありがたいが、時折、カットや差し替えが入っていたりするから、油断ができない。

　次のエピソードは、柳勘九郎が悪の限りを尽くす博徒の親分を刺殺し、刑務所に入ってからのお話である。刑が確定し、網走刑務所に送られる柳勘九郎。服役中にも様々な出来事が起こり、そんな中で色んな人物と交流を深めて行く。

　同房に、鳥類学者と呼ばれる、小柄な男が登場する。**網走に初雪が降った時、作業中にそれを見て「あっ雪だ」とはしゃぐ鳥類学者。**意地悪な看守から「そんなに雪が珍しいなら外に立ってろ」と、建物の外に立たされる鳥類学者。降りしきる雪の中、彼は、頭や肩に雪を積もらせながら、凍え死ぬ。房内で服役仲間から、**「あいつは沖縄の出身なんだ」**と聞かされる柳勘九郎。切ないエピソードである。

　以上の二つのエピソードを抜きにしても、この漫画は、大長編大河ロマン漫画として、お勧めである。尚、柳勘九郎は刑務所を出所して後、紆余曲折を経て、服役中に知り合った大陸浪人の勧めで中国大陸に渡り、そこで馬賊の頭目に出世する。

　この漫画は、主人公の生き様も、作者の画力も、ストーリーの雄大さも、魅力であるが、明治大正昭和の歴史的事件を織り交ぜながら描いているので、歴史の教科書としても読める。しかも中途半端ではないくらい、徹底的に資料に当たって描いているのが、随所に感じられるので、「柔侠伝」お勧めである。

　漫画喫茶や古本屋で発見したら、是非読んで欲しい。

津波四郎の壮絶な過去と未来
「鉄拳のカタルシス」

桑沢アツオ 著
小学館

　８０年代半ばに、週刊ヤングジャンプ「緑山高校」でデビューした桑沢アツオが、１９９６年にヤングサンデーで連載していた格闘技漫画。

　物語は、少年鑑別所から、主人公が退所するシーンから始まる。院長も看守もてあました、主人公の退所に大喜びの院生達。**そんな、とんでもない主人公の名は、津波四郎１６歳。名前**

で分かる通り、ウチナーンチュである。彼のとんでもない過去は、後述するとして、主人公津波四郎は、院長の紹介した高校へ行く事に。しかも護送車に乗って。途中、彼に恨みを持つ暴走族の襲撃を受けるが、難なくこれを撃退。

彼の入学先の所在地は、鳴門海峡から、船で数時間の隔島（かくとう）。そこに建てられた、アルカトラス刑務所のような施設が、入学先の隔島高校（かくとうこうこう）であった。男子校で全寮制、全国の体力腕っ節に自身のある男子を入れて、格闘技を中心に教えている高校との事。柔道、空手、剣道、レスリング、ボクシング、相撲、セルフディフェンス、キックボクシングクラスに分かれている。ちなみに校長の名は、安斗仁（アントニ）。顔もアントニオ猪木そのままで、彼を意識しているのがすぐ分かる。

思う存分喧嘩が出来る環境に、津波四郎大喜び。早速校内で一番過激と言われるキックボクシングクラスに入る。そこの級長で、チビだけど人体破壊術の研究家佐戸や、広島のヤクザの親分の息子鮫狩と対決し、勝利する。

次に彼を待ち受けていたのは、隔島高校の精鋭達が、日頃の鍛錬ぶりを疲労する、何でもありの恒例行事「格闘大運動会」であった。そのプログラム1に「一年の合同格闘合戦」なるものがあった。一年全員が巨大な檻の中に集い、相手かまわずブチのめし合う、武器以外、どんな手を使っても、勝つ事優先の過激な行事である。これに勝ち残れば、二年に進級できる。

津波の前に立ちふさがるのは、優勝候補のレスリング、空手、カンフー、柔術、相撲の五人の選手に加えて、進級潰し軍団なる五人組。特に、進級潰し五人組に苦戦を強いられる津波。彼らによって、両手両足は関節技を極められ、首はスリーパーホールドを極められているのだ。

だが、途中、解説に入る安斗仁校長の説明が納得いかない。

「関節技は力によって成り立っている事がわかっ

ていないんだ」

関節技は、力のみでは極まらない。極めるポイントをしっかりさせておかないと、いくら力を入れても無駄である。このコメントだけで作者の素人ぶりが分かる。第3巻コマンドサンボとの対決の際に、津波四郎の過去が明らかになる。

135ページの解説によれば、津波が三才の頃、沖縄本島付近の海上に飛行機が墜落、乗客全員行方不明と思われたが、その2年後、祖父母の住む、ヤンバルの奥深い場所にたどり着いた津波少年。彼は、飛行機墜落事故のたった一人の生き残りであった。

ちなみに祖父母の家に辿り着くまでの2年間、海や山を放浪しハブやパパイヤや海蛇を食べて生き抜いてきたとの事。（いくらヤンバルが自然豊かとはいえ、2年間も人目につかないとはわざと隠れていたとしか思えない）。

しかも、祖父・津波嗣正は、沖縄武術〝津波流〟の三代目継承者であった。作品では、武術の達人にして、ハブ酒つくりの名人と書かれている。

その後、一年の合同格闘合戦を制した津波は、めでたく二年に進級。校長に大阪行きを命じられる。大阪で、通天閣の歌姫南十字星子なる女性と、その祖母で、新世界のドンと呼ばれる金貸しと知り合う。

さらに、道楽組なるヤクザ組織との対決や、道楽組が主催する賭け格闘技戦（リングはアルティメットファイティングチャンピオンシップと同じ8角形のオクタゴン）に出場して勝利する等、ぶっ飛んだテンションを維持しながら、物語は進んでいく。最後は、世界を目指すところを匂わせて終わる。

幼い頃、ハブや海蛇を食べてサバイバルした津波四郎は、今も世界を股にかけて戦い続けているのだろうか？

なにかと問題の復刻できない作品

「拳鬼奔る」

梶原一騎 原作
ふくしま政美／ケン月影 作画

漫画界にスポ根というジャンルを確立し、漫画原作者としても不動の地位を築き、業界の歴史に、いい意味でも悪い意味でも、その名を残した梶原一騎。アクの強さと暴力沙汰の為、彼の評価は賛否両論であるが、漫画界に残した功績は評価されるべきであろう。

一方、成人誌に「女犯坊」で注目を浴び、週刊少年マガジンで「聖マッスル」というやけに筋肉美とテンションの高さが印象的な漫画を連載していた、ふくしま政美という漫画家がいた。ふくしま氏は、一時期漫画界から姿を消していたが、後に「消えたマンガ家」でも取り上げられ、復活した。

そんなアクの強い二人が組んで、両者の個性が倍化されて生まれた時代劇漫画の存在はあまり知られていない。しかも沖縄が一時舞台で、主人公は、琉球王家の血筋の由緒あるウチナーチュである。その漫画のタイトルは**「拳鬼奔る」**。

物語は、薩摩から侵攻を受けている沖縄から、スタートする。薩摩の侍達に、手当たり次第に虐殺される琉球の男達。これまた、手当たり次第に陵辱され、殺される琉球の女達。やりたい放題を繰り返しながら、進軍を続ける薩摩軍、その勢いで首里城にも攻め込んで行く。首里城内でも乱暴狼藉を働く、薩摩の軍隊。やりたい放題の薩摩に対しなす術もなく陵辱され殺されて行く城内の人々。最もすさまじいのは、首里城の王妃と思われる女性の最後だ。**情欲まるだしの兵士に押さえつけられ、股間をこじ開けられる王妃。オープンさせられた、そこから飛び**

出したのは、ハブだった。兵士の一人に重傷を負わせるも女の身の哀しさ、他の兵士たちに惨殺されるのである。だが、彼女には、自分の身を投げ打ってでも、守らねばならないものがあった。

首里城で、前述した一大殺戮劇が行われている間、復讐の念を胸に秘め、逃げ延びた者がいた。琉球王家の血を引くこの漫画の主人公である。彼は、山奥（場所は不明）に逃げ延び、そこに住む老人の元で、唐手の修行に励む。修行の末、達人の域に達する主人公。師匠より奥義を授かる。**その奥義とは睾丸を体内に納めることで、股間を蹴られても大丈夫というもの。**

そんな奥義を身につけ、超人的な空手の技を身に付けたのもつかの間、薩摩の軍隊は、彼らの住む山奥にまで押し寄せる。師匠は、主人公を密かに逃がし、薩摩の軍勢相手に壮絶な戦いを演じるが、最後鉄砲の一斉射撃を受けて息絶える。

主人公は本土に渡り、薩摩の殿様の娘を拉致して、陵辱の限りを尽くしたり、江戸に行くまでの道中で、剣豪と素手で対決して倒したりと、テンションの高い、ぶっ飛んだ展開が続く。途中宮本武蔵と出会い、初の敗北を喫する。江戸で柳生十兵衛と対決して、これまた敗北。殺される寸前まで行くが、どういう訳か、宮本武蔵が出てきて、介抱してもらい生きながらえる。

最後は、途中で陵辱の限りを尽くした薩摩の殿様の娘と、何故かミートゥンダになり、宮本武蔵に礼をいいながら、二人が去っていくところでラスト。

最初レイプした女性と夫婦になったり、宮本武蔵が重要な役割で出てくる展開は、８０年代に週刊漫画ゴラクで連載されていた、同じ梶原一騎作品「斬殺者」（画は小島剛夕）に通じるものがある。この辺の過激な性描写があるために、復刻が困難なのかもしれない。

もう一つの特徴は、途中から画が、ふくしま

政美から、ケン月影に変わっている事。梶原一騎とトラブったのか？「消えたマンガ家」でも、ふくしま政美がある時期から失踪した事が、書かれているので、それは「拳鬼奔る」の連載途中だったのかもしれない。梶原作品には、この作品の他にも「新・ボディーガード牙」のラスト近くで、策画担当の中城健から影丸譲也に変わるという事件がある。当時、やたらと陵辱描写や残酷描写の多くなった画を描くのが嫌になった中城は田舎に帰ったと、梶原一騎の評伝「夕焼けを見ていた男」に書かれていた。梶原一騎の周辺は慌しかったようだ。

　梶原一騎も故人になり、失踪していたふくしま政美も復活し、いくつかの雑誌で連載がスタートしたが、どれも中断している。あのやけにテンションが高く、アクの強い作風は、今の世には受け入れられにくいのかもしれない。

家族に恵まれないボクサー・ケン

「海の拳」　バロン吉元 著　秋田書店

©バロン吉元/秋田書店

　これは、週刊少年チャンピオンに、1981～82年頃連載されていた、バロン吉元のボクシング漫画である。

　主人公の名はケン、沖縄の地図に載ってない小島に、家族と住む17歳の漁師である。鉄のように硬い拳、世界チャンピオン並みの脅威的パンチ力、海の中で、巨大なサメをノックアウトするエピソードがあるくらいだから、そのパンチ力の凄さがうかがえると思う。そのパンチ力を買われ、暁ボクシングジムからスカウトが来る。南の海に明るいキャラの主人公、そしてボクシングとくれば、スポ根漫画の定番的な様々な苦労と、恋愛模様等を交えた、サクセスストーリーだろうと思ったら甘い！

主人公ケンは、十人兄弟の四男坊なのだが、家族のほとんどが、人間のクズとしか思えないような、最低の奴らなのである。

まずは父親の茂造、漁に出た際に、サメに片腕をもぎ取られて以来、仕事もせず、食べる事だけが楽しみの無気力人間。母親の栂（つが）、ケチで欲深、毎日金庫を枕にして寝ていて、札束を数えるのが楽しみ。長男新兵２５歳、元船乗りで、船会社が倒産して以降は、酒浸りの毎日。次男凶次２３歳、いつも賭け事ばかりのバクチャー（訳・ギャンブラー）。三男恋三郎２１歳、無職のイナグカキヤー（訳・スケコマシ）。長女遊子１９歳、この若さで水商売、男をたらし込んでは、金や貢ぎ物をせしめて生きている。そして四男主人公ケン。その下に五男英児１５歳と次女ミチル１３歳、この二人は家族の中でまともで、みんなに食い物にされているケンを心配している。

暁ボクシングジムからのスカウト料一千万円に、目がくらんだ親達は、あまり気の進まないケンをあの手この手で説得し、上京する。入居が決まった豪華マンションで、札束と戯れ大喜びの親兄弟達、覚めているのがケンと弟妹達。ケンがジムで汗を流している時に、食べる事しか頭にない父親茂造は、ジムの会長と内容も把握しないまま、契約書に捺印してしまう。それにより、ケンとその家族は、一億五千万円の借金を背負ってしまう事になる。暁ボクシングジムは、有望な選手を言葉巧みにスカウトし、入門後は、巧妙に契約書にサイン捺印させて、借金でがんじがらめにして飼い殺しにする、人身売買組織のようなところだったのである。今さらながら地団太を踏む家族達。

ここまで書くと、悲惨で陰惨な内容を想像する方も多いと思うが、主人公のケンは、最後まで いたって明るく、能天気である。物語の途中、ライバル出現や、同門の練習生との友情等、色んなエピソードを交えながら、ラストは世界チャンピオンになる事なく、途中の段階で尻切れトンボのように唐突に終わっている。おそらく人気が出なかったと思われる。

連載誌が、1981年頃の週刊少年チャンピオンだったのを考えると、当時具志堅用高がジュニアフライ級の世界チャンピオンだった時期と重なる。(おっと「チャンピオン」つながりだ)その頃のボクシングブームもこの漫画の連載に影響しているのかもしれない。だが、少年誌で、主人公を食い物にする親兄弟が登場する漫画だと、読者は引いてしまったのかもしれない。

連載当時私は高校生だったが、あまり印象に残ってない。チャンピオンは「ドカベン」「がきデカ」「マカロニほうれん荘」等の人気連載を抱えていたので、その陰に隠れてしまった、悲劇の作品ともいえる。掲載誌が、青年誌なら違った展開になったかもしれない。

「宗八」のルーツとは

マンガに登場するウチナーンチュの中でよく「宗八」とか「宗七」という名前が出てくる。

最近若いウチナーンチュは知らないと思うが、もちろんこれは、戦後ウチナーンチュで初めてプロ野球の投手として活躍したウチナーンチュ・安仁屋宗八にあやかっていると思われる。アメリカ世の64年から復帰をへて81年の長きに渡って活躍し、特に広島・阪神時代、「巨人キラー」として名を馳せた名投手のことを、我々は忘れてならないはず。

○やがて哀しきバイオレンスな沖縄編

異色のピカレスク沖縄人

「美悪の華」の氷室聖人（金城正人）

倉科遼 原作　檜垣憲朗 作画
日本文芸社

©檜垣憲朗/日本文芸社

これは、週刊漫画ゴラク連載のピカレスク漫画である。単行本も十数巻を数え、なかなかのロングセラー漫画ともいえる。

単行本第1巻裏表紙掲載の簡単なストーリー説明を紹介しよう。

［天使のような美貌で女を魅了し、
悪魔のような頭脳が標的を喰らう！！
愛情、友情、同情…。
すべての情を捨て去り、
金と力だけを求めて生きる
氷室聖人！！
美貌のピカレスクが今、
己の金、知力と肉体を賭けて
悪の頂点を目指す──！！］

主人公・氷室聖人が、その端正な美貌のマスクと絶妙のHテクニックと腕っ節と手段を選ばぬ謀略でのし上がっていく、悪のサクセスストーリー。アメリカから帰国して、同じ飛行機に乗っていた、やくざの親分の娘をたぶらかしては、そのやくざ組織を乗っ取り、次にホストの従業員になって、常連客である大手エステ会社の女社長をたぶらかして、その会社を乗っ取る。その暴力と財力を土台に、手段を選ばぬやり方でのし上がって行く。

この氷室聖人、当然の事ながら、裏切り者に容赦しない。それだけではなく、仲間でも役に立たない、もしくは利用価値が無いと判断するや、表情も変えず当たり前のように殺して行く。冷酷非常・残忍が、美貌のマスクを被り、服を着て歩いているような奴なのだ。端正なマスクの人間が眉毛一つ動かさず、時には微笑みさえ浮かべながら、人の命を殺めて行く。

読んでいるうちに、時たま〝**ヤーヤ、人間ヤアラン**〟とツッコんだり、読み進むのが苦しくなりながらも、いまだに愛読しているのは、主人公の壮絶な過去と、彼のやろうとしている目標に、どこか同情できる部分があるからかも知れない。

実はこの氷室聖人、その正体は、金城正人という名のウチナーンチュなのだ。

幼い頃、彼は沖縄県庁に勤務する両親の元で、幸せに暮らしていた。だが、彼が小学校時代に起こった地元のリゾートの土地疑惑が、運命を大きく狂わせるとは。彼の父は、その疑惑の責任を負わされ自殺。その後母親も亡くなり孤児となった正人（聖人）は、売春宿を兼業する、飲み屋経営者の意地悪なおばさんに引き取られる。そこで地獄の少年期を過ごす正人（聖人）。日常的な虐待はまだしも、男色家のアメリカー相手に、客を取らされる金城正人。服従と屈辱の日々の中、ある時彼は意地悪なおばさんを殺害し、アメリカに渡る。

渡米後、金城正人が氷室聖人に成り代わるまでのお話は、ここでは語らずにおく。これは、是非単行本を読んで頂きたい。ひょっとしたら今の時点（2002年5月現在）では、まだ週刊漫画ゴラクで連載中だから、それも読んで欲しい。氷室聖人（金城正人）は、父に濡れ衣を着せ、両親を死に追いやった日本を代表する大財閥の一族へ復讐するために頑張っている。

この氷室聖人（金城正人）、ビジネスジャンプの連載漫画「ONE・OUTS」の主人公渡久地東亜と並び、今までの漫画に登場したことのない、ウチナーンチュキャラである。

漫画に登場するウチナーンチュ史上最も残忍冷酷な奴であろう。

でも、漫画を読めばわかると思うが、あの中で地獄を見てきた金城正人を、だれが責められようか。氷室、いや金城正人よ。君の行く先には、間違い無く地獄が待ちうけているだろうが、それを承知の上でこれからも屍の山を築いていくというのなら、もうやめろとは言わない。頑張って、野望と復讐を達成してくれ。

週刊漫画ゴラク2002年5月3日号によるとビデオ①〜③絶賛発売中とある。再び、**チバリヨー金城正人。**

その後2003年1月24日号週間漫画ゴラクでこの漫画は無事最終回を迎えた。

復讐を果たし、さらなる野望に向かって邁進する氷室聖人であったが、彼の冷酷さと、野望への炎の激しさに恐怖を抱いた仲間の裏切りに合い刺殺される。裏切りに加担した彼のフィアンセは、お腹をさすりながらつぶやく。

「安心して聖人！あなたの野望は…この子が継ぐわ！！

そしてこの子と二人であなた以上の大輪の美悪の華を咲かせてみせるわ！

あの世（地獄）から私達を見ててね…ウフフ！」

（単行本18巻203ページ〜204ページ）

彼女のお腹の中には、氷室の子供が…。

だが、待てよ。氷室の正体は、整形した金城

正人だ。という事は、生まれた子供が父親似なら、整形する前の金城正人顔になってしまう。
氷室とは、似てもに似つかぬ子供の顔を見た彼女は、どのような反応を示すだろうか。父・金城正人の少年時代の如く、虐待の日々が、子供を待ち受けているような気がする。そして新たな復讐のドラマが…。
ネットで調べてみると、この漫画は、2001年にVシネマ化されていた。主演は玉山鉄二。同年に「百獣戦隊ガオレンジャー」でガオシルバーを演じていた方である。

応援したいウチナーンチュ三世

「HEAT－灼熱－」の唐沢

武論尊　原作　池上遼一　作画

小学館

原作・史村翔、作画・池上遼一コンビの、ビッグコミックスペリオールにおける看板漫画の一つである。同じ作画コンビで、同じ雑誌での連載に「サンクチュアリ」がある。**実は原作者の史村翔は、別のペンネームを武論尊という。「ドーベルマン刑事」で紹介したエピソードを考えると、彼は沖縄に関心があるのだろうか。**

この項で紹介する漫画「HEAT」の主人公・唐沢は、祖父が沖縄のウミンチュで、若い頃は、沖縄中のヤクザを、支配下に置いていた剛の者である。その血筋は、孫の唐沢にも脈々と受け継がれている。新宿に来る前は、アメリカでロシアンマフィアを、たった一人でつぶしたという伝説を持っていた。

彼は新宿歌舞伎町のホストクラブを2日で手中に収め、アウトローをまとめあげ、彼らなりの独立国を築こうとしている。警察や、関西に本拠を置く日本一のヤクザ組織山王会が、彼の前に立ちはだかる。

彼らとの戦いの後は、日本を影で牛耳る大物や、その大物を背後から操る香港黒社会の実力者レイモンド・タオ、東京都副知事、アメリカ資本をバックにつけた組織の幹部サミュエル・ダンテ等が、唐沢の前に立ちはだかる。彼の活躍に興味を持った方は、単行本を読んで欲しい。

特に単行本4巻で明かされる、唐沢の父のエピソードはお勧めである。他にもウチナーティストとしては、単行本9巻で神戸山王会幹部で、香港黒社会のスパイ水島が、幹部数名とどちらにつくか、打ち合わせる場所は、沖縄の琉球村である。水島は、若い頃事件を起こし、唐沢の祖父の元でやっかいになっていた過去があった。そこら辺のストーリー展開もお勧めなので、是非読んで頂きたい。

頑張れ唐沢！　君は正確にはウチナー3世だが、私は同じウチナーンチュと思って、応援しているぞ。

平成の謝名親方はここにいた
「サンクチュアリ」の中城規介

史村翔 原作　池上遼一 作画
小学館

これも先ほど紹介した「HEAT」の原作作画コンビによる、ビッグコミックスペリオールで連載されていた漫画である。

主人公は、関東の大手ヤクザ組織幹部の北条章、そしてもう一人が国会議員秘書の浅見千秋。彼ら二人は帰国子女であった。それも難民として、日本に帰ってきた。二人は、カンボジア駐在の親元で、平和に暮らしていた。そこに軍事クーデターが起こり、親とはそれ以降離れ離れ、生死も不明である。死と隣り合わせの収容女生活、仲間との脱走、そして帰国。生死を共にして、修羅場をくぐり帰ってきた彼らに映った日本は…。漫画の中で浅見は語る。

「こいつら生きるって事をどう考えているんだろう」

〝俺達が日本を変える〟そう決意した彼らが取った行動とは。北条は高校を中退し、極道の世界へ身を投じ、幹部へと上り詰めて行き、浅見は大学へ進学後、代議士秘書となる事だった。二人は時折連絡を取り合い、時には協力し合って互いに上を目指して行く。やがて、浅見は国会議員に当選する。

浅見が国会へ進出し、政界を牛耳る黒幕と闘いを始める一方で、北条も関東極道組織の統一と、日本最大の極道組織、神戸山王会を相手の闘いを始めようとしていた。最初は、北条と敵対していたが、後に彼の最大の味方となる、武闘派やくざ兄貴分の渡海、彼は北条の意を受け香港へ渡り、香港マフィアに宣戦布告する。戦いの末、香港マフィアと手を結び、今度は沖縄へ進出する。来沖後、地元のやくざに闘いを挑む渡海&香港マフィア。**ちなみに地元やくざを痛めつけている場所は、なんか沖縄市一番街アーケードのように見えるが…。**

彼らの前に現れる大男。彼は、沖縄やくざの元締めの使者であった。彼は言う。

「ウチの会長がお会いしたいと言っております」

案内人と共に、渡海&香港マフィア達が着いた場所は、ウージ（さとうきび）畑であった。面食らう渡海らをよそに、クバガサを被り、黙々とさとうきびを刈る男。**そのウージトーシー（さとうきびの収穫）に従事する彼こそが、沖縄やくざを束ねる男、中城規介であった。**（別のところでも取り上げて突っ込んだけど、沖縄に中

城って苗字あるのかな)

渡海は、中城に共に協力して、本土への進出を持ちかける。

渡海「沖縄の旗ぁ本土へオッ立てたかァねえか!?」

命がけのやり取りの末、本土進出を承諾する中城。この辺の駆け引きは、中々の見せ場で、物語でも有数の名場面である。

渡海を先導に、香港沖縄連合軍は、九州福岡へやって来る。兄弟分の大西を尋ね、九州最大のやくざ組織の親分村田を味方に引き入れ、九州の山王会勢力排除を画策する。順調に進むかに思えた矢先、香港マフィアリーダー黄の裏切りと、主人公北条が黄に銃撃され、意識不明の重体というアクシデントが立ち塞がる。浮き足立つ九州やくざ達。九州極道の重鎮磐田総長と、渡海の兄弟分大西が、彼ら九州極道達に詰め寄られている時、沖縄やくざの首領中城は、黄に山王会への寝返りを勧められていた。

緊迫した九州極道達の会合の中、その場に登場する中城。
岩田総長「遅かったな…。どこへ行っていた…」
中城「黄と会っていた…」
どよめく九州極道達。
中城「結論を言おう…。俺は退く気はない!」
さらにどよめく九州極道達。
中城「力の前に尾を振るのは簡単だ…。振りたくなくても、振ってしまえば生きられる。だがな、それは生きているんじゃねェ…。生かされているんだよ!!オレは沖縄という国で生まれ、沖縄という国で育った…。骨身に沁みてるんだよ…。力に翻弄され、てめえの意思とてめえの手足で動けなきゃ、屈辱と後悔しか残らねえ!?」
その後、九州極道はまとまり、岩田総長、大西、中城の三人は、一路新幹線で東京へ。行く先は、北条が入院している病院である。東京駅で渡海と合流し、病院へ直行。北条が入っている集中治療室で、北条と岩田総長の五分兄弟盃の儀式が執り行われる。

東京への新幹線の中、大西は中城に尋ねる。

「どうして黄の話に乗らなかった…」

中城「…確かに、沖縄の旗ァ本土にブッ立てるんなら、誰と組んでも同じだ…。…だが…どうせ立てるんなら、おまえや渡海と立ててえンだ…。おまえ達は絶対に裏切らん…。**…沖縄生まれの人間にゃ、もう裏切りはウンザリなんだよ…」**

中城規介、彼の苗字については、疑問点もあるし、物語にも探せば突っ込める点もあるが、全体的に、結構泣かせる名作なので、突っ込みは控えさせてもらった。それに、中城の役柄もシブいしね。

私は、彼・中城規介を〝平成の謝名親方〟と呼びたい。もちろん、漫画もお勧めである。

切ない役割の刺客
「復讐の凶獣」の知念

原作 セルジオ関 作画 筒美廣平
芳文社

これは、1980年頃、週刊漫画サンデーに連載されていたバイオレンス漫画である。

主人公広瀬洋一は、うだつの上がらない、真面目だけが取り柄のサラリーマン。上司や同僚から馬鹿にされたり、笑い者にされても、ヘラヘラ従う、画に描いたような社畜である。そんな彼の唯一の宝物であり、心の安らぎは、美しい妻であった。そんな彼の妻を見初めた奴がいた。日本最大の暴力団組織・帝王会のナンバー2にして、会長実子の錦城猛である。この男が、広瀬の妻に関心を持った事から、悲劇が始まる。

ある日突然何の前触れもなく、妻がさらわれる。後を追う広瀬に襲いかかる男たち。命からがら何を逃れた彼は、会社を首になり、全てを失ってしまう。労務者に身をやつしながらも、奪われた妻を思う広瀬。それでも帝王会の追っ手は追いかけてくる。建設現場で知り合った元極道から、刑務所で一目も二目もおかれる〝カルガンの虎〟なる男の存在を教えられる広瀬。元極道は、広瀬を狙ってやって来た追っ手を道連れに、自爆する。死ぬ間際に、彼は言う〝刑務所へ入り、カルガンの虎に会え〟と。

広瀬は、帝王会の人間を殺し、刑務所入りする。独房内で体を鍛え、カルガンの虎への出会いと、妻を思い焦がれる広瀬。そんな彼を狙って刑務所内にも帝王会の刺客が…。

その一人に知念という男がいた。彼は空手の達人で、実は広瀬の妻をさらう時に、広瀬を殺害しようとした男であった。殺害に失敗し、錦城から、口を糸で縫い合わされるというリンチを受け、口の周りは傷だらけであった。

〝今度はしくじるな〟という厳命を受け広瀬を狙う知念。対決の場は刑務所内の風呂場。壮絶な戦いが繰り広げられる。看守達が駆けつけた時、そこには悠然と体を洗う広瀬と、片目を潰されて、のた打ち回る知念の姿があった。その後、知念は医務室で首を吊って死ぬ。広瀬は紆余曲折あってカルガンの虎のいる網走刑務所へ。

切ない役回りの知念よ、安らかに眠れ。

その後の展開は、単行本をご覧あれ。と言いたいが、この漫画は、現在絶版なので、古本屋をマメに探して欲しい。

なおこの漫画の作画担当の筒美廣平は、その後、作風を変え、ペンネームを谷村ひとしに改め、現在も活躍中である。現在活動の拠点を、パチスロ漫画雑誌に移している。別項でパチスロ漫画を特集しているが、その中で、谷村作品を紹介しているのでそちらもご覧頂きたい。

こんな風習があったらどうするべき「どん・がばちょ」の喜屋武先生

玉井雪雄　著

これは、ビッグコミックオリジナル２００１年３月２０日号と、４月５日号に二週連載された短編漫画である。作画は、別で取り上げた、獣医版ブラックジャック「ＩＷＡＭＡＬ」を描いた玉井雪雄。

主人公は、リストラされ現在無職で、サラ金にも追われる男坂下修、４３歳。家族には無職になったのを隠し、出社と偽っては、公園で時間をつぶす日々。そんな毎日をもう半年も続けている。公園で一服する彼の前にサラ金の追い込みがかかる。カラオケ屋で軟禁状態に置かれながら返済を迫られる坂下。サラ金屋は言う。

「おい、一晩で百万円稼ぐ気あるか？」

その後、坂下が連れて行かれた先は謎の豪邸だった。入り口の両脇に、大きなシーサーが一対、カーミも配置されている。**入り口両脇も石垣になっていて、植えられている植物といい、なにやら沖縄風である。**その中の広い一室で一糸まとわぬ姿にされた坂下。彼の前に現れたのは電動車椅子に載った浅黒い肌の老人だった。電動車椅子で坂下の回りをグルグル回りながら、彼の体をなめ回すように観察する。サラ金屋は老人に語る。

「どうですか、喜屋武先生。うちのコマの中よりすぐりの逸材ですよ。まさに『どんがば』に最適です。」

喜屋武先生「ふーん、色つやはよさそうだな…」

恐怖のあまり、涙しながら坂下は叫ぶ。

「ばっ、馬場さん、勘弁して下さいよー私、それだけはできません！ソッチの方だけは！」

それに対し、サラ金屋は冷ややかに

「アホか坂下、お前が春を売れるタマか?」

坂下がする事になったもの。それは闘牛場のようなその広い一室で、同じ借金を抱えた者同士で行う、殴り合いの闘いだった。勝てば賞金が手に入る。彼は四股名を付けられ、ファイトクラブのようなその空間で、賭け試合に出場する。彼のこれからの運命を含めた、その後の展開と、ラストについては、この作品が単行本化された時に読んで欲しい。

ここでは、先ほど登場した喜屋武先生についても少ない。サラ金屋馬場は語る。て取り上げる。彼についての説明は漫画の中で
「あのじじいは沖縄の元ヤクザでな…。金はうなる程持ってるんだが、何しろ歳だからな。理由があって向こうには二度と帰れないらしいんだが、一つ問題があってな。こっちには闘牛がないだろ? じじいの唯一の趣味だったらしいがな…。闘牛の牛ってのも手に入れにくいし、そもそも対戦者もいない。人間ならむちゃくちゃいるからな」

13ページ目で、喜屋武老人は語る。

「昔ぁーし、南に小さな島があった。それはそれは小さな島で、生産できる食料も限られていた。そこで島民は考えた。弱い人間、役に立たなくなった人間を、海に落とすのだ「どんっ」とな。それが「どん・がばちょ」の由来じゃ。今でも「どんがば祭り」としてその名残が残っている。(中略)弱い者を決めるんじゃ。闘ってな!」

元沖縄ヤクザのこの喜屋武老人。漫画に登場するウチナーンチュキャラの中でも、かなり薄気味悪い人物だ。興味があれば、先ほども書いたように、単行本化されたものを読んで欲しい。

でも、「どんがば祭り」って、本当にあるのかなあ? ご存知の方は、情報提供をお願いしたい。

沖縄に戒厳令がひかれる夜

「憎悪列島」

小川保雄　作画

「実話ドキュメント」、それは「実話時代」「実話時代BULL」と並び、別名ヤクザの業界誌と呼ばれる、極道ネタ満載の実話雑誌である。「実話ドキュメント」の特徴に、刺青のカラーグラビアがある。刺青師の連載もあり、2001年には、**数ヶ月にわたって、沖縄のハヂチを特集していた。**数年前から、伝説の彫り師・梵天太郎氏が、「琉球の風と嵐」という小説を連載している。あと、拘置所にいる方々と、外にいる人との往復書簡**「拘置所通信」**、**「出すに出せない一通の手紙」**等、ユニークな連載も多い。

そんな実話ドキュメントに今から十数年前、沖縄を舞台にした漫画が連載されていた。その漫画の名は**「憎悪列島」**、作画小川保雄。連載は昭和61年スタートだから、今から約16年前の作品である。単行本化もされず、消えて行った作品なので、確実とは言いきれない。だが幸いと言うべきか、「実話ドキュメント」バックナンバー三冊がかろうじて残っていたので、これと私のかすかな記憶を頼りに、紹介して行こう。

舞台は当然沖縄、時代設定は不明。ひょっとしたら復帰前かもしれない。主人公は、米軍に妻子を無残に殺され、復讐に燃える男・比謝橋。彼は、沖縄中の米兵を敵に回し、戦う決意をする。幼なじみの刑事から、軍艦街の東京ジョーを訪ねるよう言われる。これを読んで私は目が点になった。漫画内での説明によると

(—軍艦街—旧日本海軍の空母を改造して米軍相手の遊興街としたもので沖縄を象徴する暗黒の巣窟だった)

港に浮かぶ空母が、一大歓楽街になっている

のである。へえー、沖縄にはこんなところがあったんだ……。知らなかった。

比謝橋は、そこを取り仕切る東京ジョーなる人物から、武器を手に入れ、米軍相手に戦いを開始する。たった一人で戦艦を破壊したり…。ランボー並みのすごい奴である。

沖縄中に戒厳令が敷かれ、微罪でもしょっ引かれ、収容所に連行される人達が続出する。お尋ね者となりながらも、彼に味方する米兵に反感を持つ地元民や、基地内で差別され細菌兵器の実験台にされた黒人兵達の助けを借りながら戦い続ける。別項で取り上げた「ドーベルマン刑事2度目の来沖」に匹敵する、ぶっとんだ内容だ。

物語に緊迫感をもたす為なのかは知らないが、ゴルゴ13の回でも取り上げたように、**県外の人から見ると沖縄って所は、こんな緊迫感あふれる地域に映ってしまうのだろうか。**こればかり強調されると、観光産業への打撃と、考えてしまうのは私だけだろうか。

最後は、米軍基地内に隠されている核ミサイル発射施設に立てこもり、死を覚悟の戦いを挑んだところまでは覚えているが、残念ながらオチを覚えていない。この漫画が連載されていた実話ドキュメントを、全て揃える事が出来なかったのが、悔やまれる。

沖縄移住を考えている方へ、沖縄は決して癒しの島ではないよ。ここ沖縄は、米軍のご機嫌次第で、すぐに戒厳令が敷かれる恐ろしいところなんだよ。

殺し屋たちの安住の地にされても
「QP」の殺し屋たちの夢

高橋ヒロシ 著

ヤンキー漫画の第一人者で、月刊少年チャンピオン連載「クローズ」でヒットを飛ばし、現在も月刊少年チャンピオンで「ワースト」を連載する高橋ヒロシ。彼が、数年前ヤングキングで連載していた漫画に、「QP」がある。

圧倒的な腕っ節の強さと凶暴さの反面、仲間への優しさを持ち、少年院へ入る前は数々の伝説を残した、傷だらけの顔の主人公QPこと石田小鳥。その幼馴染にして親友の吾妻涼。

物語の詳細は、実際に作品を読んで頂くとして、QPは少年院を出てから真面目に生きて行こうとするのに対し、涼は裏世界への道を突き進んで行く。物語後半、一度は涼の命を狙うが、後に腹心の部下となる**関西出身の殺し屋二人組・トム&ジェリー**が登場する。物語終盤で、涼とこの二人組は、彼らを恐れる暴力団から差し向けられた、殺し屋集団の襲撃を受ける。

この戦いの中で、トム&ジェリーの片割れが自分達の過去と夢を語るシーンがある。

《わしと相棒はお互いチビの頃親に虐待されて施設に保護されたんや…それも同じ日にほんならそこの園長ってーのが鬼畜みたいなクソ野郎でな。わしらは虫ケラ以下に扱われとったんや…

ほんま地獄やったでェ

そんな生き地獄をじっと耐えその日が来るのを待っとったんや…

ほんで12歳のある日

その園長をメッタ刺しにして

施設を飛び出したんや!

それからわしらがどないな

ケモノ道生きてきたか

われなら少しはわかるやろ…

わしらは銭のためやったら、

なんでもやったる!

ごっつい金貯めて、相棒と沖縄あたりで、

いつか暮らすんや…》

沖縄に、引退後の夢を思い描くのは勝手であるが、人殺し共の安住の地にされてしまうのは…。

第四章
誰がも知らない味わい深い沖縄
立ち読み放浪記

本章では、番外編的に私が集めた、雑誌や書籍に見る、味わいのある沖縄を紹介する。専門・ジャンル系雑誌で紹介される沖縄、著者による沖縄滞在記、沖縄に影響を受けた人等、様々だ。ここでも可能な限りマイナーなものに光を当てるように務めた。意外なところで活躍したウチナーンチュや、脚光を浴びずに姿を消した方々、そしてマイナーなジャンルの世界から見た沖縄等に、目を通して頂きたい。そこには、我々が知らない、別の沖縄がある。

本土お笑い界進出の先駆者
小菊師匠の波瀾万丈人生

昭和40年前後に、横山ノック、青芝フック、と共に結成した漫画トリオで、一世を風靡し、トリオ解散後は、タレントとして活躍、2002年に引退した、上岡パンチこと上岡龍太郎。

彼は1995年、「上岡龍太郎かく語りき」（筑摩書房）なる自伝を出している。その第5章「楽屋の人間模様」で、当時の、個性豊かな芸人達が、紹介されている。その中に、奇人と呼ばれた漫才師・松葉家奴さんの弟子・岡田東洋・小菊という、夫婦漫才師についての記述がある。

《この小菊さんっていうのが沖縄で琉球舞踊の名手です。まだ戦後すぐですから、東洋さんが岩陰に隠れて密出国みたいな形で小菊さんを連れ帰ったちゅう話も聞きました。（中略）恰幅のいい東洋さんとちっちゃーい小菊さん。で、東洋さんが横浜訛の大阪弁で、小菊さんが沖縄訛の大阪弁でしたね。》（文庫版165ページ）

現在、沖縄出身のお笑いコンビ、ガレッジ・セールが、本土で活躍中だ。レギュラー番組は何本も抱えているわ、本も出すわ絶好調だ。地元のお笑い劇団から、吉本興業等の大手に行ったりするケースも、あるようだし。

だからこそ、彼らより約半世紀前、すでに本土のお笑い界で活躍していたウチナーンチュがいたというのは、注目に値する。**ウチナーンチュの本土お笑い界進出は、小菊師匠のデビューをもって、元年とするべきであろう。師匠こそパイオニアである。**

小菊師匠に関する情報は、残念ながら、ネットで検索しても、全然引っ掛かってこない。上岡氏の著作から推察する限りでは、活動時期は、おそらく昭和３０年代から４０年代にかけてだろうと思われる。さらなる調査が、必要なようだ。いつの日か、吉本興業や松竹芸能に問い合わせねばなるまい。おそらく現在は引退され静かに暮らしている事だろう。

小菊師匠、お元気でしたら、師匠から見た当時の上方芸能の事や芸人さん達の事、そして密出国に関するエピソード等を、聞き取り調査させて下さい。

小菊師匠について、ご存知の方がいましたら、ご一報下さい。連絡お待ちしております。

……という内容で、２００4年8月１８日の琉球新報「落ち穂」に書いたところ、ご存知という方から連絡があった。今回改めて、新聞の威力と、恐ろしさを思い知った次第である。

小菊師匠をご存知のその人は、**新城栄徳**さんというお方であった（沖縄の近代史の資料蒐集関係では知る人ぞ知るというお方だと、後にボーダーインクの新城さんに教えてもらった）。

新城氏によると、岡田東洋・小菊は、「青い海」創刊号で取り上げられていたとの事。（後で、そのコピーをもらう事ができた。ありがとうございます）

早速、ある日の日曜日に、お会いできることになった。小菊師匠は、１５、6年前に沖縄に戻って来ていて、現在、沖縄本島南部在住で、ご健在との事であった。

当日、チムドンドンしながら待ち合わせの場所に到着。師匠のご近所にお住まいの郷土史研究家・真喜志様のご案内で、新城氏、新報の記者、私の計四人で、いよいよお宅訪問。**思わず心の中で〝われわれ取材班は…〟とつぶやいてしまう私。**ネタが古くてごめんなさい。住宅に入ると、チワワ数匹の挨拶を受ける。（真喜志さん曰く、「小菊師匠の弟子」との事）

そして、いよいよ、チムワサワサーのご対面である。

師匠は、その芸名通り、小柄で細面の、可愛らしいオバーであった。大阪弁で語られる貴重なお話の数々。相方になる旦那さんとの出会いや、横山やすしや西川きよし、アホの坂田、横山エンタツ花菱アチャコ、都蝶々等の芸人さんのエピソード。今回の訪問にあたり、参考資料として、持参した文庫本「上岡龍太郎かく語りき」の中の、松葉家奴師匠の写真が掲載されたページを見せると、それをまじまじと見つめ、

「私は、この人の弟子でした」

と、松葉屋奴師匠の思い出を、懐かしそうに、しみじみ語る小菊師匠。目の前の彼女は、まさに戦前戦中から現在に至るまでの、上方演芸の歴史の生き証人でもあった。

そして、アルバムに収められた、当時のお姿の美しい事…。旦那さんが、密出国同然で、連れ帰りたくなった気持ちが、よ〜く分かった。

小菊師匠、私ごとき若輩者の訳の分からない不躾な質問に丁寧にお答え頂き、誠にありがとうございました。いつまでも、お元気でいて下さい。

本土芸能界で活躍したウチナーンチュの先駆者として、小菊師匠は、もっと評価されてもいいと思う。残念なのは、師匠の現役時代の、舞台での映像や音声が残っていない事だ。**もし残っていたら、絶対文化財として保存すべきである。**

最後に、ご案内頂きました真喜志康徳様、小菊師匠健在の情報、及び師匠が掲載された「青い海」創刊号コピーをご提供頂きました、新城栄徳様ありがとうございました。この場を借りて、深くお礼申し上げます。

追記　琉球新報朝刊の文化面、２００５年８月２３日２４日２５日の三日にわたり、小菊師匠の特集が組まれた。タイトルは、「沖縄漫才　小菊師匠一代記」。そこで、師匠の波乱万丈の人生が、描かれている。興味が湧いたら、図書館へ急げ。

ケンちゃんと沖縄

　数年前、沖縄市の某コミュニティＦＭ局で、仲間三人と番組をやっていた事がある。ある時番組で、〝世の中にある法則〟という特集を組んだ事があった。
　最初は、中学高校の科学の教科書に登場する、**「メンデルの法則」**、**「フレミングの左手の法則」**、**「ボイルシャルルの法則」**から始まり、次に**「マーフィーの法則」**や、相原コージ＆竹熊健太郎両氏の著作『サルでも描けるマンガ教室』で紹介されている、エスパー漫画を動かしている法則**「イヤボーンの法則」**を紹介した。
　そしてトリで紹介したのが、私なりに芸能界をウォッチングして、提唱した三法則だった。
　その法則は名づけて、「子役の三法則」。内容は次の通り。

①子役は、太る。
②子役は成人後、あまり大成しない。その多くは、悲惨な末路をむかえる。
③ただし女性の子役は、スキャンダル系キャラで、生き残る可能性あり。

　芸能界において、歴史に残る名子役といえば、ケンちゃんこと宮脇康之氏であろう。全盛期の人気も凄かったが、成長後の人生も、先に挙げた「子役の法則①②」を体現しているかのようなすさまじさである。
　ネットの古本屋で**「ケンちゃんの１０１回信じてよかった」**（宮脇康之著　講談社　以後は「１０１回」）を購入、読んでみた。本音を言えば、１９９７年に出た**「名子役の虚構―ケンちゃんの真実」**（宮脇康之著　有朋堂）も、購入して併読したかったが、ネットも含めて、可能な限りの古本屋をあたったが、残念ながら、見つけることは出来なかった。

話を戻そう。**読了後の感想は、すさまじいの一言。**「ケンちゃんシリーズ」のヒットは家族を狂わせ、ケンちゃんという虚像は、本人の想像を超えて巨大化し、制御不可能なまでの暴走を始め、実像である宮脇康之とその家族を翻弄して、家庭崩壊に追い込んでいく。山岸涼子の中編漫画「グリーンフーズ」に通じるものがあるが、「101回」が事実な分強烈だ。まさに、**〝事実は小説より奇なり〟**。ちなみに「101回」の第1章のタイトルは、「ケンちゃんという名のモンスター」。そして、死肉の臭いを嗅ぎ付けて飛んで来る、オーベーのように姿を現し、言葉巧みにケンちゃんを食い物にする魑魅魍魎共の暗躍。

個人的に読んでいて、心が痛くなったのが、ケンちゃんの兄の事だ。宝島から出た「アイドルという生き方」でも、ケンちゃんのすさまじい人生が、かいつまんで紹介されていて、兄の事も書かれていて、とても心が痛くなった記憶がある。両親がケンちゃんにかまう余り、自分に愛情を向けられなくなったショックから、自殺未遂をしたり、歯科大学まで進んだのに、ケンちゃんの借金の為に中退したり。「101回」では、兄は四国在住で、未だ独身との記述があるが、サラっと書いているところが気になる。

子供に芸を仕込み、あわよくば芸能界デビューさせようと考えているステージママ志望の人間に、読ませたい一冊である。

そして、この本の第8章では、沖縄滞在時の事が書かれている。タイトルは、「沖縄への漂流人生」。滞在期間は、1989年7月から1992年12月。

私はその時期、本島中部方面で、白いライトバンを運転するケンちゃんを、二度見た事がある。地元の飲み屋雑誌に、ケンちゃんのお店が掲載されているのを見た事もある。

さてその頃の滞在期間に何があったのかというと…。

ケンちゃんは、１９８３年から８４年にかけて、チャンバラトリオの結城哲也師匠の付き人をしていた。その頃に、師匠のお供で、沖縄に二泊三日滞在した、との記述がある。「１０１回」を読む限りでは、これが最初の来沖になる。次の来沖は、社長の奥様は沖縄出身で、弟が結婚していた頃。社長の奥様は沖縄出身で、１９８６年墓石販売会社で営業をしていた頃。社長の奥様は沖縄出身で、弟が結婚式を挙げることになり、お供で沖縄を訪れたと書かれている。ケンちゃんは、その二度の体験から、沖縄病に感染したようだ。

１９８９年、ケンちゃんは最初の来沖で知り合った、結城哲也師匠の友人であるスナックのママに連絡を取る。そこでママから、是非沖縄に来るよう勧められ、来沖。共同経営で飲み屋を始める。店の名は**「ケンちゃんの店」**、私が飲み屋雑誌で見たのは、これと思われる。だが、親切そうに見えるママも、魑魅魍魎の一人だった。人が良く、頼まれたら断れないケンちゃんは、言われるままに、銀行、次はサラ金と借金を重ね、追い込みをかけられるハメになる。

この時期と前後するのか不明だが、２１６ページでママから、沖縄では名の知られてた民謡歌手を紹介され、その方の芸能事務所に所属した、との記述がある。その民謡歌手から紹介してもらった不動産会社社長から、ママと手を切るように勧められ、その後、その不動産会社に入社し、地上げのセールスを始める。沖縄ではケンちゃんの人気は高く、名前と身の上話で、オバーが次々と契約書に捺印していったと、書かれている。この頃、コザから那覇に引っ越している。ラジオのレギュラーも、週に４本抱えて、絶好調な様子が伺える。所属事務所も、前述の民謡歌手のところから、「ケーズプランニング」なるところに変わっている。ちなみに、その事務所の代表の固有名詞は書かれていないが、オキナワンロックの歴史に名を残した女性シンガー、喜屋武マリーの旦那との記述がある。その後、不動産会社倒産に、所属事務所解散。「ジェットコースター人生イン沖縄」である。

だが、ケンちゃんに降りかかった災難はそれだけではなかった。ある人間から共同経営と連帯保証人の話を持ちかけられ、またまた、話に乗ってしまうケンちゃん。家庭崩壊以降本土でも辛酸を舐め、沖縄で最初にスナックのママに持ちかけられた甘い話で、苦労をしているというのに、つくづく学習能力が無い奴である。ニホンザルの方が、よっぽど学習能力があるぞ。案の定、ケンちゃんに甘い話を持ちかけた人間は、ドロン。裁判所から差押え命令が届く。これまでの蓄えのほとんどを返済にあて、残していた航空運賃と、当座の生活費で、ケンちゃんは東京へ…。

　東京へ戻って以降も、相変わらず子役時代に作られた虚像に翻弄されたり、魑魅魍魎共にたかられたりの日々が続く。**つのだじろうの心霊漫画、「恐怖新聞」で描かれた、悪霊にとり憑かれる人間の姿が、ケンちゃんと重なる。だが、ケンちゃんに群がる魑魅魍魎共は、生きている人間だ。**金貸し漫画「ミナミの帝王」5巻で、主人公萬田銀次郎と対決する、整理屋・源内大三郎の言葉を思い出す。

「ええか！この世で一番怖いのはな…生きとる
人間じゃ！
死んだ人間が詐欺をするかい！？
人の上前をハネるか！？
死にかかっとる奴の足引っ張ったりするか！？
みんな生きた人間のすることっちゃ！
この世で一番恐ろしいのは
何食わぬ顔で街の中を歩いとる…
生きた人間じゃああーッ」

その後ケンちゃんは1995年入籍、2年後長男誕生。2001年借金返済。還元水の生成器を、ネットワークビジネスで販売しているとの事。そして、二人目が生まれる事を匂わせる記述もある。借金も返済し、収入もあり、家族も増え、幸せな気持ちが文面に表れているのだが、何か引っかかる。

ひとまず読み通して、ケンちゃんから感じられるものを、四点挙げてみた。

その一　酒豪。とにかく酒にまつわるエピソードが多い。小学生時代に石原裕次郎さんに酒を進められたから始まり、中学高校でも酒豪で鳴らしていた。96ページで、沖縄に住んでいた頃、2時間で、マルガリータを98杯飲んだとの記述がある。

その二　占いを信じる。

その三　うまい話に乗りやすい。沖縄でのエピソードは、氷山の一角だと思われる。騙される話は、1997年に、奥さんが実印を預かるようになるまで続く。

その四　妙に前向き。本全体から感じられる、最も大きな部分である。私は、この前向きさは、彼が生業としているネットワークビジネスにあるのでは？と思っている。

「101回」のみでは一面的なので、もう一つ補足資料を紹介しよう。「名子役の虚構―ケンちゃんの真実」は、前述したように、残念ながら入手できなかったが、数年前、ブックマーケットの100円コーナーで、偶然ケンちゃん関連の本を発見した。購入してから数日後、数冊あったその本は100円コーナーから消えていた。本の購入はつくづく出会いとタイミングが大事だと実感する。本の名は**「ケンちゃんと私」**2

002年7月15日第1刷、発行は文芸社。「101回」より、約2年早く出版されている。著者の江戸和彌氏は、1940年生まれ。埼玉県で、喫茶店と保険関係のお仕事をされている。この本を読む限りにおいては、著者がケンちゃんと知り合ったのは、1994年12月。以降、本を出すまでの8年間のケンちゃんとの家族ぐるみの交流を綴った内容になっている。孫が、ケンちゃんになついていて、ケンちゃんの長男と孫が、また兄弟のように仲良し、との記述がある。

ケンちゃんの第一印象は、23ページに「タレントとは思えない。おごったところのない、ひたむきで」

と書かれ、印象は悪くないが、その後作者の目を通して書かれたエピソードの中には、微笑ましい出来事と、ケンちゃんを食い物にしようとする魑魅魍魎に騙される事件が、ほぼ同じくらいの分量で交互に登場する。吉凶禍福はあざなえる縄の如し。作者も、文中で「ケンちゃんは人がいい」とか、「酒を飲むと安請け合いしてしまう事が多い」と書いている。さらに24ページでは「ケンちゃんは『沖縄は第二の故郷』と言っている」という記述もある。まだ沖縄病は続いているようだ。そんな沖縄病保菌者のケンちゃんと、作者と仲間を加え、計七名で、沖縄へ二泊三日旅行をした記述が136ページにある。沖縄市と、万座方面を訪れた事は分かるが、作者自身が、復帰前に行った沖縄旅行体験を交えながら書かれているので、詳細が分かりづらい。行った時期も書かれていない。まあ、1994年から2002年の間である事は、確実なのだが。

「101回」とも重なる部分は多い。結婚と長男誕生の事ももちろんだが、この本でも、ケンちゃんが、還元水生成器の販売に関わるまでが書かれている。

という訳で、ケンちゃんが現在前向きに取り組んでいる仕事であるが、そことの関わりも沖縄がらみであった。前述した、チャンバラトリオの結城哲也師匠のお供で沖縄に行った頃、喫茶店経営の女性と知遇を得ていたとの記述が263ページにある。この女性は、ケンちゃんの借金をずっと心配していて、彼女が紹介したのが、ケンちゃんが売っている還元水生成器の会社社長だったとの事。

「ケンちゃんと私」では、146ページで、作者はお盆前にケンちゃんの奥さんから、ケンちゃんが沖縄へ行ったきり、しばらく戻ってこないとの電話を貰う。何年頃の話なのか書かれていないが、時期的には、おそらく借金を全額返済した2001年前後だと思われる。その沖縄滞在での出会いが、前述の還元水との出会いだった。「ケンちゃんと私」の作者は、自らも、還元水で肝臓の病を直した経験と、ケンちゃん本人からも話を聞いたり、会社を直接訪ねたりした上で、この商売は大丈夫と判断、奥さんに彼は大丈夫だと説明する。本の最後で、この商売はケンちゃんにピッタリだとか、ケンちゃんは現在一生懸命頑張っていると、いい評価をしている。

私は、ケンちゃんが売っている還元水生成器の会社を、ネットで検索してみた。検索で引っかかった中には、そこの社長は2005年1月にブッシュ大統領から2月3日にワシントンで開かれる朝食会に招待されたとの記事があった。会社のHPも凝ったデザインで、勢いを感じる。だが商品の特色や素晴らしさはたくさん書かれているのだが、値段が明記されていない。検索でヒットした中に、「悪徳商法マニアックス」というサイトがあったので開いてみると…。そこには、ケンちゃんが販売している商品の値段は、1台50万円との書き込みがあった。書き込んだ方の親が、購入寸前までいって、最終的に辞めたという内容だった。他に、ケンちゃんはこの会社の広告塔では？　等、辛らつな書き込みが、数えきれないくらいたくさんあった。

ケンちゃんに、還元水生成器販売のネットワークビジネスなる仕事を与えた、沖縄での出会い。これは、ケンちゃんにとって、幸運の女神なのか？それとも女神の皮を被った魑魅魍魎なのか？

本の中では、ケンちゃんと家族の生活を、安定させるだけの収入を、もたらしているように見える、ネットワークビジネス。

その収入は、ケンちゃんのジェットコースター人生に終止符を打ち、今後の彼に豊かな暮らしをもたらす、金の鉱脈なのか？

それとも、魑魅魍魎共が、新たなるジェットコースター人生へといざなうために仕掛けた、疑似餌なのか？

現時点では定かではない。

思いつくままに
ウチナーンチュアイドルの先人達

1990年代から、沖縄出身タレントは、芸能界で、一定の地位と勢力を占めるようになった。**80年代の県出身アイドル、冬の時代を知っている人間にとっては、まさに隔世の感がある。**
ある意味、いい時代になったのかもしれない。だが、現在の県出身アイドルの隆盛も、過去の先輩達の苦労があったればこそである。今回、思いつくままに、その先人達を取り上げて行きたい。**我々は、彼らの苦労を忘れてはいけない。**

まず一発目は、**仲宗根美樹。**

集英社新書『「明星」50年601枚の表紙』という、アイドル雑誌月刊明星の表紙を集めた本がある。1952年の創刊から、50周年を迎える、2002年10月号までの表紙を集めた、芸能誌研究の上で非常に資料価値の高い本である。

その1962年5月号の表紙を飾っているのが、仲宗根美樹さんなのである。ウチナーンチュアイドルとして、明星の表紙に登場した先駆者と言えよう。

2004年9月に、仲宗根美樹さんが登場する映画、「川は流れる」を観る機会があったが、制作が1962年3月3日なのを考えると、同年に明星の表紙に登場したのは、キャンペーンの一環だったのか？

彼女以後、ウチナーンチュアイドルが明星の表紙を飾るのは、1973年1月号**南沙織**まで、待たなければならない。

南沙織の明星の表紙登場から約一年後、1974年3月号の表紙を飾ったのは、**フィンガー5**であった。和製ジャクソン5といったところか。70年代の芸能界の歴史に残った、ウチナーンチュアイドルの二枚看板であろう。南沙織はその後写真家・篠山紀信夫人となり、フィンガー5の玉元兄弟は、芸能界を引退し、別の業界で生きている。時折思い出したように、懐かし芸能人特集に顔を出したりする。長男は、一度国政選挙に出た事もあったな。

その後90年代に**安室奈美恵**、**SPEED**等のアクターズスクール出身者が出てくるまで、ウチナーンチュアイドル冬の次時代が続く。

2003年、漫画喫茶で読んでいた写真週刊誌、フラッシュ12月2日号で、懐かしのグループアイドルが紹介されていた。その中に、1973年にデビューした**アップルズ**という三人組が。**それによると「沖縄出身のアイドルグループ第1号でSPEEDのルーツ（？）」とある。**

新垣玲乙奈（れおな）、久良良（くらら）、利理佳（りりか）の三姉妹。日本テレビ系の「全日本歌謡選手権」で、10週勝ち抜きはならなかったが、「ブルーエンジェル」でデビュー。その後シングル「ひげのおまわりさん」を出して、80年にR&BボーカルのEVEになったらしい。

あと、フラッシュの特集に登場した、**ゴールデンハーフスペシャルの中にいたトミー砂川は、ウチナーンチュだろうか？**

3年前、沖縄市のミニFM局で、番組をやっていた時があった。たまたま、放送日が復帰記念日に当たったので、復帰ネタで行こうと、南風原町の県立沖縄公文書館へ行って、1972年5月の琉球新報をコピーした事がある。ゴールデンウィーク中、部屋の掃除をしていたら、そのコピーが出てきた。それらをパラパラとめくっていると、歌謡ショーの広告を発見。1面の4分の1を使っているのではないか。タイトルは「歌と笑いの東芝ゴールデンショー」とあり、開催は9月でチケット販売の広告であった。出演するのは黒木憲、三遊亭小円遊、牧伸二、渚ゆう子。

という訳で、前振りが長くなったが、**渚ゆう子**である。FM局で番組をやっている関係で仲良くなった**Mr.スティービー**という方がいる。彼から、その渚ゆう子が沖縄出身との情報を得たので調べてみたが、1945年大阪府出身との事であった。両親は沖縄出身で、幼い頃より琉球民謡を歌っていて、高校を卒業後〝九葉真鶴〟の芸名で民謡歌手デビュー。和田弘（マヒナスターズ）に見出され、彼の勧めで上京、渚ゆう子と改名。1967年「早くキスして」で歌手デビュー。1971年「さいはて慕情」で、レコード大賞歌唱賞受賞。1981年に引退したが、95年「北ホテル」で復帰。2005年4月20日に出したアルバム、**「京都の恋　京都フェロモン菩薩」**というタイトルは、なんか笑える。

南沙織が、月刊明星の表紙を飾り、アップルズがデビューした1973年から3、4年後。当時中学生の私は、いつものように、本屋で立ち読みをしていた。ある日の事、誌名は忘れてしまったが、何の気なしに、パラパラっとめくった時だった。突如、私の目に飛び込んできた、カラーグラビアに写る女性。カウボーイハットに拳銃を構えたロングヘアの、エキゾチックな顔立ちのその女性は、プロフィールを見ると、沖縄出身とあった。セクシー系を前面に押し出したのであろう、その姿も十分インパクトが強かったが、芸名も、負けず劣らずすごかった。彼女の名は、**アゲナ・スー。**

あれから月日は流れた。その名前を、2003年にボーダーインクより出版された、「新おきなわキーワード」掲載の「アゲナ・スー物語」で、再び目にするとは…。これを読んで、私の頭の中で、埋もれていたアゲナ・スーという名が、よみがえったのであった。この本が出た後、確か12月だったと思う。ある日、私は仕事で外回りをしながら、ラジオをつけていた。地元の某番組で、突然流れてきた曲があった。ピンク。レディーの「ペッパー警部」を彷彿とさせる、初めて聞くその曲は、中学時代に、私が雑誌のグラビアで見た、アゲナ・スーの**「セクシーハンター」**であった。番組には、ボーダーインクの新城氏らがゲスト出演し、本のキャンペーンと、アゲナ・スーについて熱く語っていた。

ラジオを聴きながら私も、**〝そういえば、この人今どこにいるんだろう？〟**との疑問を抱きながら、会社に戻ると、事務機の営業の女性が来ていて、うちの女性スタッフとユンタクしていた。私は挨拶をしてパソコンに向かい、見積書作成に入った。営業の女性が帰って数時間後、女性スタッフは言った。

「アゲナ・スーさん分かる?」

「そういえば、今日ラジオで特集やってたけど、今どうしてるのかな」

「今来てた人さ」

灯台元暗し。

Wander（ボーダーインク）36号にアゲナ・スーさんの波乱万丈の人生を語ったインタビューが掲載されている。興味のある方はご覧あれ。


話を、ウチナーンチュアイドルの先人達に戻す。1979年に、化粧品のCMに使われたデビュー曲で火がつき、当時の高視聴率番組「ザ・ベストテン」入りしたウチナーンシンガーがいた。彼女の名は**桑江知子**、デビュー曲は**「私のハートはストップモーション」**。同姓同名の同級生がいたり、彼女の親戚だと言うクラスメイトがいたり、周りでは話題に事欠かなかった。その後「宇宙戦艦ヤマト完結編」の挿入歌を歌ったり、ロス・インディオスに参加したりして、現在はソロ活動を続けている。ライブハウスモッズでも歌った事がある。後、私の記憶に間違いがなければ過去に一度グラビアでセミヌードを出した事もあったような…。


80年代に入ると、南沙織、フィンガー5クラスの、突出したウチナーンチュアイドルは、悲しいかな出ていない。

これはアイドルネタではないが、**当時プチセブンで連載されていた漫画、「ハイティーンブギ」の主役を全国で探していて、沖縄市内の某中学校の生徒がスカウトされていたという伝説があった。**映画制作側も熱心に口説いていて本人も乗り気だったらしいが、親の反対で断念。その後「3年B組金八先生」でブレイクした近藤真彦になったというが、それが本当なら一歩間違えたら沖縄初の男性アイドルになっていた可能性もある。


男性アイドルといえば、81年に放映された草刈正雄主演の時代劇「鞍馬天狗」に、沖田総司役でデビューしたのが、**羽賀研二。**その後「笑っていいとも」の初代いいとも青年隊、梅宮アンナとのロマンス、そして破局、借金発覚、誠意大将軍、宝石販売で借金返済等、芸能界で時折話題を提供している。**沖縄出身のスキャンダル系タレント第1号といったところか。**

1982年頃、主にグラビアでの活動が、個人的に印象に残っているのが**堀川まゆみ。**当時、雑誌スコラに掲載されていた、セクシーなレオタード姿が忘れられない。**MAYUMI**の名で、作曲家として活動もされているようだ。

そういえば、女優の**沖直美**は元気かなあ。

続いて、1983年に「チャイニーズボーイ」でデビューしたのが、**山口由佳乃。**NHK「レッツゴーヤング」のサンデーズのメンバーや、「欽ちゃんの週刊欽曜日」のレギュラーを勤めたが、その後引退。小柄な体からは、想像できない歌唱力と、元気の良さが印象に残っている。

先ほど紹介した堀川まゆみの妹で、松任谷正隆・由美御夫妻のバックアップで、1984年に、デビューしたのが麗美である。**デビュー前は、沖縄市島袋三叉路方面のピザ屋シェーキーズで、ピアノを弾いていたという伝説がある。**現在は、その伝説の場所シェーキーズも無く、駐車場とコンビニになっている。時の移ろいを感じる。現在は、REMEDIOSの名で、音楽活動を続けているとの事。

同時期、佐藤B作率いる劇団東京ボードヴィルショーの劇団員にいたのが、**あめくみちこ。**薬師丸ひろ子似の可愛らしい顔で馬鹿な事をやるのがウケたのか、「俺たちひょうきん族」で、一時期レギュラーをしていた。(現在、佐藤B作さんと結婚されたそうで、おめでとう)

１９８３年に、あだち充原作の人気漫画の映画化作品**「みゆき」**で主役を演じ、翌年１９８４年に歌手デビューを飾ったのが、**宇沙美ゆかり。**歌手になった頃、テレビ東京の学園ドラマ**「カトレア学園」**で、石倉三郎演じる喫茶店のマスターの姪っ子という役で、レギュラー出演していた。１９８５年製作、**「Vマドンナ大戦争」**で、主役を演じたのを最後に引退。

１９８７年に「ＳＴＡＲ　ＳＨＩＰ　—　I,m going　high—」でデビューしたのが**ＧＷＩＮＫＯ。**初期のアクターズスクール出身である。ＯＴＶのＣＭに出てた記憶がある。「笑っていいとも」のテレフォンショッキングに出た時に笑福亭鶴瓶が「ＧＷＩＮＫＯはわしが育てたんやでえ」と語っていたのが印象に残っている。他にタモリとのやり取りを観て、対応が真面目すぎるのも印象的だった。何時だったかは忘れたがライブハウスモッズでも生ＧＷＩＮＫＯを見たことがある。歌ではなく客として来ていたのだが。個人的にはタイトルは忘れたがゼルダのカバー曲が好きだった。現在は陶芸家・与那覇朝大夫人である。

１９９０年頃、爆弾娘の異名をとりながら、ＴＶに出始めたのが、**早坂好恵。**そういえば、彼女もアクターズスクールか。安室もＳＰＥＥＤも彼女達の存在を決して忘れてはいけないと思う。１９９９年に先ほど紹介したあめくみちこと映画**「豚の報い」**に出演。２００３年１２月に入籍。**現在、プロレスラー・スペルデルフィン夫人である。**

１９９１年、毎週日曜日の朝、放映されていた、東映の不思議コメディーシリーズ**「不思議少女ナイルなトトメス」**。その番組に、レギュラー出演していたのが、**具志堅ティナ**である。神社の神主の娘という、説得力の無い無意味な設定が笑えた。同じ年に、映画**「僕らの七日間戦争2」**にも出演している。他にも、当時、番組タイトルは忘れたが、朝の番組にレギュラー出演して、英語のワンポイントレッスンをしていた記憶がある。

話を戻す。具志堅ティナは、現在引退し、主婦業に専念しているとの事である。

具志堅ティナや早坂好恵の９１年頃の芸能界での奮闘から数年後、アクターズの快進撃が始まる。その流れは、kiroroやBEGIN等の、沖縄に根ざした音楽を取り入れた、のんびりした癒し系のヒット曲ともクロスしながら、〝沖縄音楽〟という分野の形成に関わっていく。

思いつくままに、ウチナーンチュアイドルの先人達を、紹介してきた。私が知らないだけの先人も、沢山いるかもしれない。彼らの中には、夢破れ芸能界を去った方、諸事情により引退した方等、色々いらっしゃると思う。

私は断言する。現在のウチナーンチュアイドルの隆盛は、間違いなく皆様方の苦労があったればこそである。その苦労は、決して無駄ではない。

感謝の意を込め、心よりウートートー。

アクターズマキノ校長の夢の行方

90年代半ばに、沖縄出身アイドルを輩出した、アクターズスクールのマキノ正幸校長が、1998年に出した**「才能」**（講談社　1998年）という本がある。タイトルに、才能という単語を載せているだけあって、自信に満ち溢れた内容になっている。安室奈美恵、SPEED、MAX、B.B.WAVES、DA　PUMP等といったタレントが本の中で紹介され、当時の勢いが窺い知れる。

話は飛ぶが、20年前大学時代、よく読んでいた雑誌に、「投稿雑誌」「熱烈投稿」があった。その中で、個人的に好きだったのが、B級アイドル特集であった。そこで、酷評されていたアイドルがいた。「親が芸能関係だからって売れると思ったら大間違いだぞ」といった内容の、かなり辛辣な文章であった。彼女の名は、**牧野アンナ**。マキノ校長の娘にして、アクターズのインストラクターである。私はふと思う。**90年代のアクターズの快進撃はあの当時ヒットせずに消えて行った牧野アンナの怨念と執念の賜物かもしれないと。**

「才能」に話を戻そう。

大きく4章に分かれている。

第1章「沖縄アクターズスクールの『才能』たち」の最初では、主に安室奈美恵を取り上げている。

第2章「『才能』を求めて」では、自身の生い立ちと、沖縄へ来るまでが、書かれている。この章の記述を読む限りでは、経済的に不自由してない、半生を過ごして来たように見える。ちなみに、初来沖は1971年。渡哲也と西表島へ行ったり、ヒルトンホテルを根城にして、8

ヶ月滞在したりした後、移住を決意との事。並の人間に出来ることではない。

第3章「ブレイクスルー」では、教育法の確立や、アクターズスクールメソッドの紹介、安室奈美恵売出しのエピソード、MAX、SPEEDが取り上げられている。

第4章「『才能』に託す夢」で、自分の教育観を語っている。

とにかく全編自信に満ち溢れている。 116ページの記述では、通ってくる子供が楽しいと思える工夫をしているとある。確かに、楽しい方が通いではある。

175ページで、マキノ氏は、いじめにあっているという子供の母親から、相談を受ける。そこで子供に会う。学校には行かないと言い張るその子に、うちに来るかと声をかけると、その子は考え込んでから首を縦に振る。結果アクターズで預かる事に。その後、その子は明るさを取り戻し、ダンスも歌もうまくなり、今はDA PUMPのメンバーとの事。私はこの少年が誰なのか「DA PUMPの素顔」(コアラブックス)で、調べてみたが、分からなかった。まあ、才能があったから成功したと思うが、去年、DA PUMPのメンバーが、飲酒運転でパクられたのは、才能を伸ばし開花させても、一般常識を学ぶ事はなかった、という事なのか? それに成功例を挙げたところで、成功者の影には、挫折した人間もいる訳で、挫折した人間のほうが、圧倒的に多いかもしれない。悪い例えになるが、戸塚ヨットスクールの校長も、自閉症が直った子供がいると言って、成功例を前面に押し出していた。そういえば、宝島から出た、沖縄のネガティブな面を特集したMOOK、「沖縄ダークサイド」で、元アクターズのインタビューが掲載されていた。光あるところに影あり。

マキノ氏が、著作で取り上げている才能は、ショービジネスにおける才能だと思う。**スポットライトを浴びる職業は、一見華やかだけど浮**

き沈みも激しい。第一線を退いて後の方が、人生長かったりする。アクターズに入った全ての人間が、成功する訳ではない。好きな事をやらせて、楽しく通える環境も大切だろうが、やっぱり、基礎学力と一般常識は必要だと思う。アクターズスクールからショービジネス以外に、ノーベル賞クラスの学者が出たり、政界財界で活躍する人間が、万が一現れたら、評価を変えるかもしれない。

話は飛ぶが、ヤンキー雑誌「チャンプロード」２００５年６月号で、沖縄アクターズスクール出身の、Ｙｕｉなる人物のインタビューが、掲載されている。彼女は、髪を金髪に染め、一昔のヤンキースタイルである、ロングスカートのセーラー服に身を包み、「Ｃｏｏｌ＆Ｙａｎｋｅｅｓ」というバンドを率いている。愛知県出身で、元ヤンである。インタビューでは、現役時代のエピソードも語られている。３月２５～２７日は、愛知万博で、歌ってきたとの事。環境をテーマにした催し物の中に、ある意味消費文化の徒花ともいえる、ヤンキーバンドが演奏するとは…しかも、アクターズ出身。**マキノ校長の元には、続々と、色んな才能が集っているようだ。**

「才能」１８１ページに、このような記述がある。「１９９９年、沖縄の中部、中城湾に面した北中城村の丘の上にインターナショナルスクールを開校する」

現在、アクターズスクールは、宜野湾市の５８号線沿いにある。隣の建物は、かつてイエス又吉の事務所だった。

マキノ校長の夢は、これからどこへ行くのか。今後も目が離せない。

我が心の本川達夫先生

本川達夫先生は、東京工業大学大学院生命理工学研究科教授を勤められている方だが、、１９７８年~９１年まで、琉球大学で講師及び、助教授をされていた事もある。去年「トリビアの泉」で、「ウニの口は『アリストテレスのちょうちん』と呼ばれている」に出演して、コメントされていたし、２００３年にＮＨＫ「課外授業ようこそ先輩」テレビ朝日「徹子の部屋」にも出演している。

本川先生が出された本に、**「サンゴ礁の生物たち~共生と適応の生物学」**（中公新書　１９８５年）は大変読みやすく、タイトル通り、サンゴ礁の生き物達の勉強になり、１５年前に購入した時、むさぼるように読んだものだ。今読んでも、その面白さは、色あせる事は無い。さらには、本川先生の訳書「サンゴ礁の自然史」も同様に素晴らしく、２冊とも、海の生き物への理解のための入門書として、多くの方にお勧めしたい良書である。１９９２年に出した**「ゾウの時間ネズミの時間」**（中公新書　１９８５年）は、ベストセラーにもなった。

本川先生は、「サンゴ礁の生物たち~共生と適応の生物学」の巻末に自作の詩を掲載していた。そばに〝「鉄道省歌」のメロディで歌って下さい〟と書かれていて、その時は単に、〝ユニークな先生だなあ〟くらいにしか思っていなかった。

そんな本川先生が、２００２年に**「歌う生物学　必修編」**（ＴＢＳブリタニカ）という本を出されている。帯には、『高校「生物」が聞いて分かる！歌って覚えられる！生物学の基本をマスターできる全７０曲』とある。この本は、ＣＤ

付きである。しかも3枚。2ページの「はじめに」を読むと、高校レベルの生物学を、多くの方に理解して欲しいと願う、本川先生の熱い思いが、これでもかこれでもかとばかりに、伝わって来る。

では、どのような曲なのか？　文章でメロディは紹介不可能だが、歌詞を紹介する。

まずは、**「単細胞」**

【あんた　ほんまに単細胞
ばか　あほ　ぼけなす　どてかぼちゃ
ほなことというたらあきまへんで
ウマ　シカ　ナスビにゾウリムシ
失礼なんと　ちがいますか？
あたまええのよ　ゾウリムシやって
あたまぶったら　バックしてから
行き先かえて泳ぎよるし
ほんま　細胞ひとつやけど
ぎょうさん　機能が　つまってはる】

「歌う生物学　必修編」は、左ページに歌詞と譜面、右ページに説明文という形式になっている。先ほど紹介した「単細胞」は、単細胞生物と多細胞生物について取り上げる事により、細胞とは何かを、本川先生は右ページの説明で、熱く語っている。

他に、精子と卵子の受精をテーマにした「精子のぼやきの歌」、血液の役割をテーマにした「運び屋血液」、血糖量調整をテーマにした「血糖調整のうた」、体内の副じん髄質から分泌されるホルモンをテーマにした「勇気りんりんアドレナリン」等、メロディは全体的に昭和歌謡風なのだが、中には「酵素こそわが命ラップ」なるものもある。

ラジオで番組をやっていた頃、この本の特集をやった事がある。曲をかければかけるほど、あきれ顔になっていくプロデューサーが、印象的だった。彼は断言していた。

「こんなの聴いても絶対生物学の勉強にならん！」

素晴らしい著作を、いくつも出されている本川先生。先生がこの「歌う生物学　必修編」を出された事で、私の中で、先生に対する、別の観点での評価が生まれたのであった。

この本の15ページに、「歌う生物学事始め」というタイトルの、コラムがある。**それによると、先生が歌を作り始めたのは、沖縄に住むようになってからだという。**当時先生は、瀬底島の臨海実験所で、ナマコの研究をされていたとの事。そこへ泊り込んで、学生達と三食自炊しながら、生活していたとある。夜の楽しみといえば、飲む事。そこで作った実験所の歌**「瀬底音頭」**が、デビュー作と書かれている。今と違って、橋で繋がっていない当時、我々にはうかがい知れない苦労があった事だろう。その頃の沖縄での日々が、本川先生のユニークな面を引き出すきっかけになったとは…。沖縄の魔力と言うべきか？

ちなみに先生は、同時期日本コロンビアから、**「ゾウの時間ネズミの時間～歌う生物学」**というCDを出されている。ジャケットには、お茶の水博士のようなハゲカツラをかぶり、水中メガネをかけて、マイクを手にした本川先生のお姿が…。

最初の方で紹介した、「徹子の部屋」に出演された本川先生は、番組の最後に、**「勇気りんりんアドレナリン」**を歌われていた。

4月17日放送の「さんまのスーパーからくりTV」にも出演され、相変わらずのマイペースぶりと、存在感を見せつけた。最後に**「ナマコの歌」**を披露。

相変わらずユニークな、本川先生であった。

自称・沖縄で虎と戦った男

２００４年１２月行きつけの本屋で、**「フルコンタクト空手1月号」**（以後フルコン）を発見。個人的に、山田編集長が辞めて後のフルコンは面白くないのだが、今回立ち読みしていて、引っかかる特集があったので購入してじっくり読んでみた。

その、問題の特集は**「養秀会虎殺し・山元勝王」**。九州で、養秀会なる空手の流派を率いる、山元師範を取り上げている。

話は飛ぶが、１９７１年から７７年まで、週刊少年マガジンに連載されていた漫画に**「空手バカ一代」**があった。その影丸譲也版「世界制覇編」の中で、主人公大山倍達率いる極真会の主催する、全日本空手道選手権大会が行われる場面がある。大会の準々決勝で、外部からの挑戦者・富樫と、極真の重量級選手・佐藤との、壮絶な試合が繰り広げられる。試合が延長にもつれ込んだ時、ホームタウンデジションを疑われぬよう、公平を期すために、急遽審判を勧めた、他団体の師範が登場する。単行本でも、「虎と闘う宣言をした」と書かれていたし、苗字も九州在住という点も同じなので、同一人物もしくはモデルと考えて間違いないだろう。

話を戻そう。特集の中で、**山元師範は、１９７９年に虎と戦い、勝ったとある。**読み進むと、１９７７年に、ハイチで戦う予定であったが、アメリカの動物愛護団体の圧力により、断念。**それで沖縄県辺戸岬の山中で、虎と戦ったとある。**一応、虎と戦ったとされる証拠写真が、２枚掲載されているが、野外である事と、檻の中で虎の死骸と一緒に写っているのは分かるが、そこが沖縄なのかどうかは、写真では何ともいえない。

戦いも素手ではなく、槍で刺したり、サイを使っている。相手が虎とはいえ、これは、動物虐待に過ぎないのでは…。戦う事に何の意味があるのか、よく分からない。動物愛護団体が抗議するのも、分かる気がする。

1979年といえば、私は高校生。当時は「猪木VSウィリー戦」に胸躍らせ、郷土の英雄、プロボクシング世界Jrフライ級チャンピオン具志堅用高の活躍に、拍手喝采を送る一方、彼のコメントに赤面していた頃だ。

その頃に、虎とのデスマッチを、全て極秘の内に行ったと書いているが、こんなすごい事を、本当に、秘密裏に実行できるのか？ 虎の手配と配送は？ 文中にある猟師の手配は？ もし虎が逃げた場合の対応は？ 警察の目はごまかせたのか？ 等。ましてや、狭い沖縄の中で行われた事だ。絶対に、どこかで情報は漏れると思うのだが。疑問は尽きない。一応、証拠として、撮影した8ミリを所蔵しているとの事だが、あくまでも自己申告である。

今回の山元師範の特集について、私が通っている、格闘技道場の師匠から、次のコメントを頂いた。

『もし本当だとしても、槍で刺し、武器を使い殺している。猟師が、鉄砲で仕留めることと、どれほどの違いがあるのだろうか。無用の殺生に、空手家として、感銘する人がいるとは思えない』

何年か前、地元の新聞で、オバー（確か90代だったと思う）が、自宅に侵入したハブを、ハエ叩きで殺した、という記事が載っていた。

私は山元勝王師範よりも、このオバーの方が偉いと思う。

沖縄におけるヤンキー文化

今回は、今までとは、少し毛色が異なるかもしれない。今まで取り上げてきたものは、主として、変な描かれ方をした事で、ウチナーンチュからみて〝なんだこりゃ～！〟と突っ込みを入れたくなる、味わいのある沖縄だった。今回は、変な描かれ方の味わいのある沖縄ではなく、沖縄に生息する変なモノを紹介する。ある面、沖縄の恥部かもしれないが、時には現実を直視する事も必要だろう。前振りが長くなったが、今回は、いくつかの雑誌で紹介された、沖縄のヤンキー文化を取り上げる。

ヤンキー、それは現代日本において最も騎馬民族のＤＮＡが濃い民族。口より手、ほとんど知性の感じられないライフスタイル、若年結婚率や、出来ちゃった結婚率、そして離婚率や、母子家庭率の高さ、彼らは独自の文化と価値基準で生きている。

彼らの中でも、さらに騎馬民族のＤＮＡの濃い部族は、時に単車を駆り、夜の街を疾走する。アジア・アフリカ大陸で時折起こる、サバクトビバッタの異常発生の如く、彼らは７０年代から８０年代にかけて、数百台ときには数千台単位での疾走を行っていた。時には部族同士の小競り合いから始まって、部族間の大抗争に発展する事もあった。**このヤンキーの中でも、騎馬民族ＤＮＡが、特に濃い部族の総称は、暴走族。**創世記の頃は**カミナリ族**と呼ばれ、前述したように、７０年代～８０年代に全盛期を誇った彼らも、現在では警察の締め付けも厳しくなり、道路交通法改正、ストリートギャングの台頭により、レッドデータアニマル化しつつある。

８８年前後だと思うが、レディースやヤンキーの専門誌「ティーンズロード」というのがあった。全国のヤンキー達の、主張の受け皿として、非常に趣のある雑誌だったが、いつの間にか無くなっていた。出たがりヤンキー達の受け皿は、もう無くなってしまったのかと思われたが、神は彼らを見捨てなかった。彼らの新たな受け皿の名は、「チャンプロード」。元々は、純粋なバイク雑誌であったチャンプロードが、その中身をティーンズロード化させ、新たな受け皿となっていたのだ。目次にはチーム紹介、文通欄、ヤンママヤンパパコーナー、少年院体験告白、彫り師の紹介等、盛り沢山な内容になっている。

そんな、チャンプロード2003年5月号に、沖縄の暴走族が紹介されている。彼らの名は、〝沖縄豊見城連合〟。目次の横に、カラー写真で、特攻服が掲載されている。背中の刺繍文字が、これまた味わいがある。紹介しよう。

「押忍の精神とは／堪え難きを耐え／忍難きを忍び／押さば押せ／引かば押せ／これぞ自己滅却／真の押忍の精神なり」

「意地暴走を心に誓い／万寿の旗に命を懸ける／華の沖縄・豊見城連合／日本一の愚連隊／時代に逆らう永遠の不良達…」

素晴らしい言葉の数々が並ぶ。

雑誌の中ほどのカラーページには、豊見城連合の面々が愛車と気合の入った正装に身を包み、カメラに鋭い視線を向けている。彼らにとっては、人生における数少ない晴れ舞台なのかもしれない。そんな彼らを見て感じた事、それは〝クッター、ジョーイディキランヌーヤッサー〟。こいつらは、愛用の特攻服に縫われた言葉の意味を、理解出来ていないに違いない。〝堪え難きを耐え、忍難きを忍〟べるのであれば、真面目に働くか、勉強するかどっちかだ。外国人が、意味を理解せぬまま日本語入りTシャツを着ているのと大差無い。彼ら豊見城連合を沖縄の暴走族の代表と見るか、沖縄の恥部と見るかは読者の判断に委ねたい。

ここまでを、月刊アクティ２００3年5月号で、発表したのだが、翌年の3月、コアマガジン発行の雑誌**「実話ダイナマイト」**２００４年5号に、沖縄の荒れる成人式が、カラー写真付きで取り上げられている。タイトルは**「潜入密着沖縄〝荒れる暴れる〟成人式」**。２６ページの記事の冒頭を紹介する。

［今年も、新成人たちの門出は荒れに荒れた。静岡県伊東市では、酒に酔った数人の新成人たちらが式典壇上に登り、垂れ幕を引き降ろすなどの騒ぎを起こしたほか、宮城県古川市では、酒に酔った新成人が１１９番通報で駆けつけた救急隊員にからみ、救急車をけり飛ばすなどした。しかし、そのいずれもが少数の勘違い者による暴走だったに過ぎない

そんな中、日本で唯一、羽織ハカマの狂奔集団が暴走する寸前までヒートアップした現場が沖縄である。］

青、ピンク、黒、黄色の派手な羽織ハカマ（地域ごとに、色は決まっているとの事。**カラーギャングならぬ、カラー・ハカマ・ギャング**）で国際通りを闊歩したり、警官ともみ合う新成人達。カメラに向かい**「ナニ、撮ってるばぁ！！」**とすごんだり（だったら、目立つ格好するなよ）、警官に**「ぬーやるばぁや！！　税金どろぼーやぁ！！」**（お前が言うなお前が。お前らがこんな事をやってるから、税金の無駄使いにつながるんだよ！　フラー！）との悪態をつく新成人達。観光バスをチャーターし、会場に向かう新成人達。オープンカーで、国際通りを目指し、ハコ乗り暴走する新成人達。国際通りむつみ橋交差点を通行止めにして、泡盛の酒樽を割る新成人達。

こいつらの派手な羽織ハカマの代金や、バスのチャーター代金、その他は、どこから出ているのだろうか？　こいつらのハタ迷惑な行動を見る限り、真面目に働いて、金を貯めたとは思えない。可能性があるとしたら、後輩からの上納金だろう。さらに、その先の金の捻出方法は、

かつあげ、窃盗、シンナー売買ｅｔｃか？　極道になる根性はないくせに、そのシステムはしっかり真似ている訳だ。吸い上げられたお金の使い道が、成人式でのパフォーマンスだなんて…。伝統文化には、今後もずっと守っていかなくてはならない、大切なものも確かにあるが、こいつらがやっている事は、絶対に絶やすべきである。こんな連中が、これから社会に出て行くなんて・・。

ふと28ページを見ると、なにやら見覚えのあるコピーと、団体名を発見。

「時代に逆らう永遠の不良たち」（豊見城連合初代総長Ｔ←固有名詞は、あえて伏せた。これが、大人の分別ってもんだよ、新成人達）

去年、月刊アクティで紹介した、あの豊見城連合が、荒れる沖縄の成人式の主役の一人となっていたのである。

記事の終わりの文章を紹介して、締めとしたい。

［若者たちが目立ちたいという心情も理解できるが、生まれ育った地域の誇りをアピールするのなら、力を注ぐべきもっと別のパフォーマンスがあるのも確かなようだ］

追記　実話マッドマックス（実話ダイナマイトから改名）２００5年１０号、３ページから5ページにかけて、カラーで、沖縄の成人式が取り上げられている。写真は、去年のものを使用しているとの事だが、今年も、新成人達が、馬鹿をやったことは間違いない。

沖縄はその昔から、外来の文化を取り入れ、時間をかけて、独自のものに発展させてきた。毎年恒例の、荒れる成人式が、県外のヤンキー文化を、若い者が取り入れて、彼らなりに昇華したものだとしたら…、なんか目まいがしてきた。

パチスロ漫画に見る沖縄

ここ数年、あっちこっちの本屋や、コンビニを回って思うのは、パチスロ漫画雑誌の台頭である。２００３年頃、地元で一番大きい本屋で、雑誌の棚の一角を占めている、パチスロ雑誌の種類を、数えた事がある。**その数、約５０種類、もはや一大勢力である。**作画担当の顔ぶれを見ていると、かつて、メジャー誌で描いていた、作家の名前もちらほら。パチスロ漫画は、全盛期を過ぎた漫画家の受け皿になっているようだ。かつて、全盛期を過ぎた、少女漫画家の受け皿になった、レディスコミックのように…。そんなパチスロ漫画は、一大勢力というのみならず、一つの小宇宙を形成している、と言っても過言ではない。

そんなパチスロ漫画のひとつに、週刊漫画ゴラクで連載されていた**「パチンコロード」**（作画・谷村ひとし）がある。内容は無い。**強いて説明すると、パチスロ漫画版「母を訪ねて三千里」といったところか。**主人公は、北海道の炭鉱生まれの若者。彼が母親を探して、全国を旅するという内容なのだ。彼の胸には、母親にタバコの火でつけられた、北斗七星のような火傷の跡がある。彼にそんな傷を負わせ、置き去りにして行った母親を探す主人公、けなげな奴である。手がかりは、星のマークのついたパチンコ屋。北海道から彼は、母を捜すために、星のマークの付いたパチンコ屋を転々と、日本を南下していく。単行本も3巻まで出ている。毎回、主人公が打つパチンコ台の機種の説明がほとんどで、これは主人公の姿を借りた、作者の日本パチンコ紀行ではないか、と思えてしまう。で、最後に行き着いたのが沖縄。

来沖初日、そこが沖縄本島内である事は、まちがいない。おそらく那覇であろう。**夜、水平線から、はるか天井に光る南十字星が笑える。南十字星は、本島内では、南部でしか見られない。それも、水平線ぎりぎりでしか見られない。それだけでも、突っ込みがいのある作品である。**最後に母の居所を知る主人公。母親は、米兵のお偉いさんと結婚し、基地の中で暮らしていた。金網の向こうに、アメリカーの旦那&娘と、幸せそうにすごす母親。母の姿を確認し、さりげなく姿を消す主人公。いい奴である。でも、読後の印象が何も残らないのは、私がパチンコ好きじゃないからなのか？作画の谷村ひとし氏は、今から20年くらい前に、週刊漫画サンデーで**「復讐の凶獣」**というバイオレンス漫画を描いているが、これについては第三章でとりあげた。（233ページ）

次に紹介するのは、白夜書房発行の**「パチスロひとり旅」**（原作・名波誠　漫画・奥田渓流）。主人公が、パチスロをやりながら全国を旅するのは、先ほど紹介した「パチンコロード」と同じである。だが、この漫画がユニークなのは、主人公はパチスロで生計を立てているのみならず、サラリーマン時代に作った、サラ金からの借金の返済も行っているという点である。だから、毎回最後に、残りの借金額が表示される。かつて、大川興行の大川総裁の、「金なら返せん！」という不思議なエッセイがあったが、それに匹敵する奇書を、パチスロ漫画で発見するとは。まったく、世の中は分からない。まめに本屋コンビニは回ってみるものだと、つくづく思う。

この漫画は、ルポ漫画形式になっている。自分の車で、全国を放浪し、その土地土地でのパチスロ体験を漫画化している。それにしても、パチスロで生計を立て、借金を返済し、そんな自分の生活を、漫画としてネタにする。世の中には色んな人間がいるものだ。そんな主人公が、単行本第2巻で、沖縄を訪れている。しかも、一部カラー写真を掲載して、沖縄にかなりのスペースを割いている。

そのタイトルも、「楽園のパチスロ」。

さらに、沖縄限定パチスロ用語も紹介されている。ここに紹介する。

ランク［設定のこと。設定6は「6ランク」と言う。断じて「ランク6」とは言わないので注意！！］

引っ張る［プレイすること。本土で言う「回す」と同義語。「レバーを叩く」という動作そのものを言うのではない］

チャーハマリ［大ハマリ］（※これはもろウチナーグチである）

ハンドル回数［回転数。データ機器にも「ハンドル回数」と表示されている］

セブン（親指）・**ベイビー**（小指）［セブンはBIG、ベイビーはREGを指す］

次のページには平成12年10月1日時点での沖縄の面積とパチンコ店の数、作者のパチスロでの収支が表記されている。内容は次の通り。

沖縄本島

面積…1204・01km²

パチンコ店…92件

〈作者〉名波誠の収支…プラス44万4100円

石垣島

面積…222.54km²

パチンコ店…5件

（作者）名波誠の収支…マイナス9750円

他にも、作者の沖縄でのおすすめ機種とか、沖縄ならではのパチスロ店内の常識とか、沖縄でパチスロを打ってみたい方へのアドバイスとか、**パチスロ目的で沖縄観光したい方にとっては、親切なガイドブックにもなっている**。アドバイスの部分を一部紹介しよう。

［沖縄の人は皆おおらかです。悪く言えばいい

かげんです。（苦笑）何台も掛け持ち遊戯するのは当たり前ですし、店員さんが仲の良い常連客に高設定台のヒントをこっそり教えるなんてこともアリです。

また、本土で最近流行の「出玉の共遊・台移動自由」という営業方式は、沖縄ではごく当たり前のコトで、いちいちそれを知らせる貼り紙はありません」

パチスロ生活者の目から見た沖縄、という斬新な視点での沖縄観である。「青い眼から見た琉球」という名作に匹敵するかも。

この漫画を読む限りでは、作者は２００１年４月中旬に沖縄入り、本島内で約４４万円を稼ぎ、５月中旬に石垣島に３日間滞在している。彼が石垣島に来た目的、それは日本最西端&最南端で、パチスロを打つためだった。パチスロを生業（なりわい）としながらも、しかも借金を返済しながらも、決して酔狂な精神を忘れない作者に、私は心からエールを送りたい。この時点で、作者の借金の残額は、２４９万円。最近、この漫画が連載されているパチスロ雑誌の５月号を発見。読んでみると、借金の残額は１６０万円になっていた。私は言いたい。

〃名波誠さんへ、頑張って借金を返して、今度は、ゆっくり沖縄でパチスロをやってください〃

……と、ここまで書いてから数年後、２００４年**「別冊パチスロパニック7」**８月号で、借金を全額返済していた。おめでとう。もう借金はしないでね。

おまけになるが、この**「パチスロ一人旅」**第２巻の最後に健康ランドガイド（名波誠のオススメ宿泊施設）という特集があり、全国の健康ランドの名称・連絡先・営業時間・感想が掲載されている。その部分は、パチスロをやらない人間にとっても、参考になる特集である。沖縄では、今は名称を変更した、「那覇湯遊ランドアメリカ湯」が紹介されている。

最初に紹介した漫画「パチンコロード」が連載されていた、週刊漫画ゴラクと同じ日本文芸社から、「漫画パチンコ大連勝」という月刊雑誌がある。その5月号に、**「パチンコまんが道」**という7ページの漫画がある。これも一種のルポ漫画なのだが、内容は無い。原作、漫画は次の通り。

（原作）中村好夫・コント集団『爆裂Q』に所属する現役お笑い芸人。知的なイメージをつける為、松田（漫画担当）をそそのかして、漫画原作をしている。

（漫画）松田望・気の弱い貧乏漫画家。漫画で中村についつい主導権を握られてしまう。

といった、訳の分からない作画スタッフ連載漫画5月号での舞台が、沖縄なのだ。

オープニングで吼える、漫画担当の松田。

「売れてるパチンコ漫画は沖縄を描いてるんや！」

当然、その根拠を尋ねる原作担当の中村に松田曰く。

「パチンコは戦国時代ポルトガル人が沖縄に伝えたのが起源なんや‼」

「魏志倭人伝っちゅう昔の書物にも書かれてる真実や！」

「あと首里城もパチンコにかなりゆかりがある城やし！　何となく色とか形とかが！」

「取材は俺一人で行くからまかしとけ！」と、取材に行く松田。どちらも馬鹿である。

実は、松田は、出会い系サイトにハマっていて、サイトで知り合った女性に会うために、沖縄に向かったのであった。来たのはいいが、案の定すっぽかされて、途方に暮れる松田。仕方なしに、パチンコ取材を始める。途中、パチンコ屋の店内で、星砂を見つけるとか、店内でシーサーを発見したら、お客さんだったとか、沖縄のパチンコ景品はゴーヤー・サンゴ・さとうきび・シーサーの置き物・パイナップル他とか、寒いギャグをちりばめながら、物語は展開して行く。彼の沖縄パチンコレポートの結論は、

「沖縄はCR大工の源さんがよく当たるよ」

続いて、2番目に紹介した「パチスロ一人旅」と同じく、白夜コミックスから出ている単行本に**「獣王十箇条」**（パチスロパニック編集部特別編集）がある。数人の作家の作品を集めた、オムニバス漫画集とでもいおうか。その中には「パチスロ一人旅」も収められている。その265ページに、**「爆裂都市S・E」**という漫画が掲載されている。先ほど紹介した「パチンコまんが道」と同じく、主人公が沖縄へやって来て、沖縄のパチスロ事情をルポするという内容だが、ストーリー展開には何の意味もない。私のように、パチスロをやらない人間には、何の価値もない漫画である。ビーチで、海パン姿でくつろぐ主人公の姿から物語は始まる。次に簡単な沖縄の歴史紹介。

1945年太平洋戦争終結
1972年本土復帰
1975年沖縄海洋博開催
1999年沖縄サミット開催
そして、
2000年25パイ仕様機の認可が下りる
2001年9月沖縄本土に凶獣マシン「獣王」上陸！！

今回の仕事はこの「獣王」の調査らしい。
「営業時間の昼間から台の搬入…。本土じゃ有り得ない光景だなこりゃあ！」

カルチャーショックを受ける主人公たち。次に、彼らの会話の中から、沖縄のパチスロ店の状況がうかがえる部分を紹介する。

「いいねえ！富山ほどじゃねえけど、ホールは広いし、台間にコイン置けるしよ」
「何よりも営業時間が9：30～24：00ってのが最高じゃねえの」
「打ち方もゆっくりしちゃって、ホールの中もやっぱり沖縄ってことだねえ」
「こののんびりした平和的ホールに肉食獣『獣

王』が乱入したら…」

地元の青年に「獣王」の攻略法を指導したり、大当たりを出したりするエピソードを挟み、最後のページに書かれた沖縄ルポの結論は、次の通り。

「オキスロとはその性格を異とする「獣王」の沖縄本土上陸。

この事態が、沖縄のホール及び客の在り様にどのような影響をもたらすのかは予測困難である。

しかし、鉄火場へと変容するのではなく、現在のホールの空気を残したままの融合が望まれるものである。」

最後に、パチスロ漫画における沖縄ルポではないが、もう一つ、毛色の変わった作品を紹介しよう。**「パチラッチ」**単行本第2巻にあるパチスロメーカーが倒産寸前に造られた幻のパチスロ機械に、**「琉王」という名のパチスロマシーンが紹介されている。機械には、沖縄本島のマークがついている。ただそれだけだけど…。**

ここまで、いくつかのパチスロ漫画を紹介してきたが、どうやら、沖縄のパチスロ店事情は、本土と比べると独特のものがあるようだ。パチスロをやらない私にとって、今回は、かなり困難な作業ではあったが、パチスロという、異世界の住人の視点から見た沖縄、というのは新たな発見でもあった。

今回の結論、沖縄は、独特の自然や生態系や、多くの固有生物の分布から、「東洋のガラパゴス」と呼ばれているが、**パチスロにおいても、沖縄は、「東洋のガラパゴス」である。**

「猫の手帳」に見る沖縄

本屋の雑誌コーナーを見ていると、当然の事ながら、様々なジャンルのものがある。そして、ジャンルごとに、同業雑誌同士の勢力地図のようなものが、見えてくる。いくつか、例を挙げてみよう。

まず、無線や通信関係では、**「ラジオライフ」**が、圧倒的に強い。他に**「アクションバンド」**とか、数誌あるにはあるが、内容のマニアックぶりや、誌面で発表されるネタの衝撃度等、「ラジオライフ」が群を抜いている。その「ラジオライフ」から独立して、〝裏モノ〟というジャンルを確立し、〝裏モノ雑誌〟氾濫のきっかけを作ったのが**「裏モノジャパン」**である。

ペット系に目を移そう。熱帯魚系は、**「アクアライフ」**と**「フィッシュマガジン」**が、拮抗している常態が長く続いていた。沖縄において、琉球新報と沖縄タイムスという二つの新聞が、しのぎを削っているようなものか。最近、海水魚を扱った**「マリンアクアリフト」**なる雑誌が登場。今後このジャンルは、淡水魚系と海水魚系に分かれていくのか、品種ごとに細分化されていくのか、このまま三国志状態が続くのか、興味深いところである。

犬系では、**「愛犬の友」**、**「ドッグファミリー」**、**「愛犬ファミリー」**の三国志状態に、和犬や、他犬種を扱った、マイナー誌がいくつか。犬系雑誌は、それぞれのカラーを出して、棲み分けが出来ているように見える。

続いて猫系。このジャンルは、**「猫の手帳」**が圧倒的に強い。他に、「猫びより」、「Ｃａｔ's」等あるが、歴史の長さといい、中身の充実振りといい、他誌の追随を許さぬ作りとなっている。

猫系ペット雑誌における「ラジオライフ」と言えるかもしれない。

さて、そんな猫雑誌の老舗にして、王様「猫の手帳」5月号（２００５年）の表紙を飾っている、大きな見出しの特集のタイトルが、**「沖縄・めんそ〜れ猫めぐり」**。同号に掲載されている、チャック・ウィルソンと、三匹の飼い猫へのインタビューより、扱いは大きい。

ページをめくると、１１ページで、**「美ら島（ちゅらしま）に生きる」**というタイトルで、今帰仁城跡や那覇の壺屋方面の猫達が、カラーグラビアに収められている。飼い猫ばかりではなく、野良猫も含まれている。特に、今帰仁城跡の石垣で、ポーズをとる猫達を見ていると、**一応私も猫好きだが、〝猫にこんな素晴らしいロケーションを準備していいのか〟と、突っ込みを入れたくなってしまう。彼らは、読者にとっての、グラビアアイドルなのである。**

そして２２ページから３１ページにかけて特集が組まれている。

特集のコピーは、

「南国沖縄は猫たちの楽園。
かわいい看板猫のいる店や、
野良猫さんが立ち寄るスポットもいっぱい！
連休の旅行にもおすすめだよ」

取り上げられているところは、左記の通り。

那覇市壺屋のやちむん通り
平和通り
沖縄第一ホテル
首里城
玉城村籐工芸の店「ＳＴＵＤＩＯゆい」
今帰仁村今帰仁城跡管理事務所
今帰仁歴史文化センター
国頭村ガラス工房「宙」
大宜味村喫茶「小春屋」

竹富島
座間味島
以上の場所の、飼い猫・野良猫達の写真が、掲載されている。猫だけではなく、取材を受けた方々による猫の紹介も、味わいがある。

まずは、やちむん通りの、喫茶店店長さんのコメント。

「このコはアイラインがくっきりして、クレオパトラみたいでしょう? **なんて、親バカでごめんなさいねー**」

次に、那覇市の、古美術店の奥様のコメント。

「ミーコは元野良でね、7年前にフラリと現れ、居ついてしまったの。**それから毎朝私の額を舐めて起こしてくれるのよ**」

最後に、「沖縄第一ホテル」に夕食を供する、琉球料理店店長のコメント。

「トラはとても穏やかな性格で、**この一帯の猫望厚いボスなんですよ（笑）**」

人望ならぬ猫望。ちなみに、トラは、ホテルの野外の看板猫との事。以前は、ホテルのロビーに、留々（ルル）という看板猫がいた、との記述あり。

他には、首里城公園レストセンター付近で、暮らす猫達の紹介（**しまじろうとララ他**）とか、単なる観光ガイドに留まらない、猫好きの心の琴線に触れる内容になっている。

とにかく雑誌から、これでもか、これでもかとばかりに放射される猫好きオーラ。そこは、猫好きにしか理解できない、猫好きによる、猫好きのための、異次元猫ワールド。**〝猫度が高い〟という言葉は、この雑誌で、初めて知ったぞ。**

今や、〝猫雑誌の王〟として、不動の地位を確固たるものにしている、「猫の手帳」。その存在はお笑い界における吉本興業、極道界における山口組にも匹敵する。

全国の猫好きへの、観光波及効果は如何に?

健康雑誌に見る沖縄

本屋通いを続けて、３０数年になるが、これだけの年月を経ても、本屋の大小に限らず、一定のスペースを占めているのは、健康法である。ほとんどの人間は、死ぬのが怖いし、どうせ生きていくんなら、すこしでも健康で、長生きしたいという願望がある限り、健康法に関する書籍が、なくなる事はないだろう。

そんな人間の願望に応える形で、本屋の棚に背表紙を披露している健康法は、それこそ膨大な数になる。それらには、エアロビクス、ヨガ、気功、太極拳といったポピュラーなものから、どう見ても、オカルトとしか思えないものまで、千差万別である。

そして、健康法にも、流行りすたりがある。今から３０年くらい前には、**「紅茶きのこ」**というのが、一世を風靡していたし、ちょっと前の事を考えても、**「１０円健康法」**、**「キネシオテーピング」**は、どこへ行ってしまったんだろう？

中には、ひいてしまうのもある。健康法の中に、ときおりまぎれている**「飲尿療法」**も、その一つだ。いくつか著作を読んだ事があるが、ほとんどに共通しているのは、朝一番の、自分の尿を飲むというもの。以前読んだ記憶の範囲内だが、人間の喉には、尿の成分を分析する器官があり、そこから、自分の体のどこが悪いかを感知して、悪い部分を直すように、治癒力が働くとの事。この「飲尿療法」に対しては、タレントの松尾貴志が、「喉に尿の成分を分析する器官付けるくらいなら、尿道に付けろ」と自著で突っ込んでいる。方法が方法なだけに、これで健康になっていると、胸を張って語る有名人に、まだお目にかかった事がない。

でも、ひいてしまう健康法の王様は、浣腸であろう。5年程前、県内のある食堂に、入った時の事だ。その店は、健康を看板の中に挙げていた。期待しながら入ると、内装もキレイだし、掃除も行き届いていて、大衆食堂ではなく、シャレた喫茶店といった雰囲気だった。

　注文して、そばが来るまで、店内に置いてある雑誌を読む事に。置いてある雑誌や本は全て健康に関するものばかり。いくつかを読んでいるうちに、その店オリジナルらしい冊子が目に入った。早速読んでみる。玄米や野菜中心の食事などの記述がある中、多くのスペースを割いて、紹介している健康法があった。**その名称はコーヒーエネマ。なんだろうと思いながら、じっくり読んでいるうちに、コーヒーで浣腸するという意味だと、やっと分かった。**タイミング良く、その時に、注文した食事が来た。その後も、女性週刊誌で、コーヒーエネマの紹介記事を見る事があった。ゲルソンがん療法なる、健康法でも、コーヒーエネマは重要視されている。

　浣腸は、健康法のタイトルとして、大きく出る事はないが、じっくりその手の本を読んでいると、突然顔を出す事がある。健康法の老舗の一つともいえる流派肥田式強健術の関係者が、自費で出したある本を読む機会があった。その中には、玄米食、断食、色々書かれていたのだが、重要視しているのが、浣腸であった。（コーヒーではなかったが）あくまで自分が読んだ範囲内でだが、浣腸を推奨する方々の根拠として、腸内の宿便を出すというのがある。宿便は、体内の毒素が含まれているとの事。浣腸推奨派の著作では、諸悪の根源のように書かれている。だが、注意深く読み進むと、宿便を取って後は、体が敏感になるので、刺激物や、添加物入りの食べ物はとってはいけない、と書かれている本もある。もちろん、酒タバコも×だ。宿便のある無し、一体どっちがいいんだか。

　1994年にブームになった健康法に、**「野菜**

スープ」がある。大根ニンジン等数種類の野菜の煮汁を飲めば、大体の病気は治るという内容であった。かなりのブームになり、県内でも大根やニンジンが売切れるくらい、社会現象になった。

この人の著作を読んだ際、文中に**「日本人は腸が長すぎるから病気になりやすい。だから私は切ってある」**という内容の記述を見つけてからは、距離を置くようになった。

同年6月、「野菜スープ健康法」の著者立石和は、無資格診療で、逮捕された。**逮捕時、本人も糖尿かなにかで体が悪く、病院から貰っていた薬を服用、野菜スープを飲んでいなかった、という記事に、大笑いした記憶がある。**

そんな玉石混合の健康法業界であるが、沖縄関連のものも、結構ある。沖縄の男性の平均年齢に、赤信号が点滅しているとはいえ、まだまだ「長寿の島」というイメージは、強いのかもしれない。

数年前、古本屋の100円コーナーで、30年前に出版された、**「すてきな健康法」**というのを、発見した事があった。**内容は、ウミヘビの粉が、健康にいいというもの。**最近は、雑誌の広告に、「ウコン」、「もろみ酢」の名前を発見する事も多い。

あと、豚を食べるから、沖縄の人間は、健康だという内容の本もあった。でも、お年寄りを取材すると、昔は、肉を食べる機会は少なかった、という調査結果が出ているのだが。

2005年7月、いつものごとく、本屋をうろついていると、**「健康365（サンロクゴ）」**という雑誌を発見。2005年9月号の表紙には、**「沖縄[エイサー]健康法」**なる特集が。

8ページから、始まる特集には、こうある。

「踊るだけで足腰が強くなる、頭が若返る、長生きすると島踊りエイサーが大人気
長寿世界一の秘訣がわかった！
沖縄[エイサー]健康法」

と書かれているが、使われている写真は、石垣島四箇字の豊年祭。

次のページでは、「ちゅらさん」で全国区になったオバァ、平良とみさんインタビューとなっているが、内容は沖縄の島唄、結婚披露宴で踊られるカチャーシー、野菜中心の沖縄の食生活（この時点で前述の「豚食が健康」なる本と矛盾する）について、多くを語っていて、エイサーについては、全体の三分の一弱くらいだ。

12ページでは、大学のスポーツ科学の教授に、調査してもらっている。

タイトルは**「エイサーは足腰の筋肉を強化して転倒・骨折を防ぐと実験でもわかり注目」**。

教授は、うるま市勝連平敷屋地区のエイサーについて調査し、**エイサーが、太ももの外側の筋肉強化に役立つ**、としている。14〜15ページに、「エイサーの踊りを取り入れた太ももの運動」として、椅子やテーブルを使った運動が、イラストで説明されている。そして、手に入りやすいCDとして、「ホテル・ハイビスカス・オリジナル・サウンドトラック」と、「かりゆし沖縄」が紹介されている。

15ページ最後は
「ぜひエイサーをはじめとした民謡踊りを生活の中に取り入れるようにしてください」で締めている。エイサー限定ではない、という事か。

2005年6月に発見した、北海道新聞のネットニュースで、「YOSAKOIソーランが老化防止に」という記事があった。適度に体を動かすのは、健康にいいと思うので、エイサーを特別視する事もない、と思うのだが。

看板に偽りあり？な特集は尚も続く。

特集タイトルは**「長寿世界一の秘訣！沖縄エイサーが大人気」**なのに16ページでは、島ラッキョウ、ハンダマ、ゴーヤー、島オクラ、フーチバー、ンジャナ、青パパイヤ、ナーベーラー、島トウガラシ、シマナー、島ニンジン、紅イモといった、沖縄の食材特集。特集に、エイサーを持って来たのはいいが、ネタが尽きて、他のネタで埋め合わせたのだろうか。

18ページでは**「長寿世界一の秘訣！沖縄エイサー健康法Ⅱ」**と題して、何故かウコンを取り上げている。ウコンは、アルツハイマーを防ぐとか、ウコンの改良型スーパーウコンで、C型肝炎が改善されるとか、肝脂肪に効果とか、8ページにわたってウコン礼賛が続く。

編集スタッフは、去年ウコンの取りすぎで、死者が出た記事を、知っているのだろうか？ここまで持ち上げると、ケンカを売っているようにも見える。

次の26ページでは、**「長寿世界一の秘訣！沖縄エイサー健康法Ⅲ」**と題して、琉球ジュアール茶という、飲み物を取り上げている。ジュアール茶は、中央アフリカ原産のツバキ科の植物で、抗酸化力が高いと書かれている。このジュアール茶に、沖縄で長寿の薬草と呼ばれる長命草を加えて、さらに抗酸化力を高めたのが、琉球ジュアール茶との事。肥満や糖尿病、シミ、シワの解消に有効らしい。

その後、6ページにわたって、体験者の声が掲載されている。その中には、県内の方もいるので、訪ねて確認してみたい気もする。そんなに効果があるのなら、ジュアールの苗木を輸入して、栽培した方がいいと思うのだが。特集では、ジュアールの名前と薬効は出てくるが、写真はどこにもない。中央アフリカでは、門外不出の植物なのだろうか。

長々と書き綴ってきたが、人の心に健康願望ある限り、新しい健康法はこれからも出てくるし、その中には、心の弱みに付け込む、あくどいものも含まれる。

沖縄も、「長寿」や「癒し」や「亜熱帯」という要素がある限り、健康法のネタとして、取り上げられ続ける事だろう。本物か、眉唾かは別にして。

移住したいのはいいけれど

週刊文春に、「清野徹のドッキリTV語録」という、連載がある。TVに出演した、有名無名の方々の発言を、題材にしたコラムである。

週刊文春2005年6月10日号掲載のものを見ると、今年に入って、「沖縄移住」を熱烈に語る芸能人が、増えているとの事。タモリは、沖縄移住の理由を、気候の温暖さに求め、宮本亜門や島田紳介は、「ゆっくり流れる時間」に求めていたのが、印象的だったと結んでいる。

様々な方々が、沖縄に、様々な思いを持っているのは結構な事だが、ただでさえ景気が悪く、仕事の少ない沖縄の現実の中で日々を生きている人間にとっては、

イイ身分グヮ～ヤッサ～ヤ～（いい身分やのう）

と、思わずにはいられない。

まあ、住んで頂くのであれば、是非、沖縄に一杯金を落として、県経済に寄与していただきたい。

グス～ヨ～、待ッチョイビ～ンド～

（皆様、お待ちしております）

あとがき

これは、私のマニアックな好奇心の暴走のままに、〞なんだこりゃ〜！〞と、突っ込みたくなるような「漫画、映像、雑誌、書籍にみる味わいのある沖縄」を集めたものです。ほとんど、マイナーなものばかりです。学術的、文化的価値は、一切ありません。〞ウンネーラー、ワカティ、ヌーナイガ！〞と言われたら、全く返す言葉はありません。

執筆中、何度も、**「こんな、何の役にも立たない、くだらない文章を書いて、いいんだろうか」**と、悩んだ事もあります。それでも、なんとか続けられたのは、こんな内容でも、面白いと感じてくれた奇特な方々の励ましと、**「私が書き残さないと、永遠に埋もれてしまう」**といった、意味の無い使命感でした。

例を挙げれば、パチスロ漫画や「猫の手帳」、「実話ドキュメント」等で描かれた沖縄は、私が発表しなければ、誰にも知られずに、風化していった事でしょう。別に、光を当てたからといって、どうなるものでもありませんが、こんな酔狂な人間が一人くらい、いてもいいのではと、今は開き直っています。

沖縄は、本土化が進み、薄まりつつあるとはいえ、文化の独自性は、未だ健在です。その独特の文化と、県外の人間との間に横たわる、考え方や価値基準の違いがある限り、〝なんだこりゃ〜な沖縄〟は、これからも生まれてくる事でしょう。

「なんだこりゃ〜沖縄〟を研究する事は、私たちの文化を見つめ直す事でもある」

最近、こういうふうに、理論武装を始めました。

出版にこぎつけるまで、多くの方々の励ましを頂きました。全員のお名前を書き記す事が出来なくて、本当にごめんなさい。でも皆様がいなければ、執筆は続きませんでした。ありがとうございます。

そして、今まで発表の場を与えて下さった「月刊アクティ」「琉球新報」「FMチャンプラ（現FMコザ）」の皆様の度量の大きさに感謝します。

最後に、新城さんをはじめ、ボーダーインクの皆さんの英断に、感謝致します。

イッペー、ニフェーデービタン！

わうけいさお

憎悪列島　漫　237

た行

大使閣下の料理人　漫　47
チャンプロード　雑　269
釣りバカ日誌イレブン　映　177
鉄拳のカタルシス　漫　217
ドーベルマン刑事　漫　17
ドーベルマン刑事　映　160
ドカベン　漫　193
常夏食堂ナンクルナイサ　漫　84
トップを狙え　ビデオ　131
どん・がばちょ　漫　235

な行

南海の女・琉球より愛をこめて　TV　143
日本岩窟王　TV　144
日本女侠伝　激斗ひめゆり岬　映　147

は行

博徒外人部隊　映　150
幕末工作人からす　漫　117
はじめの一歩　漫　77
走れケー１００　TV　132
旗本退屈男・謎の幽霊船　映　167
パチンコロード　雑　272
パチンコまんが道　漫　276
パチスロ一人旅　雑　275
パチラッチ　雑　278
花の慶次　漫　72
遙かなる甲子園　漫　200
ハロー張りネズミ　漫　109
美悪の華　漫　225
Ｂ・Ｂ　漫　55
Ｂバージン　漫　60
ＨＥＡＴ　漫　229
火の玉ボーイ　漫　55
必殺仕置人　TV　143
ピンギーマヤー　漫　99
復讐の凶獣　漫　233
ブラック・ジャック　漫　30
フルコンタクト空手　雑　266
ベスト・キッド２　映　163
編集王　漫　82
ぼくの村の話　漫　94

ま、や、ら、わ行

マリリンに逢いたい　映　182
モスラ２　海底の大決戦　映　127
ゆうれい小僧がやってきた　漫　91
ライオン　漫　104
流星人間ゾーン　TV　130
レッドシーサー　漫　207
ロボット刑事Ｋ　TV　129
ＯＮＥ　ＯＵＴＳ　漫　195

作品索引

あ行

愛星団徒　漫　189
あいつとララバイ　漫　65
赤い衝撃　TV　135
アストロ球団　漫　186
あずまんが大王　漫　62
網走番外地南国の対決　映　146
暴れん坊将軍　TV　144
イーグル　漫　106
１・２の三四郎２　漫　79
いてまえ武尊　漫　117
ＩＷＡＭＡＬ　漫　36
海の拳　漫　222
美味しんぼ　漫　38
おかみさん　漫　81
オキナワ　漫　99
沖縄１０年戦争　映　154
おせん　漫　51
男はつらいよ　寅次郎ハイビスカスの花　映　171
おらんだ左近事件帖　TV　143

か行

影武者ジャイアンツ　漫　197
加治隆介の議　漫　112
仮面ライダーＸ　TV　130
カラテ黙示録　漫　211
空手小公子小日向海流　漫　204
上岡龍太郎かく語りき　本　242
ＱＰ　漫　238
キャプテン翼　漫　53
牙カラテ地獄篇　漫　213
牙拳　漫　102
きらきらひかる　漫　34
ＫＩＬＬ　ＢＩＬＬ　映　166
キン肉マンII世　漫　68
ゲゲゲの鬼太郎　漫　89
健康365（サンロクゴ）　雑　284
拳鬼奔る　漫　220
ケンちゃんの101回信じてよかった　本　245
高速戦隊ターボレンジャー　TV　131
ゴジラ対メカゴジラ　映　120
こちら葛飾区亀有公園前派出所　漫　27
ゴルゴ１３　漫　12

さ行

才能　本　260
サンゴ礁の生物たち～共生と適応の生物学　本　263
サンクチュアリ　漫　230
柔侠伝　漫　215
実録沖縄やくざ戦争いくさ世三十年　Ｖシネ　156
実録プロジェクト８９３ＸＸ沖縄抗争編　Ｖシネ　158
新八犬伝　TV　144

わうけいさお

1962年、沖縄市（旧コザ市）出身。
コザ高を経て名城大卒。
昼仕事の傍ら、長年の立読みで蓄積した無用な知識を武器に、
ペンネームを使い分け執筆活動中。
と学会会員。

なんだこりゃ～沖縄！
マンガ・映画・雑誌の中の〈味わい深く描かれた沖縄〉を求めて

2005年11月30日　　初版発行

著　者　わうけいさお

発行所　宮 城 正 勝

発行所　ボーダーインク

〒902-0076 沖縄島那覇市与儀226-3
tel098-835-2777 fax098-835-2840
http://www.borderink.com
wander@borderink.com

印刷所　㈱平山印刷

---

printed in Okinawa　ISBN4--89982-100-7 C0000 ¥1600E

●ボーダーインクの本

泡盛の文化誌　沖縄の酒をめぐる歴史と民俗

萩尾俊章　著

500年の歴史の中で語り継がれ、熟成してきた独特の泡盛文化。その泡盛の歴史と文化について総合的に調査し、文献などを猟渉した著者の泡盛研究の集大成。写真や図版を多数掲載、泡盛の全体像が見えてくる一冊。

A5判204頁　定価1680円（本体1600円＋税）

沖縄あーあー・んーんー事典

宮里千里　著

沖縄を代表するおもしろエッセイスト宮里千里が、自分の半径100メートルくらいをあっちゃー・あっちゃーして見つけたありんくりんを、「あ」から「ん」まで、事典形式で読ませるコラム集。アナタのうちなーぐちレベルが分かる「ウチナーグチ検定試験」も収録。

四六判269頁　定価1680円（本体1600円＋税）

読めば　宮古！

さいが族　編著

読んでみるべき〜？　宮古人がついに語ったワイルドでキュートな宮古の真実。「う・わ・さの宮古」「実録おとーり物語」「君もがんぐるゆまたを知っているべきはずね〜」など、宮古の森羅万象を多数のコラムで大解説の、特大ベストセラー本！

四六判200頁　定価1575円（本体1500円＋税）

書けば　宮古！

さいが族　編著

パニパニッと天然色！　だいずばがー（とってもたくさん）書いてみました！　あの宮古島ベストセラー『読めば　宮古！』の続編が登場。宮古のマコトにさらに迫りました。「宮古人の肖像」「宮古・街と村のオキテ」「宮古の天然」「ふつーの宮古ふつ」など、宮古人が語った素顔の宮古エッセイ！

四六判２３９頁　定価１５７５円（本体１５００円＋税）

新！　おきなわキーワード

はぁぷぅ団　編著

２１世紀版「おきなわキーワード」コラム集の登場！　しゃにか話題の本。1970年代生まれを中心に結成された「はぁぷぅ団」は総勢５４人。懐かしの沖縄アイテムや、妙に気に触る沖縄ブーム、ほんのりと未来に残したいうちなーぐちなど、爆笑、失笑、涙そうそう、血ごーごーのショートコラムの決定版。

四六判３００頁　定価１５７５円（本体１５００円＋税）

〈島〉の先史学　パラダイスではなかった沖縄諸島の先史時代

高宮広土　著

今ほんとうに沖縄の考古・先史学がおもしろい。「〈島〉は、自然の実験室」という視点で沖縄の先史時代をみつめると、意外なことがわかってきた。最新のデータから導き出されたワイルドな仮説、「パラダイスじゃなかった沖縄の先史時代」とは……。現代沖縄人のルーツを巡る、沖縄考古・先史学の最前線。

四六判２２８頁　定価１６８０円（本体１６００円＋税）

琉球ガーデンＢＯＯＫ　沖縄の庭を見直そう

比嘉淳子　著　飯塚みどり　写真

沖縄にずっと身近にあった植物たち。今こそナチュラル・ライフに活かしてみよう。琉球ガーデンは、そんな思いを大切にして、沖縄の植物の特徴や昔からのいいつたえ事を、たくさんの色彩豊かな写真で紹介します。実践・無農薬栽培の方法も紹介。

Ａ５判オールカラー１１２頁　定価１６８０円（本体１６００円＋税）

ゲッチョセンセのおもしろ博物学　虫と骨編

盛口満　著

自然はみんなの宝物だ。沖縄の身近な自然から見えてくる、不思議な虫たちのお話。「沖縄タイムス」の子ども新聞「ワラビー」で好評連載中自然エッセイ「ゲッチョセンセの沖縄おもしろ博物学」が本になりました。ゲッチョセンセが描いたオールカラーのイラストとわかりやすい文章で、沖縄の自然の仲間達に出会えます。

Ｂ６判オールカラー２２３頁　定価１６８０円（本体１６００円＋税）